중화인민공화국사

CHUUKA JINMIN KYOUWAKOKU SHI, New Edition
by Satoshi Amako
ⓒ 2013 by Satoshi Amako
First published 1999, this edition published 2013
by Iwanami Shoten, Publishers, Tokyo.
This Korean language edition published 2016
by Ilchokak Publishing Co. ltd, Seoul
by arrangement with the proprietor c/o Iwanami Shoten, Publishers, Tokyo.

중화인민공화국사

대약진운동과 문화대혁명, 개혁·개방

그리고 중화민족의 꿈

아마코 사토시 지음

임상범 옮김

일조각

일러두기

1. 이 책에 나오는 중국 인명, 지명은 특별한 경우를 제외하고 국립국어원 〈외래어표기법〉에
   따라 중국어 원음대로 표시했습니다.
2. * 표시는 옮긴이 주입니다.
3. 인명 사전은 원서에 없는 것을 옮긴이가 정리한 것입니다.

옮긴이의 글

옮긴이가 『중화인민공화국 50년사』를 일조각에서 출판한 지 벌써 13년이 흘렀다. 원래 나는 구판의 옮긴이의 글에서 우리나라의 젊은 연구자들이 우리의 관점에 입각해서 현대 중국을 다루는 개설서를 출간해야 하고, 이것을 위한 준비 작업으로 사료 검토와 종합적인 연구 작업이 이루어져야 할 것이라고 지적하였다.

이제 지난 시간을 되새겨 보면, 정치학자들에 의해 몇몇 개설서가 출간되었고 그보다 훨씬 많은 번역서들이 출판되었다. 반면에 옮긴이는 자신의 중화인민공화국사를 쓰겠다던 맨 처음 다짐을 이루지 못하고, 현재 중국에 대한 몇몇 초보적인 글만을 발표하였을 뿐이다.

그러한 상황에서 일조각 편집부에서는 옮긴이에게 아마코 사토시의 책이 증보되어 일본에서 출간되었음을 알리고, 재판본의 번역을 의뢰해 왔다. 처음 옮긴이는 일본의 정치학자가 일본과 중국의 미래 관계를 개척해 나가는 데 도움이 되고자 하여 쓴 『중화인민공화국 50년사』의 개정판을 이제 또다시 번역해서 출간하는 것이 우리 학계에 어떠한 의미가 있을지, 고민하지 않을 수 없었다.

다만 옮긴이는 그동안 『중화인민공화국 50년사』가 그 적절한 분량과 그럼에도 불구하고 제법 많은 정보와 필자의 독자적인 관점에 입각해서 쓰여진 내용으로 인하여, 대학의 수업 교재이자 현대중국에 대한 대중들의 입문서로 제법 사랑을 받았다는 소식을 듣고 있었다. 또한 옮긴이가 보기에 최근에 번역된 일련의 중화인민공화국사 개설서들은 많은 장점에도 불구하고 여전히 몇 가지 단점을 갖고 있다. 어떤 책들은 그 내용이 뛰어남에도 불구하고, 입문서로서 지나치게 많은 정보를 갖고 있어서 우리나라 대학의 교육과정과 교육방법에서 주교재로 채택하는 데 문제점들이 있는 경우가 적지 않다. 또 다른 책들은 관점이나 정보가 지나치게 치우치거나 수준이 낮아서 교재로 사용하기 힘든 경우도 있다.

이에 옮긴이는 우리나라 역사학계에서 이루어진 중화인민공화국사가 나오기 전까지 아마코 사토시의 개설서를 다시 한 번 번역하여 현대중국에 대한 이해와 교육에 약간의 역할을 하기로 결심하였다. 여기에는 옮긴이가 현재 진행하고 있는 중화인민공화국사 연구에 자극을 받고 박차를 가한다는 사심도 작용하였음을 고백하지 않을 수 없다.

번역을 시작하기로 결심한 이후부터, 요즈음 쓸데없는 서류업무와 과도한 수업시간에 더하여 본인의 게으름으로 인하여 출판사와의 약속 시간은 늦어지게 되었다. 만약 번역 작업에 처음부터 많은 역할을 하였던 한정은 씨가 아니었다면, 이 책은 세상의 빛을 보지 못했을 것이다. 이 자리를 빌려서 무한한 고마움을 표한다.

2016년 5월
임상범

시작하는 글

약진하는 중국

21세기에 들어오면서 세계는 중화인민공화국을 주목하기 시작했다. 1978년 12월, 중국은 계속혁명으로부터 근대화 건설로 커다랗게 방향을 바꾸었다. 그 후 경제개혁·대외개방 노선의 추진을 기반으로 고도경제성장을 지속하고, 2010년에는 마침내 일본의 GDP를 넘어서 세계 제2위의 경제대국으로 약진했다. 군사력도 군사비, 핵미사일 개발, 항공모함 건조, 첨단기술화 등에 의해 오늘날엔 미국에 이어 세계 제2위의 군사대국이라고 일컬어진다. 미국과 일본의 세계적 위상이 상대적으로 저하된 것에 비해 중국의 약진에 눈이 휘둥그레진 사람들은, '21세기는 중국의 세기'라고 말하기도 한다.

2009년에 들어 중화인민공화국이 건국한 지 60년이 되었다. 전년도인 2008년에는 베이징 올림픽을 화려하게 개최하여 중국의 무시무시한 기세를 세계에 널리 알렸다. 2010년에 상하이에서 열린 만국박람회는 사상 최다인 246개의 참가국과 지역, 국제기관이 참여했으며, 입장자 수도 사상 최고를 기록하는 대성황을 이루었다. 그리고 이듬해인 2011년 7월,

중국공산당의 건당建黨 90주년을 맞이했다.

20세기는 어떤 의미에선 '혁명의 세기', '전쟁의 세기'로 불린다. 그 부산물로서 세계 각지에서 공산주의운동이 발흥勃興했고, 소련을 시작으로 사회주의 국가가 차례차례 탄생했으며 사회주의 진영이 생겨났다. 자본주의 진영과 대립하는 냉전구조는 20세기 후반을 규정했다. 그러나 20세기의 마지막 10년 동안 사회주의 국가는 서서히 붕괴되었고, 공산당 조직 자체도 태반이 와해되었으며 혁명의 색채를 잃어버렸다. 그러던 중 오로지 중국공산당만이 매년 당원 수가 늘어났고, 2012년 말에는 8,500만 명을 넘겨 세계 최대의 집권 정당이자 중국의 핵심으로 계속 군림하고 있다.

중화민족의 위대한 부흥

이처럼 눈부신 성장을 하는 중국 또는 중국공산당을 몰아내려는 이들은 누구일까. 이를 풀 수 있는 키워드는 '중화민족의 위대한 부흥'이라는 표현에 있다. 이 표현이 공식적으로 처음 쓰이게 된 것은 2002년 가을 중국공산당 제16회 전국대표대회(이하 '중국 제○○회 전국대회'로 표기)에서 「정치보고」를 할 때였다. 그 후 당과 국가의 중요한 회의가 열릴 때마다, 중국지도자는 자기 스스로나 국민을 분발시키기 위하여 약진하는 중국을 '자랑스럽게' 표현할 적엔 늘 이 표현을 쓰게 되었다. 그러나 극단적으로 국수주의적인 면 때문에 과거의 역사와 전통을 강하게 되살리는 이 표현을, 적어도 원칙으로서 공산주의를 주창하는 정당이 당당하게 사용했다는 건 어찌됐든 기이한 인상을 준다. 그 이유를 생각해보면 세계의 근현대사 속에서 중국은 강해졌고, 발버둥치고 우여곡절을 겪으면서 암중모색을 해 왔던 '과거의 속박'으로부터 해방됨에 따라 스스로를 되찾을 수 있게 되었다는, 강한 '자기주장'의 표출이라고 말할 수 있을지도 모른다.

원래 '중화민족'이라는 말이 옛날부터 존재해왔던 것은 아니다. 이것은 열강의 침략을 받으면서 전통적인 왕조체제로부터 벗어나 근대국가의 건설을 바라고 원하던 청 말기, 개혁파의 지도자였던 량치차오가 청 왕조 판도 내에 사는 사람들을 하나의 '국민'으로 모으기 위해 만든 조어造語였다. 즉 '중화민족'이란 말은 근대국가를 목표로 국내에서 뿔뿔이 흩어진 종족 간의 대립과 어쩔 수 없이 외국의 침략을 받게 되었던 민족의 위기를 배경으로 한 것이다.

중국 근대사의 역본설Dynamism

중국 근현대사는 전체적으로 어떻게 이해하는 편이 좋을까? 1911년 신해혁명이 일어나 청 왕조는 멸망했고, 다음 해인 1912년에 아시아 최초의 근대적인 공화국으로 알려진 중화민국이 성립된 때로부터 딱 한 세기가 지나갔다.

그러나 중화민국의 실태는 근대적인 공화국을 전혀 실현하지 못했다. 안으로는 낡은 전통적인 체질을 가진 군인들이 각지에서 할거했고 백성들은 벌레 취급을 당했으며, 바깥에서는 열강이 발소리를 내가며 침략에 나섰다. 신해혁명을 여러 가지 형태로 지원한 일본은 결국 최대의 침략자가 되었다. 그러자 중국국민당과 제휴하여 항일전쟁을 벌였던 공산당이 점차 세력을 키워나갔고, 일본이 패배한 뒤에는 국민당과 공산당이 서로 패권을 다투었다. 마침내 1949년에는 공산당이 국민당 세력을 일소하고 중화인민공화국을 성립시켰다.

이전의 많은 중국연구자들은 1949년에 '오래된 중국', '암흑의 중국', '황제독재의 중국'에서 '새로운 중국', '광명의 중국', '인민의 중국'으로 일대 전환이 실현되었다고 말한다. 혁명의 주체(정의)가 '잘못되고 참혹한'(정의롭지 못한) 현실을 변혁시키고, 새롭고 올바른 세계를 창조했다는, 이른바 '혁명사관'이다. 이 사관은 마오쩌둥 시대가 끝날 때까지 더할 나위 없이 유력했고, 프롤레타리아 문화대혁명을 비슷한 '광명의 중국'을 창조해내는 '정의의 혁명'으로 이해하려는 심각한 오류를 저질렀다. 또 다른 한쪽에서는 중국의 전통과 강력한 문화를 중시하여 중국을 '삼천년의 체질'이라는 고정관념으로 붙잡으려는, 흔히들 말하는 '문명사관'도 그 영향력을 뿌리 깊게 계속해서 행사해왔다.

그러나 오늘날에 이르기까지 나타난 수많은 사실들에 비추어 볼 때 중국의 역사는 보다 복잡한 구조를 갖고 있으며 보다 다이내믹한 것이다. 예를 들자면 1949년 이전과 이후 사이에는 확실하게 드라마틱한 변화가 있었다. 그와 동시에 권력을 가진 쪽과 지배사상, 사람들의 정치의식과 인적 네트워크 등과 같은 여러 가지 면에서 연속으로 '변화가 없는 측면'을 간파하는 것도 가능하다. 게다가 1949년 이후의 역사는 '광명의 중국'일지언정 절대 '인민이 주인공인 중국'은 아니었고, 1949년 이전의 시기에서조차 경험한 적이 없을 정도의 '좌절'과 '비극'이 일어났다. 또한 여러 시련 가운데 암중모색, 시행착오, 정치적 퇴행이라 하는 '몸부림'에 가까운 길을 걷는 궤적을 보는 것도 가능했다.

역사는 정체되었거나 고정된 것이라 할 수는 없지만 직선적으로 발전하는 것도 아니다. 1949년의 의미, 혹은 그 후의 대약진, 문화대혁명 등의 의미를 묻는 것은 중국혁명은 도대체 무엇이었을까를 묻는 것과 통한다. 또한 마오쩌둥 이후의 역사도 중국에 있어서는 근대화란 무엇일까를 묻는 일이기도 하다. 그리고 중국혁명, 중국근대화의 의미를 묻는 것은 100년의 역사 속에서 중국이 무엇을 지향하고 계속해서 나아가고 있는지를 생각해 볼 수 있는 것이기도 하다. '중화민족의 위대한 부흥'을 21세기의 표어로 삼아서 내세우는 것 그 자체야말로 역사 속에서 오늘날의 중국을 새로이 되묻는 일이기도 하다.

5개의 요소

나는 예전에 근현대 중국을 이해할 열쇠는 '바뀌되 바뀌지 않는 중국'을 어떻게 설명하느냐에 달려 있다며 동문서답에 가까운 자문을 내보인 적이 있다. 그러면서 중국에는 요동치듯 움직이는 정책·권력 변동과 그 저변에 깔린 쉽게 변하지 않을 사회구조라는 강한 중층성中層性이 존재하는 것, 그리고 변하기 어려운 사회구조 자체가 개혁개방의 30년 동안 서서히 녹아드는 것에 중국의 역사적 변동의 특징을 이해하는 열쇠가 있다는 것을 지적했다(『중국—변화하는 사회주의 대국中國—溶變する社會主義大國』). 그러나 본서에서는 이러한 정치사회 구조를 본격적으로 논하는 것을 피하고 근현대사의 다이내믹한 흐름을 어떤 식으로 설명할 것인가에 주안점을 두고 얘기하고 싶다.

중국의 근현대사 전체를 조감하고, 역사에 역동성을 부여하는 기본적인 요소를 꼽아보니 다음 5가지가 떠오른다. 먼저 ① 혁명의 요소가 있다. 여기서 말하는 혁명이란 파괴적, 폭력적인 수단을 사용해 현 체제와 그를 떠맡은 주체의 경제적·사회적·사상적 기반을 파괴하려는 행위를 가리킨다. ② 근대화의 요소가 있다. 물론 여기서는 경제적 근대화뿐만 아니라 정치적인 국민국가 건설과 서구 근대사상 수용 등을 포함하고 있다. 그리고 이 두 가지와 모두 관련된 ③ 내셔널리즘의 요소가 있다. 또한 이것들을 움직이게 하는 ④ 국제적 영향력이라는 요소가 있고, 일반적으로 혁명과 근대화의 대상이 되면서도 종종 혁명과 근대화 그 자체에 작용해서 그것들을 '중국적인 것들'이 되게끔 하는 ⑤ 전통의 요소가 있다. 이 5개의 요소를 각 정점으로 삼아 각기 정점을 연결하여 5각형의 변—공명해서 만나는 변과 반발해서 만나는 변이라는 두 가지 종류—을 그려 보았다(그림 참조).

예컨대 변법자강운동, 신해혁명, 장제스의 국민혁명, 1949년 혁명, 문

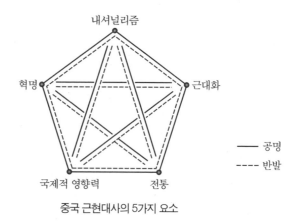

내서널리즘

혁명　　　　　　근대화

공명
반발

국제적 영향력　　　전통

중국 근현대사의 5가지 요소

화대혁명, 덩샤오핑의 개혁개방의 실천 등이 제각각 어느 변과 어느 변의 조합을 중심으로 작용해서 이뤄졌는가를 생각해보면 각각의 역사적 사건과 행동의 특징을 떠올릴 수 있다. 나아가 이는 주요한 역사의 흐름 속에서 무엇이 계속되고 무엇이 계속되지 않았는가를 생각하게끔 하는 길라잡이가 될 수도 있다. 그리고 마오쩌둥 혁명과 덩샤오핑 개혁도 이 5개의 요소를 조합함으로써 일정한 특징을 집어낼 수도 있다.

　예를 들자면, 신해혁명이나 1949년 혁명은 내서널리즘과 혁명 및 근대화가 공명했던 큰 사건이었고 그 부분에서 많은 공통점을 지녔다. 중국 근현대사의 혁명과 개혁의 시도는 대부분 이 오각형을 기본으로 한다. 그러나 신해혁명은 국제적 영향력(제국주의 열강의 개입)에 대해 반응을 보인 것도 아니고 전통적인 요소에 대해 명확히 대결하는 방향성을 보인 것도 아닌, 애매한 상태에서 제국주의 열강의 구슬림과 청 왕조를 반대하는 전통세력에 심하게 의존했다는 특징이 있었다. 이와 달리 1949년 혁명은 다른 것은 차치하더라도 정치적으로는 전통세력과 명확히 대결하는 양상을 보여주는 동시에, 당시 진행되고 있던 냉전체제에 말려든 가운데에서 소련일변도의 태도(국제적 영향력의 흡인성)를 분명히 드러내었다.

마오쩌둥과 덩샤오핑

마오쩌둥의 혁명의 특징은 내셔널리즘과 혁명이라는 두 가지 요소의 결합이 토대가 되었다는 것이다. 즉 변혁 대상으로서의 전통사회에 대해서는 공격적이면서도 혁명 수단에 전통을 받아들이는 것에는 긍정적인, 양자 사이에 반발과 의존의 관계가 병존하고 있음을 알 수 있다. 한편 국제적 영향력에 대해서는 전체적으로 과민반응을 보이며 대항적, 즉 자기주의적으로 나오고 있다. 이에 대하여 덩샤오핑 개혁의 특징은 내셔널리즘과 근대화의 두 점을 잇는 변을 중심으로 부강한 근대적 국민국가 건설을 대대적인 목표로 삼았다는 것이다. 그 때문에 국제적 영향력을 수용하는 개방노선을 표방하고 있는 것으로 보이며, 이는 마오쩌둥 시대와는 대조적으로 적극적이다. 하지만 1989년 제2차 톈안먼 사건을 둘러싸고 '전면 서구화'에 강하게 반발한 것처럼, 열강과 선진국의 개입에 과민반응을 하는 점은 마오쩌둥 시대와 공통된 부분이다.

구판의 「시작하는 글」의 마지막에서 필자는 '만약 중국의 성장이 이대로 지속되어 21세기에 정치는 물론 경제와 군사의 면에서도 강대국으로 성장해 미국에 대항할 수 있는 한 축이 된다면, 내셔널리즘과 전통적인 요소를 결합한 축이 근대화의 진전과 국제적 영향력 속에서 어떤 형식으로 되살아날 것인지에 대한 문제가 핵심 요소로 등장할 것이다'라고 지적한 바 있다. 근대화에 매진함으로써 강대해진 중국이 오늘날 '중화민족의 위대한 부흥'이라는 표어 아래 내셔널리즘과 전통을 잇고, 이에 따라 국제적인 영향력에 역으로 도전하면서 자기 페이스에 맞춰 국제질서를 구축해가고 있는가, 아닌가. 이러한 문제의식을 갖고 현대 중국의 역사를 필자 나름대로 해석하고 조감해 보도록 하겠다.

차례

15

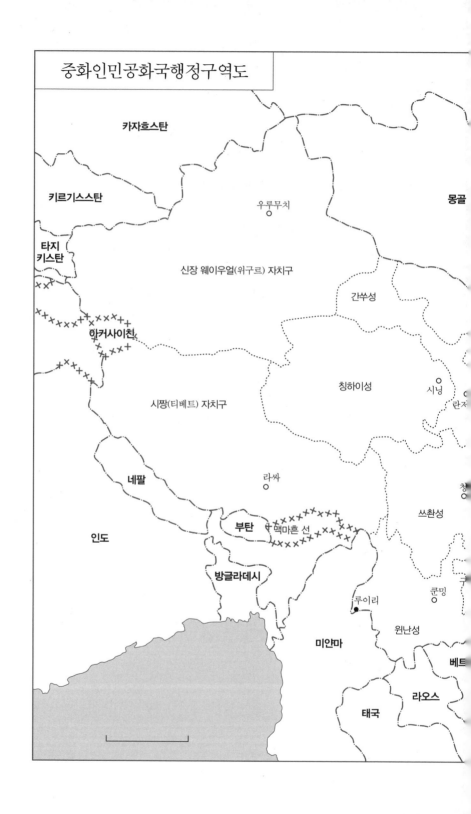

러시아

모허

헤이룽장성

다칭

하얼빈

창춘

지린성

네이멍구 자치구

선양

랴오닝성

북한

일본

후허하오터

닝샤후이족
자치구

베이징시(수도)

톈진시

다롄

대한민국

타이위안

허베이성

스자좡

엔안

다자이

지난

칭타오

산시山西성

치리영

산둥성

정저우

시안

시陝西성

허난성

장쑤성

허페이

난징

상하이시

후베이성

우한

안후이성

항저우

저우성

창사

난창

저장성

후난성

징강산

장시성

푸저우

오키나와 섬

마쭈섬

센카쿠 열도

광둥성

후난성

푸젠성

샤먼

진먼섬

타이베이

미야코 섬

이시가키 섬

이리오모테 섬

요나구니 섬

좡족 자치구

항저우

선전

타이완

난닝

마카오
특별자치구

홍콩 특별자치구

하이커우

하이난성

필리핀

	국경선
⋯⋯⋯	성·자치구·직할시 경계
××××	국성 성세 분생시
◉	직할시
○	성·자치구 등 정부 소재지
●	기타 중요 도시

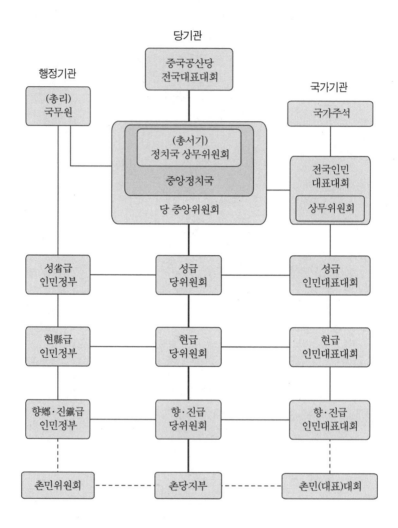

당기관

행정기관

국가기관

중국공산당
전국대표대회

(총리)
국무원

국가주석

(총서기)
정치국 상무위원회

중앙정치국

당 중앙위원회

전국인민
대표대회

상무위원회

성省급
인민정부

성급
당위원회

성급
인민대표대회

현縣급
인민정부

현급
당위원회

현급
인민대표대회

향鄕·진鎭급
인민정부

향·진급
당위원회

향·진급
인민대표대회

촌민위원회

촌당지부

촌민(대표)대회

＊ 단, 인민공사 시대에 향·진급 이하는 인민공사로 편성되었다. 군·사법 계통은 제외했다.
1982년 이전 당의 최고지위는 당주석이다.

중국권력조직도

서장
중화인민공화국 전사前史

임시정부 관원들과
마지막 한족漢族 왕조였던
명나라 개국황제, 주원장의
능을 참배하는 신해혁명의
주도자 쑨원.
(1912년 2월 15일)
그림 속 인물이 주원장.

사진제공: 김명호

아편전쟁에서부터 신해혁명까지

1949년 이후의 역사를 알아보기에 앞서, 그 이전의 근대사의 흐름을 간단하게나마 돌이켜보도록 하겠다.

잘 알려진 것처럼 청 왕조체제에 충격을 준 최초의 대사건은 아편전쟁(1840~1842년)이었다. 이 사건으로 대외적으로 청 왕조가 고수해왔던 '조공(책봉)체제'가 무너지기 시작했지만, 국내에서는 청 왕조의 구체제를 동요시키는 새로운 세력이 대두하는 중요한 계기가 되기도 했다. 1850년, 홍슈취안을 지도자로 삼아 화난부터 화중 일대까지 영향력을 끼쳤던 농민반란인 태평천국운동은 '만주족을 멸하고 한족을 흥성시키자(滅滿興漢)'는 청 왕조 타도의 슬로건을 내걸었다. 또한 사회혁명이라고도 이야기되는 '천조전무제天朝田畝制'(평등과 공유를 주장)를 주창하면서 단숨에 세력을 확장시키고 난징을 수도로 삼아 청 왕조에 대항하는 새로운 국가체제 건설에 몰두했다. 그러나 이는 곧 심각한 내부항쟁과 쩡궈판·리훙장 군대의 공격 등에 의해 1864년에 무너지고 말았다.

청일전쟁(1894~1895년)의 패배는 근대적 국가를 건설하는 데 있어 중요한 계기가 되었다. 이 결과로 청 왕조를 옹호하면서도 서양의 제도 및 사상을 적극적으로 수용하고, 메이지 유신의 방식을 참고하면서 중국을 근대국가로 변화시켜야만 한다는 '변법자강론'이 캉유웨이, 량치차오 등에 의해 제창되었다. 하지만 이 개혁은 서태후 등 보수파의 반대에 부딪혀 좌절하고 말았다.

　새로운 국가 건설을 모색하는 동안, 쑨원 일파는 민족·민권·민생의 실현을 꾀한 '삼민주의三民主義'를 내세우고, 이에 더하여 만주족을 배척하고 한족을 일으키자는 '배만흥한排滿興漢'을 슬로건으로 삼아 청 왕조 타도와 공화국 수립을 도모했다. 바야흐로 1911년 10월 신해혁명이 발발하면서 각지의 성省은 독립을 선언하였고, 중화민국 임시정부가 결성됨과 동시에 쑨원이 임시 대총통에 취임하면서 최후의 중화제국이었던 청 왕조는 붕괴되었다. 신해혁명은 종래의 중화제국과는 색다른 공화국 체제의 '중화민국'을 출범시켰는데, 쑨원의 생각을 많이 반영한 임시약법(헌법)을 제정하고 근대적인 국가건설의 길을 걸어나갈 것처럼 보였다. 그러나 실제로는 위안스카이와 정치적 거래를 하고 대총통의 지위를 위안스카이에게 넘겨 주게 되면서 신해혁명은 좌절될 수밖에 없었다. 그리고 1916년 위안스카이가 병사하면서 중국은 통일로 향하기는커녕, 오히려 '군벌할거軍閥割據'라는 각 지역 세력들의 독자적인 움직임 때문에 혼란 상태가 되고 말았다.

국공합작에서 북벌로

세계사적으로 보면 제1차 세계대전이 발발했을 때 민족의 독립을 외치는 소리가 드높아졌고, 러시아혁명에 의하여 세계 최초로 사회주의 국가가 탄생되었다. 중국에서는 일본이 1915년 베이징 정부에 「대화對華 21개조 요구」를 들이대었고, 이에 반발하는 애국주의 운동이 고양되었다. 제1차 세계대전이 종결되고 1919년 6월 베르사유 강화조약이 체결되었다. 그러나 이 회의에서는 독일이 중국으로부터 뺏은 이권을 중국에 반환하지 않고 일본에 양도할 것을 승인했다. 이에 분개한 베이징 학생들이 항의 시위를 벌였고, '5·4운동'이라 불린 반일애국 내셔널리즘 운동이 전국적으로 확산되었다. 이러한 가운데 1921년 7월, 코민테른의 강력한 영향력을 받고 중국공산당이 결성되었다.

러시아혁명 이후, 쑨원도 서서히 소련에 접근해 1924년에는 중국국민당이 코민테른의 원조를 받아 개조에 나서면서 '연소聯蘇·용공容共·농공부조農工扶助'*와 '반제·반봉건'을 선명하게 내세웠다. 그 정책 아래 소수의 공산당원이 동시에 국민당 당적도 갖고 국민혁명에 참가하는 제1차 국공합작이 정식으로 성립되었다. 그러나 1925년 3월 쑨원이 사망하자 국민당의 좌파와 우파는 주도권 다툼을 벌였고, 곧 군을 배경으로 한 장제스가 실권을 장악했다. 1926년 7월 쑨원의 유훈을 받들어 '북벌'이 선언되고 베이징을 향해 북상하기 시작했다.

그는 도중에 상하이에서 1927년 4월 공산당을 철저히 탄압·배제하는 이른바 '4·12쿠데타'를 일으켰다. 이에 공산당은 왕징웨이(왕자오밍) 등 국민당 좌파와의 합작을 고집했지만 실패했고, 세력이 크게 위축되자 농촌 변경 지역으로 거점을 옮겨 국민당과는 내전의 길을 걷게 되었다. 장제스가 이끌었던 국민혁명군은 다음 해인 1928년 6월 베이징을 점령하여 북벌을 완성시켰고, 10월에는 장제스가 난징 국민정부 주석에 취임해 형식상으로는 전국 통일을 달성했다.

일본의 침략과 마오쩌둥
세계사적으로는 1929년의 세계공황을 전후로 국제사회의 불황과 혼란

---

* 소련과 연합하고, 공산당을 국민당에 받아들이며, 농민운동과 노동운동을 지원한다.

이 가속화되었다. 독일에서는 히틀러의 나치즘이, 이탈리아에서는 무솔리니의 파시즘이, 일본에서는 군부세력이 대두하면서 영국·미국·프랑스 등을 중심으로 한 기존의 국제질서에 과감히 도전하는 분위기가 짙어졌다. 이러한 가운데 일본은 금융공황과 불황으로 고통받으면서, 중국에서의 세력 확대를 더 급속하게 추진했다. 그러나 장제스는 '우선 국내 문제를 해결하고 외부의 우환인 일본 문제에 대응하자〔安內攘外〕'는 정책을 채택하고, 1929년과 1930년에는 옌시산 등 반장제스 세력을 집중적으로 공격했다. 이에 따라 1930년대 전반은 만주 사변, 상하이 사변, 러허* 점령 등 일본의 침공을 제외하면 난징국민정부는 상대적으로 안정기에 들어섰고, 국민당 주도의 정치체제의 강화, 화폐제도 개혁의 실시, 민족자본주의적인 경제의 발전이 연해 지역에 나타나면서 '근대적이면서 통일된 국민국가' 건설을 향한 발걸음을 크게 내디뎠다. 동시에 장제스는 국내안정을 위해 화난 농촌 일대로 세력을 확장하기 시작한 공산당 세력에 대한 소탕전을 전개했다.

이 농촌 지역에서 근거지를 확장시켰던 지도자가 바로 마오쩌둥이었다. 그는 중국공산당이 조직된 이후부터 그 당시까지 당의 주류파에 속한 지도자라고 할 수 없었다. 도시의 노동운동을 중시하는 코민테른·중국공산당 주류파는 농촌을 근거지로 삼아 농민운동을 중시하는 마오쩌둥의 혁명방식을 이단적인 것으로 간주했다. 그러나 도시에서 공산당 세력이 괴멸될 정도로 타격을 받자 농촌 변경지대는 공산당의 유일한 생존공간이 되었다. 이곳에서 마오쩌둥은 지주·향신鄕神이라고 하는 토착 지배자를 타도하고, 토지와 재산을 몰수해서 빈농에게 분배해 그들을 혁명 세력으로 끌어들이는 방식으로 효과를 보았고, 공산당 세력은

---

* 熱河. 현재 중국 허베이성 북부 롼허강의 지류 러허강 연안에 있는 도시 청더承德를 뜻한다.

급속하게 확대되었다. 이윽고 1931년 11월 중국공산당은 장시성 루이진을 수도로 삼고 마오쩌둥을 정부 주석으로 하는 중화소비에트 공화국 임시 중앙정부를 수립했다. 몇 가지 자료에 따르면, 1934년 시점에서 각지의 소비에트구를 합해 약 3,600만 명, 10만 km² 남짓이 중국공산당의 지배 아래 들어갔고, 독자적인 군대(홍군紅軍)는 20만 명에 달했다. 그야말로 청 왕조 말기의 태평천국 같은 이중권력이 출현한 것이었다.

장정·시안사건

1934년 장제스는 최고사령관이 되었고, 제5차 공산당 포위 토벌에 직접 나섰다. 압도적인 숫자의 국민당 군대가 한걸음 한걸음 포위망을 죄어오는 작전을 펼치자, 중국공산당 군대는 힘든 싸움을 벌이던 끝에 1934년 가을, 중앙근거지인 장시성을 포기하고 어쩔 수 없이 서쪽으로 전망 없는 탈출의 길을 나서게 되었다. 그 후 전투와 기근, 혹독한 기후에 시달리면서 1년여 동안 1만 2,500km나 되는 여정을 계속해 산시성 산악지역인 우치전(나중에 옌안으로 옮겼다)에 겨우 다다랐다. 이 대이동이 바로 '장정長征'이라 불리는 사건이었다. 장정 도중인 1935년 1월, 구이저우성의 쭌이에서 개최된 중국공산당 중앙위원회 정치국 확대회의에선 처음으로 마오쩌둥이 공산당을 지휘하게 될 것임을 결정했다. 이후 마오쩌둥은 서서히 권력을 강화했다.

1935년 7월 코민테른 제7차 대회에서 '반파시즘 국제 통일전선'을 결의하자, 중국공산당은 이 주장에 부응해 내전정지와 일치항일一致抗日을 호소했다('항일 8·1선언'). 이후 학생과 청년을 중심으로 대규모의 항일구국운동이 각계 각층에서 발전했다. 1936년 12월 관동군에 의해 아버지 장쭤린이 폭살당한 동북 출신의 장군 장쉐량 등이 장제스에게 일치항일을 촉구한 '시안西安 사건'을 일으켰고, 결국 내전은 정지되었다.

중·일 전쟁 승리

중·일 전쟁은 1937년 7월의 루거우차오 사건* 이후 전면전의 양상을 띠었고, 초기 단계에는 일본군이 파죽지세로 진격했다. 그러나 광범위하고 집요한 민족 저항이 계속되어 결국 일본의 지배는 주요 도시지역을 점령하는데 그쳤고, 농촌에서는 항일 게릴라에게 괴롭힘을 당하면서 사태는 더욱 불안정해졌다. 머지않아 전선은 대치·교착 상태에 빠지고 말았다. 장제스는 일본과의 교전을 계속하는 한편 중국공산당의 세력 확대를 철저히 경계하기 시작했으며 이들에 대해 가혹한 봉쇄 공격을 가했다.

중국공산당은 전력이 약화되자 부득이하게 대생산운동, 군의 정예화와 행정의 간소화(精兵簡政), 자력갱생, 각고분투에 힘을 기울였다. 이 정신은 후에 옌안정풍延安整風이라 불리게 되었지만, 여기엔 반마오쩌둥 그룹에 대한 철저한 숙청(후의 반우파 투쟁과도 이어짐)도 포함되어 있었다. 또한 항일의 기치를 높이 내걸면서 많은 학생·청년·지식인들의 공감을 얻게 되었다.

마오쩌둥은 중·일 전쟁이 시작되고 바로 이 전쟁의 성격과 전쟁을 둘러싼 국내외의 정세, 적과 아군의 전력 비교 등을 분석했다. 그는 적의 침공과 아군의 방어 단계(적극적 방어), 적과 아군의 전선 교착 단계(대치), 적의 피로와 아군의 반격 단계(적극적 반공)라는 3단계로 나누고 각 단계의 특징을 나타내는 임무와 각 시기별 예상을 설정했다. 이것은 나중에 「지구전론」이라는 마오쩌둥의 눈부신 군사전략론의 하나가 되었다. 놀랍게도 마오쩌둥의 선견지명은 최종 단계에서 이루어진 중국측의 공세에 대한 전망이 약간 달랐던 것 외에는 거의 적중했다. 내전의 최종 단계

---

* 루거우차오蘆溝橋는 베이징 서남쪽에 있는 다리다. 1937년 7월 7일 일본은 해당 지역 중국 주둔군에게 통지도 없이 군사훈련을 실시했는데, 이때 일본 사병의 실종을 이유로 중국군에 공격을 가하면서 중·일 전쟁이 시작되었다.

에서는 국민당과 공산당의 대립으로 중국측의 전력도 소모되었지만, 상대방 일본측도 태평양으로 전선을 확대해서 미국과 전면 대결을 벌여 본토까지 공격받게 되었기 때문에 전력이 급격하게 저하되었다.

　장제스를 포함하여 미국의 루즈벨트 대통령과 영국의 처칠 수상은 1943년에 열린 카이로 회담에서 대일전쟁對日戰爭*에의 협력과 일본의 무조건 항복을 포함한 태평양 지역의 전후 구상에 관해 합의를 보았다. 그 후 1945년 2월에 미·영 양측 수뇌들이 스탈린을 더하여 얄타회담을 열었다. 그들은 사할린과 쿠릴열도를 소련이 영유한다는 등의 승낙과 맞바꿔서 소·일 중립조약의 파기를 비밀리에 약속했다. 이윽고 소련이 대일전쟁에 참전하고 히로시마와 나가사키에 원자폭탄이 투하되자, 일본은 포츠담 선언을 수락하고 무조건 항복을 받아들이면서 중국대륙에서의 전투도 중지되었다. 중국은 만신창이가 되었지만 연합군의 일원으로서 항일전을 승리로 이끌었다. 정말로 가까스로 이겼던 것이다.

국공내전의 재개

국력이 피폐해지고 국민이 기아로 고통받는 가운데, 내전에 반대하면서 평화적으로 국가의 통일을 이루자는 요구의 소리가 급속도로 높아졌다. 이를 받아들여 1945년 8월 말부터 장제스와 마오쩌둥이라는 거물들의 회담이 충칭에서 열렸다. 10월 10일에는 장제스를 최고지도자로 하는 통일국가 건설에 합의하는 「충칭회담 기요紀要」〔双十協定〕가 발표되었다. 그러나 중국공산당이 통치하는 지방정권과 중국공산당군 등에 대한 처리 방법, 나아가 일본이 지배하고 있던 동북 지구의 행정기구·군사력·공장 등의 접수 문제를 둘러싸고 양자의 대립이 극심해지면서 이듬

---

* 여기에서 대일전쟁은 태평양 전쟁을 뜻한다.

해인 1946년 7월, 국민당과 공산당은 다시 전면 내전에 들어갔다. 내전이 시작되었을 무렵 양측의 전력을 비교해 보자면, 지배하고 있던 인구 수·토지 면적·도시 수·군 병력 수·무기 등을 대략적으로 계산했을 때, 국민당이 공산당의 4배 정도였다. 내전이 시작된 후, 국민당은 옌안으로 진공해 1947년 3월 그곳을 점령했다. 장제스는 1948년 설날에 발표한 연두사에서 "1년 이내에 공비를 일소하겠다"라고 호언장담할 정도였다.

그러나 마오쩌둥은 이때도 지구전과 유격전을 전개하고, 적군을 농촌과 산악의 오지로 유인해 교란하면서 서서히 소멸시켰다. 마오쩌둥의 기본 전략은 '지구전'과 '유격전'의 기반이 되는 인민을 끌어들이는 「인민전쟁론」과, 광범위한 중간층 그리고 때로는 적의 일부도 아군으로 끌어들이는 「통일전선론」, 당의 절대적인 지도를 받고 있는 군과 정부를 보증하는 「근거지론」으로 이루어졌다. 그리고 내전을 전개하는 한편, 농촌에서는 지주의 토지를 탈취해 빈곤한 농민에게 분배하는 토지개혁을 실시함으로써 많은 대중을 자기편으로 끌어들였다. 또한 도시에서는 장제스 정권의 부패와 독재를 폭로하고, 저들이 일본을 대신해 침략을 기도하는 미 제국주의의 앞잡이가 되었다고 선동하면서 빈곤한 시민과 중간층을 흡수했다.

이윽고 정세는 방어에서 대치로, 그리고 1948년에 들어서는 반격의 단계로 전환했다. 중국공산당은 그 해 9월부터 12월에 걸쳐 랴오선 전투, 화이하이 전투, 핑진* 전투로 불리는 국민당군과의 3차례의 대전투에서 승리했으며, 바로 노도처럼 남하해서 국민당 세력을 막다른 곳으로 몰아넣었다. 중국공산당은 1949년 1월 베이핑에 무혈입성했고, 국민

---

* 베이핑北平(지금의 베이징)과 톈진天津.

당 정부가 5월 이후부터 타이완으로 옮겨가기 시작하면서 전쟁은 막바지에 다다랐다. 그 해 6월 새로운 국가를 건설하기 위해 국민당계를 제외한 전국 각계의 중요한 인물을 소집한 신정치협상회의 준비회의가 개최되어 건국의 기본 방침을 토의했다. 9월에는 정식으로 중국인민정치협상회의가 소집되었는데, 이 회의에서 국호를 중화인민공화국, 수도를 베이징으로 개명하고 중앙인민정부의 기본적인 구성(정부 주석에 마오쩌둥, 정무원 총리에 저우언라이 등)을 결정했다. 바야흐로 중화인민공화국의 건국이었다.

제1장
새로운 중국의 탄생과 국가 건설의 모색

중화인민공화국 설립에
정통성을 부여하기 위해
1949년 9월 21일부터 열흘 간
열린 신정치협상회의에서
개막사를 하는 마오쩌둥.

사진제공: 김명호

1. 신민주주의공화국으로서의 출발

새로운 중국 구상

마오쩌둥은 1940년에 중국혁명의 현 단계와 장래의 전망에 관해서 논한 「신민주주의론」을 발표했다. 이때 그는 중국혁명을 낡은 형태의 부르주아 민주주의혁명도 사회주의도 아닌 신민주주의혁명이라 하면서, 중국이 지향하는 정권은 미국식의 부르주아 독재도 소련식의 프롤레타리아 독재도 아닌, 바로 제3의 길을 택한 정권으로 자리매김을 했다.

　1945년 4월, 중국공산당 제7회 전국대회에서 마오쩌둥은 「연합정부론」이라 이름 붙인 「정치보고」를 했다. 여기에서는 국민당이 제6회 전국대회에서 제기하려고 했던 국민당 중심의 정권 구상에 맞서, 제2차 세계대전 종결을 목전에 두고 앞서 말한 신민주주의론을 기본으로 한 신국가 건설구상을 제기했다. 마오쩌둥은 이 구상에서 실현되어야 할 국가와 사회를 다음과 같이 묘사했다.

　"중국은 신민주주의 제도가 실행되는 모든 기간 동안, 한 계급이 독재를 하거나 한 정당이 정부기구를 독점하는 제도를 실시할 수도 없고, 마땅히 그렇게 해야 하는 것도 아니다. …… 러시아 제도와 구별되는 특수한 형태로, 여러 개의 민주계급이 연맹한 신민주주의 국가 형태와 정권 형태는 오랜 기간을 거쳐 마침내 태어날 것이다"(『마오쩌둥 선집』 2권).

국민당 일당독재의 공포, 내전의 혼란에 따른 극도의 피폐, 식량부족, 격심한 물가상승에 따른 기아 등등에 고통스러운 민중, 민주적이고 공정한 정부의 출현을 원하는 반국민당, 비공산당 계열의 민주세력과 지식인들은 마오쩌둥이 제창한 신민주주의의 연합독재정권을 강하게 지지하게 되었다. 공산당은 이에 부응하여 새로운 국가의 기본강령으로서 민주제당파와 무소속 인사들과 함께 작성한 「중국인민정치 협상회의 공동강령」을 1949년 6월에 채택하고 새로운 국가의 근간으로 정했다.

전시체제에서의 건국

아편전쟁부터 약 100년, 청 왕조 붕괴로부터도 약 40년이라는 세월을 거쳐 1949년 10월 1일, 간신히 '통일'을 이룩한 새로운 국가가 탄생했다. 이날 국가지도자들은 톈안먼 단상에 나란히 앉았고, 30만 명의 시민과 군인이 톈안먼 광장에 모여들었다. 린보취 중앙인민정부 비서장이 기념식전의 개막을 선포하자 국가인 「의용군 행진곡」이 연주되었고, 정부주석 마오쩌둥이 중화인민공화국의 성립을 엄숙하게 선언했다. 그러나 새로운 국가의 성립이 곧 평화와 질서의 회복 및 경제 부흥과 건설의 길을 보증했던 것은 아니며, 각 방면에서의 긴장과 전투가 계속되는 가운데 이루어진 '전시체제에서의 건국'이었다.

우리는 1949년에 성립된 중화인민공화국에 대해 흔히 오해하곤 하는 두 가지가 있다. 첫째는 이 시점에 국가체제가 확립되어 있었다는 오해이고, 둘째는 이 시점에 중국이 사회주의 국가 또는 공산주의 국가가 되었다는 오해이다. 굳이 '전시체제에서의'라고 표현한 것은 국가체제 뿐만 아니라 골격마저도 임시적이고 잠정적인 조치가 농후하게 남아 있었다는 점을 강조하기 위해서다. 예컨대 최고권력기관으로 전국인민대표대회(이하 전인대)를 설치할 것이 규정되었지만 당시에는 미처 실현되지 못했으며, 앞에서 서술했던 통일전선적인 기구인 중국인민정치 협상회의(이하 정협)가 이를 대신하는 기관으로 기능하고 있었다. 이 회의는 정식 대표와 후보를 합해 각 정당 대표 165명, 지구 대표 116명, 군 대표 71명, 인민단체 대표 235명, 특별 초청 대표 75명, 합계 662명으로 구성되었으며, 중요 의제를 토의하고 결정했다. 그리고 아직 헌법을 제정하지 못해 정협의 「공동강령」이 그 역할을 대신했다.

중국공산당이 중심적인 지도력을 발휘했던 것은 말할 필요도 없지만, 건국 당시 정권의 구성이나 기본 정책을 살펴보면 결코 사회주의, 공산주의 국가라고 할 수 없었다. 정권 구성의 측면을 살펴보면 해방구에서 채택한 '3·3제'(공산당, 좌파, 중간파가 각각 1/3의 비율로 의석을 차지하는 방식)의 연장이었다. 따라서 중국공산당으로서는 권력에 대한 욕구를 자제한 통일전선 정권의 성격이 강했다. 예컨대 정협의 각 정당 정식 대표 142명 가운데 공산당 대표는 불과 16명이었는데, 이 숫자는 국민당 혁명위원회, 민주동맹과 같았다. 중앙정부에도 비공산당 계열 지도자가 부주석 6명 가운데 3명, 정부위원 56명 가운데 29명, 정무원(국무원의 전신)의 부총리 4명 가운데 2명, 장관에 해당하는 정무원의 부장·위원회 주임 33명 가운데 15명으로 각각 50% 전후를 차지했다. 따라서 비공산당 계열 지도자의 정권 참여를 단지 민주적이라는 모습을 보이기 위한 겉치레 정도로 평가할 수는 없었다.

정권의 기본이념과 정책

정권의 기본 이념과 기본 정책은 앞에서 말했던 마오쩌둥의 「신민주주의론」과 「연합정부론」을 주축으로 하고 있다. 우선 정협의 「공동강령」을 보면 전문에서 "인민정치 협상회의는 신민주주의, 즉 인민민주주의를 중화인민공화국의 정치적 기초로 삼을 것을 …… 일치해서 동의한다"라는 내용이 강조되었다. 그리고 중화인민공화국이 목표로 하는 것은 "중국의 독립·민주·평화·통일 및 부강을 위해 분투한다", "점차 농업국을 공업국으로 변모시킨다"(제1장)와 같이 근대국가 건설에 역점을 두었음을 알 수 있다. 이러한 일반적인 근대화론은 1950년대 후반부터 1970년대 후반까지 마오쩌둥의 독특한 혁명관과 사회관 때문에 점차 공공연하게 주장하지 않게 되었지만, 이후 덩샤오핑에 의해 부활했다.

또한 당시 기본 정책을 살펴보면 여기서도 「신민주주의론」이 강하게 투영되고 있다. 주요 내용은, ① 중국 내에서 외국 제국주의의 특권을 취소하고, 관료자본을 몰수해 국가소유로 할 것, ② 경제는 사회주의적인 국영경제와 반半사회주의적인 합작경제, 농업 및 사적 자본주의의 개인 경제 3자가 혼합된 경제방식을 채택하고, 공적인 것과 사적인 이익을 함께 고려하며〔公私兼顧〕, 노동자와 자본가 양측의 이익을 도모하고〔勞資兩利〕, 도시와 농촌의 상호 부조와 생산 발전을 기본으로 할 것, ③ 외교는 국가의 독립·자유 및 영토의 보전과 상호 존중을 기반으로 국제적인 영구 평화와 우호 협력을 옹호하고 제국주의적 침략과 전쟁 정책에 반대할 것 등이었다.

전시체제의 4가지 측면

그러나 새로운 국가를 둘러싼 정세는 결코 평온하지 못했으며, 오히려 전시 상황이라고 할 수 있었다. '전시체제'는 4개의 측면으로 나누어 볼 수 있었다. 첫째는 여전히 각지에서 계속되는 국민당군과의 전투였다. 건국 당시 100만 여 명의 병력을 거느렸던 국민당군은 광저우 일대의 화남 지역, 충칭 일대의 서남 지역, 그리고 타이완에 그 세력을 보존하고 있었다. 공산당군은 화남과 서남 지역에서 1949년 10월 초순부터 1950년 3월에 걸쳐 연속적으로 전투를 전개한 끝에 국민당 세력을 소탕할 수 있었다. 이들 전투의 주력은 류보청과 덩샤오핑이 이끌고 있던 제2야전군과, 린뱌오와 뤄룽환이 이끌었던 제4야전군이었다. 거의 동시에 왕전이 거느렸던 제1야전군 군단은 신장을 지배하게 되었다. 이어서 1950년 4월 이후에는 하이난섬과 티베트 등지로 옮겨 전투를 계속했고, 다음 해인 1951년까지는 타이완을 제외한 대륙 전체를 거의 평정할 수 있었다.

둘째는 내전과 거의 동시에 시작되었던 미·소 대결, 동서 냉전에 따른 국제 긴장의 심화였다. 국민당군과의 내전에서 승리가 가까워졌을 무렵 중국공산당 지도자들은 비록 그들이 소련을 모델로 삼았다 해도 역사적으로나 정치적으로 소련에 대해 강한 불신감이 있었기 때문에 미국과도 일정한 우호관계를 유지하고자 했고, 물밑으로는 관계 정상화를 모색한 적도 있었다. 10월 1일 정부 포고에서도 "평등, 호혜, 영토·주권의 상호 존중을 준수하는 어떠한 외국의 정부와도 동등한 외교관계를 바란다"라고 호소하고 있다. 그러나 1947년 3월 공산주의에 대항하는 정책인 '트루먼 독트린'으로 본격화되었던 냉전은 단기간에 마셜플랜, 나토 체제(NATO, 북대서양조약기구)와 코민포름, 코메콘, 바르샤바 조약기구체제라는 양대 진영을 형성했다. 특히 1948년 코민포름이 유고슬라비아 공산당을 제명했던 사건은 중국공산당이 어중간한 제3의 길을 밟을 가능성을 대폭 축소시켰다. 게다가 타이완으로 쫓겨 간 국민당 정권은 미국의 거대한 군사적, 경제적 지원을 받으면서 '대륙 반격의 기회'를 노리고 있었다. 이러한 가운데 마오쩌둥은 '일방적으로 소련에 의존하는', 즉 '소련일변도〔蘇聯一邊倒〕' 외교 방침을 결단하게 되었다.

건국한 지 얼마 안 된 1949년 12월, 마오쩌둥은 스탈린의 70세 생일을 축하한다는 명목으로 모스크바에 갔다. 그리고 다음 해인 1950년 2월 중·소 우호동맹 상호원조조약이 체결될 때까지 2개월 이상 소련에 체류했다. 이제 막 탄생한 국가의 최고지도자가 건국 직후 이렇게 장기간 자국을 떠나 있는 사태는 비정상적이다. 그리고 동북 지구와 신장 지구에서 소련의 특권을 인정한 조약 체결의 결과를 보면, 중·소 간에 심각한 논쟁이 있었음을 추측할 수 있다. 그런데도 철저히 소련에 기대어야만 할 정도로 방금 탄생한 '새로운 중국'을 에워싼 국제환경은 긴장 상태였다고 말할 수 있다. 이러한 상황에서 뒤에서 다룰 1950년 6월 한국전쟁이 발발하자, 중국은 국가의 존망을 걸고 이 전쟁에 참전해 미군과 대결하게 되었다.

2. 토지개혁의 전개와 도시의 질서화

세 번째 측면

'전시체제'라는 단어가 갖고 있는 세 번째 의미는, 농촌에서 예전부터 내려온 지주 중심의 지배체제를 타도하기 위한 투쟁을 계속한다는 것이다. 두 말할 필요도 없이 중국은 오랫동안 전 인구의 80~90%를 농민이 차지하는 전형적인 농업대국이다. 약 1억 2,000만 명이 살고 있는 화북과 동북 등의 '구舊해방구', '반半해방구'의 농촌에서는 이미 건국 전부터 토지개혁이 실시되어, 태평천국에서 쑨원으로 이어졌던 '경작하는 자가 그 토지를 소유한다〔耕者有其田〕'는 농민적 토지소유제가 보급되어 있었다. 그러나 화중, 화남을 중심으로 2억 8천만 명이 살고 있는 농촌 지역(전 농가의 약 70%)은 여전히 토지개혁이 실시되지 않았고, 지주적 토지소유제로 인해 농촌의 90%를 차지하는 빈농·고농雇農·중농은 불과 20～ 30%의 토지밖에 소유하고 있지 못한 상황이었다. 1950년 6월 중국공산 당은 토지개혁법을 반포하고 2년 반에서 3년에 걸쳐 전국에서 토지개혁 을 실시할 것을 결정했다.

이 토지개혁에는 '순서에 따라 질서 있는 방식으로 전개', '부농경제의 보호'라는 온건한 방침이 채택되었고, 위로부터의 지도를 확보하기 위 해 중앙지도부에는 류사오치를 주임으로 한 토지개혁 위원회가, 현 이 상의 각급 인민정부에는 토지개혁 위원회가 조직되었다. 그리고 기층 (말단)에는 수십만 명의 훈련받은 토지개혁 공작대(원)가 각지로 파견되 어 직접 지도를 담당했다. 그러나 실질적으로 전개되었던 토지개혁은 그러한 위로부터의 방침보다 훨씬 빠르고 과격하게 이루어졌다. 시기적 으로는 전망을 훨씬 앞당겨, 시작한 지 약 1년 10개월 뒤에는 중국공산 당 지도자 스스로 "토지개혁은 이미 거의 전국적인 범위에 걸쳐 기본적 으로 완성되었다"라고 이야기할 정도였다. 물론 각지에서는 무리한 개 혁으로 종종 '도가 지나친 현상'도 발생했다.

그럼에도 불구하고 전체적으로는 위로부터의 지도와 아래로부터 농 민의 들끓는 여론이 어느 정도 서로 조화를 이루면서 효과적으로 작용 해 성공적으로 전개되었다고 할 수 있다. 1952년 말에는 티베트와 신장 을 제외한 전국에서 토지가 없거나 조금밖에 갖고 있지 않던 약 3억 명 의 빈농이 모두 7.4억 무(1무=6.7아르)의 토지를 손에 넣었고 3,500만 톤 이라는 힘겨운 소작료에서 해방되었다. 그 결과 농민들은 더 적극적으 로 경작에 힘을 기울여 이 해의 농업생산 총액은 484억 위안으로 이제 까지의 사상 최고치를 18.5%나 상회할 정도였다. 또 토지개혁은 단지 토지를 분배하는 것만이 아니라, 지주 등 지금까지 농촌을 장악했던 권 력자와 통치체제에 대항하는 '청산'투쟁을 의미했고, 지역적으로 불균등하게 이루어졌지만 농촌의 기층(향·촌 수준) 정권과 지방 민병조직을 건설하고 인민공화국의 권력 기반을 다지는 중요한 움직임이 되었다.

네 번째 측면

그리고 '전시체제'의 네 번째 의미는 도시에서 반중국공산당, 반인민공화국 세력과 투쟁을 벌인 것이다. 국민당이 타이완으로 옮겨간 뒤에도 대륙에는 200만 명이 넘는 '비적·국민당 잔당·특무', 봉건적 토착세력, '회會·도道·문門' 등으로 불리는 비밀결사 같은 세력이 남아 있었다. 뿐만 아니라 권력의 공백과 전후의 혼란은 사회를 더욱 불안정하게 만들었다. 1950년만 해도 4만 명에 가까운 공산당 간부와 적극적인 활동가들이 반공산당 세력에 의해 살해되었다.

신정권은 이러한 사태에 대처하기 위해 1950년 3월, 7월, 10월 세 차례에 걸쳐 「반혁명 활동의 진압에 관한 지시」를 발표하고, 사회 질서를 정착시키기 위한 첫 단계 작업에 돌입했다. 이 운동이 대중운동으로 전개되면서 신정권은 129만 명을 체포, 123만 명을 구속했으며, 71만 명의 반혁명분자를 사형시키고 240만 명의 무장 세력을 해체시켰다. 물론 이 운동은 상당수 부당하기 짝이 없는 '도가 지나친 행동'도 포함하고 있었으나 1953년 임무를 완료하면서 비교적 안정된 질서를 수립했다. 동시에 이 과정에서 세 차례에 걸친 전국 공안회의가 개최되어 공안 부문의 조직화가 진행되었다.

반혁명 진압 활동보다 조금 늦었지만 1951년 말부터 또 하나의 대중운동이 도시에서 전개되었다. 12월 중국공산당 중앙위원회는 '군의 정예화와 행정의 간소화·증산 절약의 실행'과 함께 '독직 반대, 낭비 반대, 관료주의 반대'를 호소했다. 바로 '삼반운동三反運動'이다. 그러나 곧 당·정·군·민간조직에서 적발되었던 독직과 부정부패는 대부분이 자본가들이 저지른 뇌물 제공과 탈세, 국가재산의 횡령, 부실공사와 원자재 사취, 경제 정보의 절취라는 심각한 해독害毒때문인 것으로 판단되었다. 요컨대 삼반을 진행하려면 자본가를 주요 대상으로 해서 위의 5개 해독에 반대해야만 했는데, 이것이 '오반운동五反運動'으로 1952년 1월 대도시에서 시작되었다. 삼반·오반운동은 1952년 2월, 3월에 최고조에 달했고, 그 뒤 정리 단계에 들어가면서 여름에는 수습되었다. 확실히 이 운동은 국가와 사회를 청렴결백하게 했으며, 당과 정부에 대한 대중의 신뢰를 얻고 사회의 안정을 취했다는 것 이상의 큰 의의가 있었다. 그러나 동시에, 특히 오반운동을 통해 이제까지 정권의 일익을 담당했던 민족자본가 계급이 국가의 정책과 법에 대한 충성도를 시험받게 되었고, 따라서 상공업 경영자는 심각한 타격을 입었다. 특히 금융업자는 1952년 말에 모두 공사합영으로 조직되었다. 제4장에서 살펴볼 사회주의로의 이행 기반이 서서히 갖추어지고 있었던 것이다.

3. 한국전쟁 참전

중국의 참전 경위

「시작하는 글」에서 서술했듯이 중국의 현대사는 국제환경에 큰 영향을 받곤 했다. 특히 건국 무렵에는 냉전으로 인한 대립과, 이로 인해 아시아에서 열전으로 이어진 한국전쟁이 준 영향은 막대했다. 이 전쟁은 1950년 6월 25일 조선민주주의인민공화국(북한) 군대의 침공을 시작으로, 초반에는 북한 군대가 대거 남진하면서 북한이 압도적으로 유리한 전황이 전개되었다. 당시 미국이 서방측 진영의 방위선에서 한반도를 제외─애치슨 라인Acheson line─시키자, 김일성이 미국의 한국전 개입

가능성을 과소평가하고 남한의 반이승만 세력을 과대평가함으로써 북한이 적극적으로 행동하게 되었던 것 같다. 그러나 미국은 국제연합 안전보장이사회에서 '북한은 침략자'라고 규탄하는 결의안을 채택하는데 성공했고(당시 소련은 불참), 그것을 대의명분으로 삼아 국제연합군의 주력으로서 이 전쟁에 적극적으로 개입했다. 또한 타이완 해협에 제7함대를 파견하고, '타이완 해협 중립화'를 내걸며 중국의 타이완 무력해방을 봉쇄했다.

중국은 6월 28일과 7월 6일 등에 저우언라이 총리 겸 외상外相의 명의로 미국의 '한국전쟁 개입의 불법성'과 '타이완으로 함대 파견의 침략성'을 격렬하게 비난했지만, 직접적인 전투 행동은 보류하고 있었다. 남북의 형세는 9월 15일 미군이 감행한 인천상륙작전이 성공하면서 역전되었다. 서울을 탈환하고, 38선을 넘어 진격했던 미국과 한국 연합군은 10월 중순 중국과의 국경선인 압록강 가까이까지 다다랐다. 이때 트루먼 대통령과 맥아더 총사령관은 여전히 중국이 전쟁에 개입할 가능성은 매우 적다고 판단하고 있었다. 그러나 마오쩌둥은 이러한 예상을 뒤엎고 소련의 충분한 협력 보증도 얻어내지 못한 채 참전하기로 결정했다.

7월 이후 '미국에 대항하고 조선을 원조하는 운동〔抗美援朝運動〕'을 호소하고 있었던 중국공산당과 중화인민공화국 정부는 10월 하순 펑더화이 장군을 총사령관으로 해서 중국인민지원군(의용군)을 모집하고, 압록강을 건너 한반도로 진격했다. 중국의 게릴라전으로 미군은 매우 고전했고, 쌍방의 전선은 다시 38선으로 옮겨졌다. 미국은 "국민당군에 의한 화남 진공작전을 제창"(맥아더 총사령관)하고, "원폭 사용을 고려"(트루먼 대통령)한다고 할 만큼 전면전을 벌일 의도까지 있을 정도로 매우 과격했다. 그러나 1951년 2월 중순의 대격전 이후 전선은 일진일퇴의 교착상태에 빠졌다. 이와 동시에 외교적 절충에 의한 정전도 활발하게 모색

한국전쟁이 끝난 후 집으로
돌아가는 중국군들.

사진제공: 연합뉴스

되기 시작했다. 영국과 프랑스 두 정부의 전쟁 확대를 회피하려는 움직임도 더해지자, 트루먼은 4월에 전쟁 적극파인 맥아더 총사령관을 파면하고 리지웨이를 후임으로 임명했다. 그는 6월 23일 말리크 소련 국제연합 대표의 정전 교섭 제안을 받아들여 6월 30일에 정전 교섭 회담을 호소했다. 북한과 중국은 이것을 받아들여 7월 10일부터 제1차 정전회담에 들어갔다(8월 23일까지). 이후 다른 한편에서는 소규모 전투를 지속하면서 교섭은 2년 1개월 동안 계속되었고, 드디어 1953년 7월 27일에야 간신히 「군사정전협정」을 조인하기에 이르렀다.

세 가지 효과

이상과 같은 경위를 거친 한국전쟁이 건국 직후의 중국에 커다란 인적·재정적·군사적 부담이 되었던 것은 말할 필요도 없다. 덧붙이자면 중국이 투입했던 군대는 무려 34개 사단, 50만 3,000명에 이르렀다. 그러나 동시에 한국전쟁이 중국에 끼친 영향으로 다음 세 가지를 확인해 둘 필요가 있다.

첫째, 국제적으로 심각하게 진행되고 있던 냉전 대립의 중심부에 중국도 완전히 자리 잡게되었고, 그러한 대립을 촉진하는 요소가 되었다. 건국 이전부터 마오쩌둥의 「인민민주 독재를 논한다」(1949년 7월)에서도 보이는 것처럼 중국공산당은 소련쪽으로 꽤 기울어진 편이었지만, 다른 한편으로는 앞에서 서술했던 것처럼 체제가 다른 모든 국가와의 평화공존도 모색하고 있었다. 그러나 1950년 2월 「중·소 우호동맹 상호원조 조약」에 조인을 하고 한국전쟁에 개입하게 되면서부터 사회주의 진영의 일원으로 부득이하게 자본주의 진영과 대결하게 되었다.

둘째, 이 과정에서 미국의 타이완에 대한 군사적·경제적 원조가 강화되었고, 타이완을 조기에 통일하려던 중국의 계획이 심각하게 틀어졌으며, 동시에 타이완 해협을 사이에 두고 군사적 긴장이 일상화되었다. 그 결과 전시체제적 발상과 정책이 지속되어 대외 관계와 국내의 경제 건설 및 사회 건설에 강력한 영향력을 미치게 되었으며, 평화적인 환경을 기반으로 하는 정책 작성을 어렵게 만들었다.

셋째, 그럼에도 불구하고 광범위하게 전개된 '항미원조운동'으로 여전히 유동적이었던 국민의 의사가 강하게 결속되었고, 반제국주의 내셔널리즘의 기운과 중국공산당의 권위가 높아진 것을 확인하게 되었다. 1950년 10월까지 '세계평화를 옹호하고, 미국의 침략을 반대하는' 서명에 참가했던 중국인은 2억 2,370만여 명으로 전 인구의 47%를 넘었고, 다른 자료에는 전국 약 80%의 인민이 항미원조운동에 참가했다고 한다. 그 결과 국민통합과 정치적 결속의 기반이 대폭 강화되었다. 이 세 가지로 미루어본다면, 한국전쟁이 신민주주의 공화국으로서의 중국의 앞길에 큰 영향력을 발휘했다고 해도 결코 과언이 아니다.

4. '과도기의 총노선' 제창과 사회주의로의 이행

중대한 노선 전환

건국 후 바로 '사회주의로의 이행'이라는 문제가 갑자기 발생했다. 우선 다음과 같은 발언부터 확인하고자 한다. 1950년 6월의 중국공산당 제7기 중앙위원회 제3회 전체회의(제7기 3중전회三中全會)에서 마오쩌둥은 "어떤 사람은 자본주의를 빨리 소멸시키고 사회주의를 실행할 수 있다고 생각하는데, 그것은 잘못된 것으로 중국의 정세에 적합하지 않다"라고 발언했다. 다시 그 직후에 개최된 정협 제2회 회의에서도 그는 "장래, 사영공업의 국유화와 농업의 사회화를 실행할 때가 되더라도—그러한 시기는 꽤 먼 장래에나 도래할 터인데—그 사람들(토지개혁, 경제 건설, 문화 건설에 공헌했던 사람들)의 앞길은 밝을 것이다. 우리나라는 착실히 전진할 것이다. 요컨대 전쟁을 거치고 신민주주의의 개혁을 거쳐 …… 다양한 조건이 갖춰지고, 전국의 인민들이 납득하고 모두 찬성하는 날에 서서히 그리고 적절한 방법으로 사회주의라는 새로운 시기로 들어갈 것이다"라고 언명하고 있다. 중국공산당 중앙위원회도 전체적으로 "신민주주의 단계는 상당히 오랜 기간에 걸친 것"이라고 인식하고 있었다.

그러나 1952년 9월 이후 마오쩌둥은 '과도기의 총노선'에 관해, 또한 '자본주의적인 상공업의 이용·제한·개조'에 관해 자주 언급하기 시작했다(보이보, 『회고』 상). 그리고 다음 해인 1953년 8월 정식으로 '과도기의 총노선'을 제창하게 되었다. 이에 대해 마오쩌둥은 다음과 같이 말했다. "중화인민공화국이 성립하면서부터 기본적으로 사회주의로 개조될 때까지 이것은 하나의 과도기다. 이 과도기에 당이 수행해야 할 총노선과 총임무는 '꽤 오랜 기간에 걸쳐' 국가의 공업화를 이룩하고, 농업·수공업·자본주의 상공업에 대한 사회주의적 개조를 기본적으로 실현하는 것이다. 이 총노선은 우리의 각종 활동을 비추는 등대여야 하며, 어떤 활동도 그것에서 벗어나면 …… 잘못을 범하게 된다"(『마오쩌둥 선집』 5권, 강조는 인용자).

이러한 주장을 앞에서 밝힌 "사회주의적 개조는 신민주주의의 개혁을 거쳐"라는 표현과 비교하면, 이는 명백히 마오쩌둥 자신의 중대한 노선 전환이었다. 게다가 마오쩌둥을 포함한 당 중앙위원회에서는 당시 이 과도기를 꽤 오랜 시간, 보다 구체적으로는 세 차례의 5개년 계획을 거친 1967년경까지로 고려하고 있었다. 그럼에도 불구하고 제1차 5개년 계획이 종료되기 전인 1956년 중국공산당 제8회 전국대회에서 이미 "농업, 수공업, 자본주의적 상공업의 사회주의적인 개조는 기본적으로 달성되었다"라고 선언했다.

국내적·국제적 요인

그렇다면 이렇게 빠른 속도로 전개되었던 이유는 무엇일까? 군이 장기간에 걸친 신민주주의 단계를 강조하고, 사회주의적 개조조차 완만하고 온건할 것으로 언급했음에도 불구하고 급진적인 길을 걷게 된 이유는 무엇일까? 이에 관해서는 다음 세 가지가 중요하다. 첫째, 국내적 요인이다. 중화민족의 오랜 숙원이었던 외세의 배격과 국가의 독립·통일이 인민공화국에 의해 기본적으로 실현되자, 사람들은 희망과 활력을 갖고 국가와 사회를 건설하는 데 나서게 되었다. 앞에서 서술했던 토지개혁에서 항미원조운동까지가 그 주된 내용이다. 그리고 그것은 마오쩌둥 자신이 예상했던 것보다 더 큰 성과를 거두었으며, 노동자와 농민의 역량을 비약적으로 높이고, 민족자본가·지주·부농·지식인 등과의 세력관계를 기본적으로 변화시켰다. 그 결과 노농계급의 편에 서서, 앞에서 서술한 여러 정책을 실시했던 중국공산당의 입장과 지도력, 권위가 크게 강화되었다. 예상 이상의 성과에 자신을 갖게 된 당이 그것을 바탕으로 스스로 목표한 국가와 사회의 건설에 몰두하는 것은 공산당의 발상에 입각해 본다면 당연했다. 맥파커는 이처럼 중국이 사회주의로 나아가는 데에는 소련 모델을 따르는 것 외에 다른 대안이 없었다는 견해를 제시했다(R. Macfarquhar ed., *The Politics of China*). 당시 사회주의의 모델로는 소련 말고는 없었기 때문에 필연적인 선택이었음에는 틀림없다. 그러나 개혁·개방기에 들어서고 '신민주주의계급'이 재평가되면서 '필연'이었다는 견해는 꼭 타당한 것인가 하는 의문이 생겨났다.

이러한 국내적 요인이 바탕이 되었지만, 다음과 같은 점 또한 중요할 것이다. 바로 둘째, 국제적 요인이다. 제2차 세계대전이 끝난 직후부터 이미 냉전의 조짐은 보였지만, 그래도 마오쩌둥 등 중앙지도자들은 사태가 그렇게 급속히 진전될 것이라고는 전혀 예상하지 못했다. 게다가 냉전이 열전으로 전화되었던 한국전쟁, 미국의 개입에 의한 타이완 방위, 샌프란시스코 강화조약과 미·일 안보조약의 조인(1951년) 등, 미국을 축으로 중국 봉쇄의 네트워크가 착착 형성되는 가운데, 신민주주의 공화국이라는 애매한 국가체제는 존속하기 어려워졌다. 갓 출범한 위태롭고 미약한 체제의 국가로서 이러한 국제환경 때문에 '안전보장이 위협받는 것'이야말로 예상 외의 큰 문제였을 것이다.

지도자로서의 마오쩌둥

그러나 이상의 두 가지 요인만으로 급진적으로 사회주의화를 진행시킨 이유를 설명하는 것은 불충분하다. 여기에 셋째로 중앙지도자, 특히 마오쩌둥의 상황 인식과 전략 설정, 결단력 등 지도자로서의 개성을 고려하지 않으면 안 된다. 마오쩌둥의 사상을 이루는 기본 발상은 ① 적과 우군론, 전쟁상태론(평화는 일시적이며 전쟁이 일상적인 상태라는 생각), 통일

전선론, 지구전론 등에서 보이는 준군사적 발상과, ② 근거지론, 주관능동성 등과 같은 주의주의적主意主義的 발상이다. 이러한 마오쩌둥의 발상은 국내 정세의 유리한 전개와 국제 정세의 긴박화와 결부되어, 경제적인 조건이 반드시 구비되어 있지 않더라도 주체적인 기반이 한층 더 강화될 수 있다는 입장에서 사회주의화를 급박하게 추구하는 상황으로 이어졌다고 생각할 수 있다. 게다가 1953년에 스탈린이 사망한 이후부터 1956년에 흐루쇼프가 스탈린 비판을 하게 되는 과정은 마오쩌둥이 소련을 절대적인 리더로 간주하는 신화에서 벗어나게 했다. 대중운동·동원에 의해 목표를 실현할 수 있다는 신념과 자기 자신에 대한 과신 등이 더해져 마오쩌둥은 '독자적인 사회주의 건설'이라는 매혹적인 목표를 향해 질주하기 시작했던 것이다. 이에 관해선 다음 장에서 살펴보도록 하겠다.

5. 국가체제 정비

정치와 경제의 안정화

그렇다면 구체적으로 신민주주의 국가 구상과 다른 정치·경제체제의 건설은 어떠한 것이었을까? 1953년부터 시작된 제1차 5개년 계획의 내용인 '소련일변도'라는 슬로건이 상징하는 것처럼 중국은 지향하는 국가와 정치·경제체제는 기본적으로 소련을 모델로 삼았다. 확실히 건국 이후에 일어난 토지개혁, 삼반·오반운동, 한국전쟁 등은 새로 건설된 국가에게는 혹독한 시련이었지만, 이러한 과정을 거치면서 정치와 경제는 차츰 안정되었다. 정권 건설 상황을 살펴보면, 1952년 9월에 32개의 1급 행정구(성·직할시·자치구), 16개의 대도시, 2,174개의 현 및 현급 행정구, 28만 개의 향에서 인민대표대회가 소집되고 인민정부가 수립되었다. 그 가운데 19개의 성, 85개의 시(현급 시를 포함), 436개의 현과 대부분의 향에서 인민정부 위원을 선거로 선출했다. 이어서 1953년에는 정식 선거를 거쳐 전국인민대표대회를 소집하기 위한 인구조사를 광범위하게 실시했다. 6월 말을 기준으로 총인구는 약 6억, 유권자 총수는 약 3억 2,381만 명이었다. 12월부터 기층(향 수준) 선거가 시작되었고, 현·시 수준의 선거를 거쳐 1954년의 7, 8월에는 1급 행정구의 선거가 시작되었으며, 각 지역의 전인대 대표가 선출되었다. 지역 대표는 1,136명이었는데, 여기에 군 대표 60명, 해외거주 대표 30명을 더해 총계 1,226명인 전인대 대표가 구성되었고, 1954년 9월 제1기 전인대 제1회 회의가 개최되었다.

경제적인 면에서는 해방 직후 전 인구의 90%였던 농민 가운데 60%가 기아선상에 있었고, 도시에서는 수 배에서 수십 배가 넘는 물가상승—상하이에서는 1949년 6월부터 1950년 2월까지 도매 물가지수가 약 21배 상승—으로 고통당했으며, 약 400만 명의 실업자가 출현했다고 할 정도였다. 그러나 다양한 개혁과 운동을 통해 급속하게 경제를 부흥시켰다. 그리고 1953년부터는 '과도기의 총노선'을 실천하면서 각 분야에서 사회주의적 개조가 본격적으로 시작됐다. 우선 공업은 제1차 5개년 계획을 실시해 소련에서 156개의 대형 중공업 프로젝트 원조를 받고, 동북과 화동 등을 중심으로 한 공업기지를 본격적으로 건설했다. 또 이러한 중공업화를 추진하는 데 필요한 대규모의 자금은 농업 부분에서 조달한다는 방침을 결정하고, 정부가 농업을 관리·통제하기 시작했다. 즉 1953년 11월부터 상품작물을 강제로 공출하기 위해 정부는 농산물을 전면통제했다. 곧이어 다음 단계로 농민에게 분배했던 토지의 몰수와 합작사화(나중에 설명)가 진행되었다.

공산당의 지도권

제1기 전인대 제1회 회의에서는 중화인민공화국 헌법을 채택한 것 외에도 전인대조직법, 국무원조직법, 지방 각급 인민대표 대회와 정부조직법, 인민검찰원조직법, 인민법원조직법 등이 심의·채택되면서 국가 체제가 겨우 갖추어졌다. 동시에 국가지도자도 개선改選되었다. 이 대회의 특징은 ① 여전히 통일전선적 정권의 색채를 남기면서도 실질적인 부분에서는 중국공산당의 지도권이 크게 강화되고, 사회주의화가 명확히 내세워졌다는 것, ② 근대국가로서의 체제가 정비되고, 정치·군사·경제·사회의 근대화와 제도화를 향한 본격적인 첫걸음이 시작되었다는 것이다. ①과 관련해 주요 지위를 차지한 비중국공산당계 지도자 수는 전인대 상무위원회 부위원장이 13명 가운데 8명, 국무원 각료는 36명 가운데 10명, 국방위원회 부주석은 15명 가운데 4명을 차지하고 있었다. 또 전인대 대표도 1,226명 가운데 공산당 당원이 668명(54.5%), 비공산당 계열 당원이 558명(45.5%)으로 일정한 비율을 차지하고 있었다. 그러나 그 이상의 직위는 모두 공산당 당원이 독점했다. 국가주석 마오쩌둥, 동 부주석 주더, 전인대 위원장 류사오치, 국무원 총리 저우언라이, 동 부총리 10명은 모두 공산당원이었다. 또한 헌법 전문에는 '과도기의 총노선'이 포함되었고, 공산당을 지도자로 한다는 점이 조심스럽게 표현되었다.

②와 관련해서는 전인대가 끝난 후 중앙기구의 조직을 정비했는데, 이에 따라 종래의 정무원을 폐지하고 새로운 행정기구인 국무원을 설립했다. 그리고 건국 직후 중앙과 성 사이에 설치되어 대폭적으로 '자치'를 부여받았던 6개의 대행정구(화북, 화동, 서북 등 5개 전후의 성을 하나로 합쳐 통치하던 행정구로 1954년에 폐지)를 폐지하고 성을 직접 통치하는 중앙집권적 체제를 형성했다. 동시에 건설의 핵심으로 "만약 우리가 강대한 근대적 공업, 근대적 농업, 근대적 교통과 운수, 그리고 근대적 국방력을

중국공산당의 당원 수(단위: 명)

1945년 4월(7회 당대회)	1,210,000
1949년 말	4,500,000
1956년 9월(8회 당대회)	10,730,000
1961년 6월	17,000,000
1969년 4월(9회 당대회)	22,000,000
1973년 8월(10회 당대회)	28,000,000
1977년 8월(11회 당대회)	35,000,000
1982년 9월(12회 당대회)	39,650,000
1987년 10월(13회 당대회)	46,000,000
1992년 10월(14회 당대회)	51,000,000
1999년 6월	61,000,000
2006년 12월	72,390,000
2011년 12월	82,600,000

출처: 『중국의 어제와 오늘』, 『인민일보』 등을 바탕으로 작성.

건설하지 못한다면 낙후와 빈곤에서 탈출할 수 없고, 혁명의 목표를 달성할 수도 없다"(저우언라이의 전인대 「정부활동보고」)라며, 이후 '4개의 근대화'로 계승되는 인식도 있었다는 점을 확인해 두어야 한다. 그러나 근대화에 대한 본격적인 대처는 결국 1970년대 후반으로 미룰 수밖에 없었다. 왜냐하면 얼마 안 있어 마오쩌둥이 강력한 주도권을 발휘하며 소련과는 다른 '독자적인 사회주의 건설'을 모색하기 시작했기 때문이다.

제2장
중국의 독자적 사회주의 건설의 도전과 좌절

중국과 소련의 밀월시대, 중국을
방문한 흐루쇼프 제1서기(左)를
마중 나온 마오쩌둥 주석(中).
(1957년)

사진제공: 연합뉴스

1. 마오쩌둥 독자 노선의 조짐: 농업의 집단화

가오강·라오수스 사건

마오쩌둥은 다른 지도자들의 망설임에도 불구하고 '과도기의 총노선'을 적극 제창했다. 그러나 그것은 소련 모델을 적극적으로 도입한 것이며 반드시 마오쩌둥의 독자 노선이 싹튼 것이라고 말할 수는 없다. 1954년의 제1기 전인대 제1회 회의에서 확립된 중앙집권체제와 여기서 제정된 중국 헌법도 '소련 모델'에 근거했던 것이다. 그러나 지적했던 것처럼 1953년 3월에 스탈린이 사망하자 마오쩌둥은 그의 굴레에서 해방되었고, 중국은 소련에 대해 상대적으로 '독립적인' 관계를 취할 수 있게 되었다. 그 해 가을부터 겨울에 걸쳐, 중국공산당 중앙위원회 내에서는 건국 이후 처음으로 처절한 당내투쟁인 '가오강·라오수스 사건'이 전개되었다. 가오강은 해방 이전에 서북 근거지를 창시한 사람으로 알려졌으며, 이후 국공내전을 통해 동북 지역의 당·정·군을 장악하고 1952년부터는 국가계획위원회 주임에 올랐다. 그는 스탈린과도 관계가 깊어, 1949년에 새로운 중국이 성립되기 앞서 1948년에 동북 인민정부가 독자적으로 소련과 무역협정을 체결할 정도였다. 라오수스는 화동 지방 당·정·군의 제1인자였으며, 1953년에는 중앙위원회 조직부장이 되었다.

이 사건이 발생한 직접적인 계기는 "지도부를 제1선과 제2선으로 나누자"는 마오쩌둥의 제안에 따라 때맞춰 구성된 류사오치와 저우언라이 중심의 제1선 지도에 반대하고, 자신들이 그들을 대신해 당의 실권을 장악하려고 했기 때문인 것으로 얘기된다. 특히 과도기의 총노선 등을 둘러싸고 마오쩌둥에게 비판받고 있던 류사오치를 표적으로 삼아, 1953년 6월부터 12월에는 예전 백색구(국민당 지배구역)의 당(류사오치가 지도)에 대해 근거지(중국공산당 지배구역)의 당이라는 '양당론兩黨論'에다 당은 군대가 만들었다는 '군당론軍黨論'까지 내세우며, 가오강 자신은 '근거지와 군대의 당을 대표한다'고 주장했다. 또 1953년 12월에 이루어진 류사오치의 당 주석 대리 위촉에 반대하는 등 적극적인 움직임을 보였다. 그들은 중남 지구의 린뱌오, 서남 지구의 덩샤오핑과 천윈 등을 끌어들이려고 했지만, 오히려 그들의 반대에 부딪혔고 1954년에는 마오쩌둥을 비롯한 류사오치, 저우언라이, 덩샤오핑 등의 반격을 받아 가오강은 자살하고, 라오수스는 체포되었다. 1955년 3월에 열린 중국공산당 전국대표자회의에서 그들은 '반당동맹'의 음모 활동을 벌였다는 죄목으로 처벌되었다.

이 사건으로 당내에서 발생했던 분파 활동과 막강한 권한을 갖고 있던 지방=대행정구*의 '독립적인' 행동이 철저히 비판받았고, 마오쩌둥을 중심으로 한 중국공산당 중앙위원회의 권한이 강화되었다. 그러나 이 사건의 이면에는 스탈린이 사망하자 명백한 친소 세력인 가오강을 거리낌 없이 공격할 수 있게 되었던 마오쩌둥의 독자적인 입장이 드러나있

---

* p.52의 대행정구와 동일.

58

다. 즉 중국과 소련 사이에 조금씩 분열이 생기게 되었던 것이다.

농촌의 합작사화

그런데 사회주의적 개조를 주장할 수 있게 되자 농촌에서는 '경작자가 그 토지를 갖는다〔耕者有其田〕'라는 토지개혁법의 입장에서, 합작사화 즉 집단화를 주장하는 쪽으로 무게를 두기 시작했다. 특히 1953년 12월에 채택되었던 중국공산당 중앙위원회의 '농업생산합작사의 발전에 관한 결의'는 호조조互助組·합작사화 운동을 "앞으로 농촌에서 이루어질 공산당 지도공작의 중심"으로 파악하고, "소농 경제의 개조와 호조·합작에 대해 당은 적극적으로 지도하는 태도를 취해야만 한다"라고 역설했다. 호조조란, 이전처럼 각 가정이 경영과 노동의 단위임을 전제로 하면서 서로 노동력을 교환하는 조직으로, 집단 농작업으로는 초급합작사(나중에 설명)보다 느슨한 것이었다. 그 뒤에 집단화 운동은 다음 절에서 보

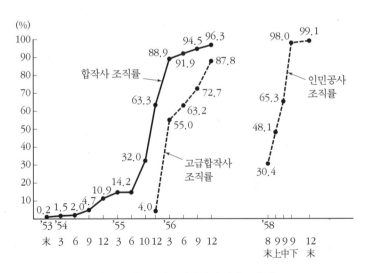

합작사 및 인민공사의 조직화 실태(전체 농가 비교)
출처:『중국 농업합작사화운동 사료』하(1959), 『위대한 10년』(1959)을 바탕으로 작성.

이는 것처럼 좌우로 크게 동요하면서 급속히 전개되었다. 그런데 처음부터 중국은 소련의 집단화 방식과 미묘하면서도 중대한 차이를 드러냈다. 차이점을 단순화해서 말하자면, 농촌의 사회주의화는 "기계화가 집단화에 앞선다"는 것이 소련 방식이고, 농민의 주관적인 능동성을 중시해 "집단화를 기계화에 선행시키는 것이 좋다"라는 주장이 마오쩌둥의 생각이었다. 당내에서는 소련 방식에 동조하는 지도자도 적지 않았는데, 마오쩌둥은 그들과 격렬한 논쟁을 거치면서 독자적인 건설 노선을 모색해나가게 되었다.

그러면 농업의 합작사화 과정을 구체적으로 살펴보도록 하자. 이것은 1954년부터 1957년 전반기에 걸쳐 본격화되어, '모험〔冒進〕'이라 불렸던 급속한 발전과 '반모험〔反冒進〕'이라 불렸던 정체가 교대로 되풀이되면서 네 단계를 형성하고 있다.

① 1954년 : 초급합작사의 발전 단계(제1차 모험기)
② 1954년 말~1955년 여름 : 합작사의 모순이 드러나 탈퇴 등이 현저하게 이루어졌던 정체기(제1차 반모험기)
③ 1955년 가을~1956년 : 초급합작사에서 고급합작사로 이행하면서 비약적으로 확대되었던 발전기(제2차 모험기)
④ 1956년 말~1957년 : 합작사로부터의 퇴사, 해산이 광범위하게 진행되었던 정체기(제2차 반모험기)
(①~④의 구체적인 상황은 앞의 그래프를 참조)

여기에서 말하는 초급합작사란 기본적으로는 자연촌을 단위로 노동력을 집단화하지만, 분배는 노동 이외의 요소(제공했던 토지와 가축의 질과 양 등)가 가산된 반半사회주의적인 조직이다. 고급합작사는 자연촌보다

한 단계 규모가 큰 행정촌을 기본적인 단위로 해서 집단소유, 집단노동, 통일경영, 통일분배를 명확히 했던 사회주의적인 조직이었다.

앞의 그래프에서도 이해할 수 있듯이, 제2차 모험기로의 이행이 가장 극적이었다. 이때 가장 큰 계기가 된 것은 1955년 7월 31일 마오쩌둥의 「농업합작사화의 문제에 관하여」라는 제목의 보고였다. 마오쩌둥은 덩쯔후이 중국공산당 중앙위원회 농촌공작부 부장 등 중앙의 반모험파에 분통을 터뜨리고, 중앙의 정규 결정기관을 무시하고 성·시·자치구 당 위원회 서기회의를 갑자기 소집해 합작사화의 촉진을 호소했다. 마오쩌둥은 그 서두에서 다음과 같이 지적하고 있다. "전국의 농촌에는 새로운 사회주의적 대중운동이 고조되고 있다. 그런데 우리의 일부 동지는 마치 전족을 한 부인네처럼 비틀비틀 걸으면서 '너무 빠르다, 너무 빠르다'라고 푸념만 하며 투덜대고 있다. 지나친 품평, 요점을 벗어난 투덜거림, 끝없는 걱정, 헤아릴 수 없을 정도로 많은 법도와 계율 등을 농촌의 사회주의적 대중운동을 지도하는 올바른 방침이라고 생각하고 있다. …… 요컨대 현재의 상황은 확실히 대중운동이 (당의) 지도보다 앞서 나가고, 지도가 운동을 뒤따르지 못하는 상황이다. 이러한 상황은 꼭 고쳐야만 한다"(『마오쩌둥 선집』 5권).

'모험'의 모순

마오쩌둥의 강력한 호소가 상황을 대대적으로 뒤바꾸어 놓았다. 그러나 1956년 말부터 다시 모험에 의한 모순도 드러나기 시작했다. 합작사화에 수반해 강화되었던 농산물의 강제공출, 기대에 못 미치는 생활수준의 개선, 농민의 생산의욕 저하 등이 그것이다. 1957년에 들어서면서 합작사원의 퇴사와 합작사의 해산 현상이 현저하게 나타났다. 기층에서의 이러한 움직임에 호응해서 허난, 원난 등에서는 성 수준에서 합작사화를 억제하는 움직임이 확산되었다. 또 후베이·산시·후난 등의 성에서는 합작사화에 수반된 획일적인 명령주의 때문에 수확이 큰 폭으로 감소해 농민의 불만을 야기했다. 중국공산당 중앙위원회에서도 덩쯔후이 등이 이러한 사태를 심각하게 인식했다. 1957년 8월에는 「농업생산합작사의 정돈에 관한 지시」를 공표하고, 특히 1958년의 봄 농사까지 집단화의 속도를 늦춰 착실하게 합작사의 정돈 공작(작업풍토의 정돈·사社와 생산대의 조정·생산관리의 점검 등)을 실시하고 "합작사 제도를 확실히 하도록 할 것"을 호소했다. 그러나 1958년에 들어서면 뒤에서 설명할 대약진운동이 시작되고, 이러한 상황에서 인민공사화라는 두 번째 모험이 시작된다.

2. 소련과의 협조와 독자성의 교착

스탈린 비판의 충격

1956년부터 1957년에 걸쳐 중국 정치는 크게 동요했는데, 그 배후에는 소련이라는 요소가 커다랗게 작용했다. 1956년 2월에 열린 소련공산당 제20회 대회에서 흐루쇼프는 충격적인 비밀 보고인 「스탈린 비판」을 감행했다. 이후부터 마오쩌둥은 겉으로는 소련과 협조하면서도, 5월에는 소련과의 세 가지 '차이점'을 주장했다. 첫째는 「프롤레타리아 독재의 역사적 경험에 관하여」라는 제목의 『인민일보』 사설 발표다. 마오쩌둥이 직접 손봤다는 이 사설은 스탈린 전면 부정론에 대한 반박 내용이 실려 있는데, 여기서 스탈린을 '공적 70%, 오류 30%'로 봐야 한다고 주장했다. 둘째는 정치국 확대회의에서 제시했던 「10대 관계론」으로, 이것은 소련의 사회주의와는 다른 정치·경제 건설 구상이었다. 예를 들면 소련이 중공업 일변도와 농민에게 과중한 부담을 부과하는 정책을 채택했음을 비난하고, "외국의 것을 모두 그대로 베끼고 기계적으로 채택하는 것처럼 한쪽으로 치우쳐서는 안 된다"라고 비판했다. 그리고 공업과 농업, 연해와 내륙, 경제와 국방, 중앙과 지방, 당과 당 외부 등 열 가지 항목의 관계를 논하고, 모든 분야에 균형을 유지하는 관계 구축이 필요하다고 호소하면서, '소련을 모델로 한' 제1차 5개년 계획과 '소련일변도'에서 이탈하기 시작했다. 셋째는 같은 시기에 제창했던 '백화제방百花齊放·백가쟁명百家爭鳴"(쌍백)이다. 중국공산당이 '쌍백'을 추진한 것은 자신과 조금이라도 다른 생각을 갖고 있던 사람은 모두 숙청했던 스탈린과 달리, 당원이 아닌 일반인도 자유롭고 활발하게 학술과 예술을 논할 수 있다는 모습을 보여주기 위해서였다. 이것은 5월에 들어 중국공산당 중앙위원회에 의해 정식으로 당의 방침으로 정해져 적극적으로 추진되었다.

스탈린이 죽고 일 년 정도 지난 후, 중국은 소련 진영에서 조금은 이색적인 외교를 전개했다. 중국과 인도의 국경분쟁을 둘러싼 저우언라이와 네루 간의 영토와 주권의 상호존중, 내정에 간섭치 않을 것 등등을 바탕으로 한 「평화공존 5원칙」을 제창하였다. 「스탈린 비판」보다 1년 정도 앞섰던 다음 해인 1955년 4월에는 제1회 아시아·아프리카 회의가 인도네시아의 반둥에서 개최되었다. 여기서 중국은 이들 여러 나라의 민족해방 투쟁을 특히 중시하고, 「평화공존 5원칙」을 적극적으로 거듭 제창했으며, '비동맹제국'에게 재빠른 접근을 꾀했다. 이것은 후에 부상할 「중간지대론」을 중심으로 외교적인 면에서 소련과 거리를 두고자 했던 마오쩌둥의 독자 노선의 시작이라고 말할 수 있을 것이다.

---

* '온갖 꽃이 같이 피고 많은 이들이 각기 주장을 편다'는 뜻이다.

'쌍백'과 마오쩌둥 비판

그러나 1956년 9월, 11년 만에 개최되었던 중국공산당 제8회 전국대회에서는 흐루쇼프가 제기했던 문제를 적극적으로 받아들여 소련과의 협조를 표시했다. 예를 들면 류사오치가 행한 「정치보고」에서는 "사회주의 제도가 기본적으로 수립되었다"라고 확인했지만, 그럼에도 불구하고 "생산력의 수준은 여전히 낮은 상태이며, 이것이야말로 현재의 주요 모순이다"라는 인식에서 「제2차 5개년 계획 초안」을 제기했다. 여기에는 기본 임무로 "중공업을 중심으로 하는 공업 건설, 집단소유제와 전인민소유제의 강화"라는 소련 방식에 보조를 맞춘 내용이 포함되었다. 그러나 보다 중요한 것은 흐루쇼프가 제기했던 '개인숭배 비판'을 받아들여, 중국공산당의 새로운 「당 규약」에서는 이전 대회의 「당 규약」에 포함되었던 '마오쩌둥 사상'이라는 표현을 삭제하고 집단지도체제의 확립을 강조했던 점이다. 덩샤오핑은 「당 규약 개정 보고」에서 "레닌주의는 당면한 모든 중대한 문제를 개인이 아니라 적절한 집단에서 결정해야 한다고 말하고 있다. 집단 지도를 견지하고, 개인숭배에 반대하는 점의 중요성에 관해서는 소련공산당 제20회 대회가 정확히 밝히고 있다"라고 설명하고 있다. 마오쩌둥 역시 당연히 이 내용을 승인했다. 그러나 이로 인해 항일전쟁 중인 1943년 중국공산당 정치국 회의에서 채택되었던 "정책의 최종 결정권은 정치국 주석 마오쩌둥에게 있다"라는 비밀 결의가 뿌리째 흔들리게 되었다.

마오쩌둥은 이 시점에서 다시금 정치적 대중운동을 일으켜 자신의 정치노선과 리더쉽을 다시 강화하려 했다. 우선 1957년에 들어서자, 마오쩌둥은 1956년 봄 이후 예상과는 반대로 고조되지 않고 있던 '백화제방·백가쟁명'에 당 외부 인사와 지식인이 적극적으로 참가할 것을 호소했다. 마오쩌둥은 2월에 「인민 내부의 모순을 정확히 처리하는 문제에 관하여」라는 제목의 연설을 발표하고, 당에 대한 당 외부의 적극적인 비판을 환영한다고 표명했다. "만약 마르크스주의가 비판을 두려워한다면, 그것은 두려워하는 것 자체가 잘못된 것이다", "어떠한 간부, 어떠한 정부일지라도, 그 결점과 잘못에 관해서는 비판을 받아야 할 것이다"라고 말하고, "말하는 자에게는 죄가 없다"라는 유명한 발언까지 나왔다. 이어서 중국공산당 중앙위원회는 선전부와 통일전선부 등을 중심으로 '쌍백'을 고취시켰고, "당 외부 인사는 좀 더 대담하게 당의 결점을 폭로해 달라. 당은 당 외부 인사를 숙청하는 일 같은 것은 결코 생각하지 않고 있다"(『인민일보』, 1957년 5월 17일)라는 어조로 그들을 자극했다. 이렇게 해서 '쌍백'은 단기간 내에 고조되었다. 통일전선부와 민주제당파·당 외부 인사와의 좌담회는 5월 8일부터 6월 8일까지 총 13회가 열려 70여 건의 중요한 의견이 나왔다. 그 외에 상공계 인사와의 좌담회는 5월 15일부터 6월 8일까지 총 25회가 개최되어 108명이 당과 정부에 의견을 제출했다. 대표적인 비판을 살펴보면, 민주동맹 부주석이었던 장보쥔은 "공업 분야에는 많은 설계원設計院이 있는데 정치에는 하나의 설계원도 없다"라고 중국공산당의 독재를 비판하고, 당 외부 인사도 포함시킨 복수의 조직 대표에 의한 '정치설계원'을 만들 것을 제창했다. 또 『광명일보』 편집장인 추안핑은 "전체 영역에서 단위의 대소와 관계 없이 전부 그 최고위직에 공산당원을 배치했기 때문에 일일이 당원의 눈치를 보지 않으면 아무 일도 할 수 없다"라고 '당 천하'를 비판했다. 이어서 6월 2일에는 『광명일보』에 "마오쩌둥 주석과 저우언라이 총리는 당 외부 지도자는 항상 정부의 정책 결정에 참가할 수 있다고 1949년 이전에 약속했으면서 이를 어기고 있다"라고 최고지도자를 지명한 비판까지 등장했다.

3. 마오쩌둥에 의한 숙청과 소련과의 균열

마오쩌둥 비판에 대한 반격

중국공산당도 '자유롭게 말하라'고 권했을 뿐만 아니라 당외 인사들도 이러한 비판이 당연하다는 견해가 있었지만, 마오쩌둥은 자신의 예상을 뛰어넘는 비판에 대해 반격하기 시작했다. 6월 8일 그는 '우파분자의 광기어린 공격에 조직적인 반격을 가하자'라는 당내 지시를 하달하고, 동시에 『인민일보』에 「이건 도대체 무슨 일인가」라는 제목의 사설을 발표해 "음모를 꾸미는 우파에 대한 가차 없는 비판"을 호소했다. 이때부터 최초의 대규모 정치적 원죄 사건으로 일컬어지는 '반우파 투쟁'이 시작되었다. 중앙위원회의 지시를 받고 즉각 베이징, 톈진, 선양, 상하이 등 각 도시에서는 노동자들의 '반우파 투쟁 좌담회'가 개최되었다. 6월 말에는 전인대에서도 적극적인 반우파 투쟁에 들어가, "장보쥔과 뤄룽지가 반공을 목표로 한 '장·뤄 동맹'을 조직했다"라고 규탄했다. 민주제당파, 당외 인사들은 중국공산당과 비교해서 기반이 압도적으로 미약해 이러한 비판을 잠시도 견디지 못하고 좌절해버렸다. 1957년 말까지 우파분자로 분류되었던 사람은 전국적으로 49만여 명이고, 1958년 전반기에는 '보완 수정'과 '심층 조사'가 이루어져 합계 55만 2,877명에 달했다. 그 중에서도 민주동맹에 대한 공격은 극심했고, 우파분자로 분류되었던 민주동맹의 성원은 약 6,000명으로 조직원의 1/5이 넘었다. 오늘날 "그 대부분은 잘못 구분되었던 사람들이고, 대부분의 동지와 벗이 억울하게 고통받았다. 그들은 오랫동안 오해와 압박을 받았고, 그들 개인과 국가에 중대한 손해를 입혔다"(『중국공산당 60년』 하)는 의견이 지배적이게 되었다.

그러면 당을 자유롭게 비판하라고 호소했던 마오쩌둥과 중국공산당이 갑자기 돌변하여 그에 호응했던 사람들에게 가차없이 제재를 가했던 이유는 대체 무엇일까? 확실히 1956년 봄 '쌍백'을 제창했을 무렵의 중국공산당은 지도부에 대해 어느 정도의 비판은 있겠지만 그렇게 격렬하지는 않을 것이라는 낙관적인 인식을 갖고 있었다. 1957년 초 마오쩌둥의 중요한 연설인 「인민 내부의 모순을 정확히 처리하는 문제에 관하여」에서도 표면상 그러한 낙관적 인식을 볼 수 있다. 이러한 면들만 보고 "사태가 예상 이상으로 격렬하게 전개되자 당 지도부가 당황해서 감정적으로 과민하게 반응했다"는 견해가 있다. 그러나 최근 공개된 몇 건의 내부문건 등을 살펴보면, 처음부터 "반중공분자를 떠보려는" 목적으로 "요괴의 변화가 드러나도록" 자유롭게 무엇인가를 말하게 유도한 다음 반격하는 냉철한 책략에 따라 이러한 사태가 벌어졌을 가능성이 크다. 1956년 후반에는 민주제당파를 중심으로 한 지식인과 학생, 시민들이 중국공산당의 급격한 집단화 정책과 독재에 대해 반대 입장을 표명했고, 농촌에서는 합작사 탈퇴 소동이 벌어지고 있었다. 게다가 국제적으로는 10월부터 11월에 걸쳐 일당 독재를 뒤흔드는 '헝가리 사태'가 발생했다.

확실히 1957년 6월 이후의 반우파 정풍운동을 통해 중국공산당의 독재는 크게 강화되었고, 농촌에서는 '반모험'의 움직임이 중단되면서 다시 급진화의 길로 나아가게 되었다. 또한 이를 통해 당 내부에서도 "마오쩌둥에게는 거역할 수 없다"라는 분위기와 함께 마오쩌둥의 지도력이 강화되었고, 그 결과 마오쩌둥은 독자적인 사회주의 건설에 도전할 수 있는 정치 환경을 확실히 갖출 수 있었다. 또한 반우파 투쟁을 정당화하는 작업 과정에서 그 이후 강화되었던 마오쩌둥의 독특한 이론, 즉 계속혁명 이론이 생겨나게 되었다. 예컨대 1957년 10월의 중국공산당 제8기 3중전회에서 그는 다음과 같이 발언하고 있다. "중국공산당 제8회 전국대회에서는 '부르주아지(유산계급)와 프롤레타리아트(무산계급)의 모순은 기본적으로 해결되었다'라고 선언했다. 이 말 역시 잘못된 것은 아니지만, …… 금년 칭다오 회의(7월)에 즈음하여 '부르주아지의 반역'을 확실히 파악할 수 있게 되었으며, 도시와 농촌 어디서나 여전히 두 개의 투쟁이 존재하고 있음이 명백해졌다. 이러한 계급투쟁은 소멸되지 않고 있으며, 이번 우파의 광기어린 공격은 부르주아지와 프롤레타리아트의 모순이 주요하다는 것을 명확히 알 수 있게 한다"(『마오쩌둥 사상 만세』상).

소련에 대처하는 독자성을 주장

이러한 마오쩌둥의 사상적 급진주의는 1957년 11월 소련 '10월 혁명 40주년' 기념 축하식에 참석했을 때 한 연설에서 나타난다. 마오쩌둥은 소련에 대해 표면상으로는 최고의 찬사를 보냈지만, 중요한 몇 가지 점에서는 독자적인 주장을 전개했다. 그 하나가 흐루쇼프에 의해 제기되었던 「사회주의로의 평화적 이행론」에 대한 마오쩌둥의 입장이었다. 11월 10일 중국이 제출했던 「의견 요강」에는 "평화적 이행에 대한 갈망은 제기해야만 하는 것이지만, 이것으로 자기 자신을 붙들어 매어서는 안 된다. 부르주아지는 자진해서 역사의 무대를 물러나는 법이 없다. 어떤 나라의 프롤레타리아트와 공산당도 혁명의 준비를 조금이라도 늦추어서는 안 된다", "의회에서 다수를 차지해도 결코 낡은 국가기구가 분쇄되고, 새로운 국가기구가 수립되지는 않는다"는 등의 주장을 통해 흐루쇼프 노선과의 차이를 명확하게 내세웠다.

게다가 이 연설을 하고 1주일 뒤, 모스크바에 있던 중국인 유학생 앞에서 마오쩌둥은 유명한 '동풍론東風論'을 얘기했다. 즉 "세계의 풍향은 변화되었다. 사회주의 진영과 자본주의 진영 사이의 투쟁은, …… 이제는 서풍(여러 자본주의 국가)이 동풍을 압도하는 것이 아니라 동풍이 서풍을 압도하고 있는 것이다"라고 말하고 이튿날 "미국을 비롯한 모든 반동 일파는 허풍선이일 뿐이다"라며 국제 정세에 대한 과격한 인식을 드러냈다. 이 주장을 1960년대에 현실화된 중·소 논쟁에 입각해 재검토해 보면, 중국은 아직 처리하지 못하고 있었던 타이완 문제와 민족해방 투쟁을 중시했기 때문에 흐루쇼프가 진행하려고 했던 미국과의 평화공존 노선을 도저히 받아들일 수 없는 내용으로 판단하고, 그것을 '저자세'라고 통렬하게 빈정댔던 것임을 알 수 있다.

4. 대약진과 인민공사화公社化운동

'사회주의 건설의 총노선'

마오쩌둥은 소련 방문에서 귀국하자마자 다음 해인 1958년 4월까지 항 저우·난닝·청두·한커우 등을 정력적으로 시찰하고, 각지에서 "반모험과 우파는 오십보백보다", "인민대중의 전례 없는 적극성과 창조성이 고양되고 있는 것이 보인다", "영국을 추월하자"라는 급진적인 연설을 계속했다. 또 반우파 투쟁도 계속되어, 특히 지방의 지도자로 적극적이지 않다고 보였던 사람들 대다수가 실각되었다(1급 행정구 정부의 지도부는 절반 정도 교체됨). 이러한 단계를 거쳐 1958년 5월 중국공산당 제8회 전국대회 제2회 회의가 소집되었다. 여기서는 급진적인 사회주의화라 할 수 있는 '사회주의 건설의 총노선'이 채택되었다. 이른바 '대약진운동'의 시작이었다. 그런데 그 내용은 반드시 존재해야 할 이상적인 사회상을 제시하고 그것을 향해 나아가는 마음가짐을 보여주었다기보다, 건설을 추진하는 중국의 독자적인 방법(대중 노선과 두 가지 기본 노선)과 분발(주관적인 능동성)을 강조하는 것이었다. 두 가지 기본 노선이란 공업과 농업, 중앙의 공업과 지방의 공업을 동시에 발전시키고, 서양기술과 '토법土法'(중국 전통기술)을 병용한다는 주장으로 (중)공업과 중앙의 공업,

서양기술에 편중된 소련 방식에서 벗어났음을 확실히 보여주었다.

"15년 안에 미국을 추월하겠다"라고 말한 흐루쇼프를 의식하여, 우선 소극적으로 제2위의 자본주의 국가인 영국을 목표로 "공업 생산을 15년 이내에 추월하자"라는 과제를 제시했는데, 이는 기본적으로 생산의 비약적인 향상을 지향한 것이었다. "많이, 빨리, 근사하게, 효과적으로 사회주의를 건설하자"라는 유명한 구호에 이러한 주장이 집약되어 있다.

그러나 공업 부문에서는 철강 생산에만 편중되었고, 품질은 거의 무시한 채 오직 증산만을 강조했다. 첫해의 목표는 1957년도 생산실적인 535만 톤의 두 배인 1,070만 톤으로 증산하는 것이었다. 농업 부문에서의 목표는 국가와 공업 부문에서의 지원을 기대할 수 없는 상황이었기 때문에 농민의 노동력에 의지한 집약적 농업과 대중운동에 바탕을 둔 대규모 수리·관개시설 건설과 비료주기 운동을 전개해서 식량을 대폭 증산한다는 것이었다. 마오쩌둥은 자원·자금·인재 등 객관적인 조건을 충분히 고려하지 않고 단지 '일궁이백론一窮二白論'(곤궁하고 아무 것도 없다는 것이 중국의 특징이지만, 오히려 하고자 하는 마음을 먹기에는 훌륭한 바탕이 된다)이라는 주장을 전개하고, 인간의 주관적인 능동성을 강조하면서 이 대대적인 생산운동에 도전하게 했다.

인민공사의 확대

대대적인 생산운동과 함께 사회의 대개조도 목표로 삼았다. 때문에 토법을 중심으로 한 소규모 지방공업을 보급하고 나아가 인민공사를 건설했다. 인민공사는 덩샤오핑 시대 초기에 해체될 때까지 중국형 사회주의의 전형이라 불릴 정도로 중요한 경제사회의 구성 부분이었다. 1958년 3월에 마오쩌둥이 합작사의 합병 문제를 제기했고, 4월에는 허난성 쑤이핑현의 위성사衛星社에서 4개의 향과 2개의 생산합작사(합계 27개의 소형합작사, 9,369호의 농가)를 합병해 하나의 대형합작사를 만들어 생산량을 늘렸다. 처음부터 '인민공사'라는 용어를 사용한 것은 아니고 다양하게 표현했는데, 얼마 안 있어 마오쩌둥이 8월 허난성의 치리잉향에서 같은 방식으로 만들어진 합작사를 시찰한 뒤 "인민공사는 굉장하다(人民公社好)"라고 말한 것이 대대적으로 보도되었다. 나아가 8월 말에는 중앙위원회 정치국 확대회의(베이다이허 회의)에서 「인민공사 건설의 결의」가 채택되면서 인민공사는 순식간에 확대되었다.

인민공사란 1향 1사—鄕—社의 규모를 기본으로 하고, 이전의 권력기구(향 인민정부, 향 인민대표대회)와 합작사를 일체화(政社合—)한 것이다. 그 내부에서는 농업·공업·상업·문화·교육·군사를 서로 결합시킴으로써 집단 생산과 집단 생활을 영위하는 자력갱생과 자급자족의 지역 공간으로 만들 것을 목표로 했고, 중국에서는 이를 공산주의의 기층 단위로 간주했다. 인민공사 건설은 1955~1956년의 합작사화 때보다 빠른 속도로 진행되었다(59쪽 그래프 참조). 인민공사화는 베이다이허 회의 이전에 본격화되고 있었으며, 8월 말에는 전 농가의 30.4%, 9월 말에는 98%, 12월 말에는 99.1%가 참가해 합계 2만 6,578사가 만들어졌다.

거대한 실험

지나치게 빠른 속도로 철강 생산운동과 수리·관개시설 건설운동, 나아가 인민공사화가 추진된 현상은 무엇을 의미하는 것일까? 대약진운동은 의심할 여지없이 인간의 정신력과 집단의 힘에만 의지했던 대량 생산, 자연 개조, 사회 개조의 거대한 실험이었다. 그리고 확실히 대규모 수리·관개공사 등 이제까지 불가능하다고 생각되었던 수많은 건설사업도 가능하게 했다. 그러나 동시에 각각의 객관적 조건과 역량 및 상호간의 균형을 지나치게 무시하고, 진행 과정을 조정할 수 있는 기구가 없었기 때문에 곧 심각한 왜곡 현상을 드러냈다.

예를 들면 철강 생산을 1년 만에 두 배로 증산한다는 방침 때문에, 1958년 9월까지 전국적으로 5,000만 명이 동원되어 60만 개 소所에 소형의 토법 용광로가 만들어지고, 연말까지 농민 1억 명이 동원되었다. 그로 인해 생산량 두 배 증산이라는 목표는 달성했지만, 비전문적인 제조 기술 때문에 그 가운데 300만 톤(총량의 30%에 가까운)은 조악해서 근본적으로 사용할 수 없는 생산품이었다. 그 외에 '집중호우식'으로 이루어진 철강 증산운동과 수리·관개 건설운동은 농업생산 활동에 지장을 초래해, 1958년 농업투입 노동력은 전년에 비해 3,818만 명이 감소되었고, 식량생산량은 목표인 3~3.5억 톤을 크게 밑돈 2억 톤이었다. 이 경향은 이후 더욱 심해져 1959년에는 1억 7,000만 톤, 1960년에는 다시 1억 4,350만 톤으로 감소했다.

또 인민공사의 급속한 증가는 대부분의 경우 물질적, 제도적 조건이 갖춰지지 않은 채 실시되었기 때문에 간판만 인민공사이고 실제로는 종래의 합작사 그대로였던 것이 많았다. 더구나 인민공사에서는 '일평이조一平二調', 즉 "일하든 일하지 않든 똑같다"라는 왜곡된 평등주의와 위로부터 이루어진 명령주의와 조달주의 때문에 농민의 생산 의욕이 대폭 저하되는 현상이 확산되었다. 또한 '자유롭게 식사하는' 공공식당과 같은 '공산풍共産風' 때문에 식량과 자재를 심각하게 낭비하는 현상도 발생했다. 그럼에도 불구하고 반우파 투쟁 이후 이러한 급진주의 노선을 제어하자는 주장이나 급진주의 노선과 다른 방향을 제기하는 것은 점점 어려워졌고, 하급간부는 상급간부에게 비판받지 않기 위해 생산보고를 허위과장하고, 그것이 위로 가면서 점점 눈덩이처럼 부풀어 올라 종국에는 비현실적인 숫자가 되어 버렸다.

5. 펑더화이 사건과 커다란 좌절

루산회의

마오쩌둥은 과장된 보고를 받고 1958년 9월 상황을 한층 더 비현실적으로 전망했다. "올해 곡물생산량은 거의 두 배로 증대할 것이다. …… 조강粗鋼(가공되지 않은 강철)은 두 배를 넘을 것 같다. …… 결국 내년에는 영국을 따라잡아 조선·자동차·전력 등 몇몇 항목을 제외하면 영국을 능가하게 될 것이다. 15년 이내에 영국을 따라잡는다는 계획은 2년 만에 기본적으로 실현되었다"(『마오쩌둥 사상 만세』 상). 그러나 앞에서 서술한 것처럼 현실은 매우 가혹해지는 상황이었다. 마오쩌둥의 이러한 발언은 권력이 그에게 집중되고 카리스마화가 진행되고 있었던 만큼 일반적인 전망과 그 의미가 달랐고, 한층 심각한 문제를 야기할 것으로 예상되었다.

이러한 가운데 중국 정치의 건전한 발전에 있어 중대한 의미를 갖는 비극적인 사건이 또다시 발생했다. 이른바 '펑더화이 사건'이다. 펑더화이는 마오쩌둥과 같은 후난 출신으로 1920년대 근거지 시대부터 그와 함께 행동하고 한국전쟁에서는 인민지원군 총사령관으로 전쟁을 지휘했으며, 국방부장(국방장관에 해당-이하, 정부의 '성〔省〕'은 중국식 표기인 '부〔部〕'로 통일함) 중앙군사위원회 부주석이라는 요직에 있었던 인물로 마오쩌둥과는 긴 혁명투쟁 속에서 '동지'라고 부를 수 있는 사이였다고 한다.

1959년 7월 초순부터 8월 중순에 걸쳐 두 개의 중요 회의인 중국공산당 중앙위원회 정치국 확대회의와 중국공산당 제8기 8중전회가 장시성 루산에서 개최되었다(보통 '루산회의'라고 칭한다). 원래 이들 회의는 대약진운동이 초래했던 몇 가지의 중대한 과오와 왜곡된 상황을 조정하기 위해 개최될 예정이었다. 우선 정치국 확대회의에는 정치국원 외에 성·

시·자치구의 당 위원회 제1서기 및 국가의 관련 부문 책임자들이 참가했다. 대부분의 참가자들은 5월과 6월에 각지의 실태를 조사하기 위해 시찰을 하고, 중남구·화동구·서북구 등으로 나뉘어 열심히 의견을 교환했다. 펑더화이는 서북구 조에 참가해 발언했다. 그도 회의 전에 고향인 후난을 시찰했기 때문에, 생산이 감소하고 굶어 죽은 사람까지 나오고 있는 상황을 심각하게 인식하고 있었다. 그의 주장은 다음과 같았다. 첫째, 대약진운동의 승리를 지나치게 강조하면서 간부들이 오만해져 대중과 유리되기 시작했다. 둘째, 경제 발전의 법칙을 경시하지 말라. 셋째, 좌경의 오류가 시정하기 힘들 정도로 진행되고 있다. 넷째, 고급합작사의 장점이 충분히 발휘되지 않고 있는 현재, 인민공사 건설은 너무 조급했다. 다섯째, 제1서기의 개인 결정이 횡행하고 당 위원회의 집단지도가 이루어지지 않아 당내 민주주의가 정체되고 있다.

그 후 펑더화이는 저우샤오저우 후난성 제1서기 등과 의견을 교환하고 서북구 회의의 발언을 정리해 마오쩌둥에게 개인편지 형식으로 의견서를 제출했다. 그것은 기본적으로는 대약진운동과 마오쩌둥의 지도가 옳다고 지지하면서 위에 열거했던 문제점을 솔직히 지적한 것으로, 당내 민주주의 원칙에서 벗어났다고는 말할 수 없었다. 그러나 마오쩌둥은 이에 대해 격렬하게 반발했다. "일부 사람들은 가장 중요한 때에 동요해서 역사의 커다란 바람과 파도에 흔들려 버린다"라고 불만을 표명하고, 즉시 펑더화이와 그에게 동조했던 황커청·저우샤오저우·장원톈 등을 "마오쩌둥에게 하야를 강요한 야심가, 음모가, 거짓 군자", "우익 기회주의 반당 군사그룹"이라는 낙인을 찍어 쫓아버렸다. 그리고 중국 공산당 제8기 8중전회에서는 "당면한 주된 위험은 일부 간부 사이에서 자라나고 있는 우익 기회주의 사상이다"라는 성명서가 발표되었다. 이 결과 극좌 맹동주의적인 대약진운동의 과오가 시정되기는커녕, 한층 더 급진주의 노선을 향해 달려가게 되었다. 게다가 1959~1961년에는 엄청난 자연재해가 발생해 1인당 식량생산은 기아선상을 밑돌 정도로 사태가 심각했다. 그럼에도 불구하고 허위로 가득 찬 보고와 열광주의, '공산풍'의 낭비가 계속되어, 역사상 일찍이 유례가 없었을 정도로 대규모의 아사자가 생겨나는 비참한 사태를 야기했다.

오늘날 사망자 수를 전하는 정확한 기록이나 자료는 남아 있지 않다. 그러나 다양한 형태로 전해진 숫자로 짐작해 보면 사망자 수는 실로 1,500만 명에서 4,000만 명에 이를 정도다. 아사자가 총인구의 2.5%에서 6%에 이르렀다면, 아사 상태를 헤매던 사람들은 당연히 그 몇 배에 이를 것으로 추산된다. 마오쩌둥의 야심적인 대약진운동이 얼마나 비참한 '큰 좌절'로 끝났는지 이 숫자만으로도 쉽게 이해할 수 있을 것이다.

국제관계의 긴장

대약진운동은 국내 문제에 그치지 않고 중·소 관계, 중·미 관계, 중·인 관계의 악화와 같이 국제관계에도 중대한 긴장을 초래했다. 1958년 7월 중국을 방문했던 흐루쇼프는 중국과 소련의 공동방위를 강화하기 위해 '중·소 공동함대'와 무선기지 건설 문제를 제안했다. 그러나 중국은 이것을 '내정간섭'으로 간주하고 거부했다. 더구나 흐루쇼프가 "인민공사 건설이 소小부르주아 열광주의의 경향이 있다"라고 경고해 마오쩌둥의 반발을 샀다. 이에 대해 소련도 1959년에 중국에게 핵 기술을 제공한다는 내용을 포함하고 있던 「국방 신기술에 관한 협정」(1956년에 가조인)의 파기를 결정했다. 이는 소련이 무엇보다 우선적으로 미국과의 평화공존 정책을 추진하고 있음을 명확히 했던 것이며, 그와 동시에 중국과의 균열을 만들어낸 결정적인 첫걸음이라고 할 수 있다.

중국과 미국의 관계에서는 타이완 문제가 떠올랐다. 흐루쇼프가 귀국한 직후(8월 23일)부터, 중국은 아무런 예고도 없이 일방적으로 타이완의 진먼섬과 마쭈섬을 공격해 하루 1만 발이 넘을 정도의 포격을 계속했다. 9월 초 미국은 제7함대를 파견해 국민당군을 지지했고, 이에 따라 양자의 긴장은 더욱 높아졌다. 그러나 곧 중국이 진먼섬 공격을 중지했기 때문에 10월 25일 이후 위기는 간신히 사라졌다.

인도와의 관계는 인도 정부가 달라이 라마의 망명을 받아들인 사건 때문에 악화되었다. 원래 대약진 시기의 급진 노선에서는 변경 지역의 소수민족 지도자들을 '부르주아 민족주의', '지방 민족주의'라고 비판하는 경향이 강했다. 달라이 라마가 이에 반발해 티베트 동란이 발생하자, 중국은 곧 무력 진압에 나섰고 1959년 3월 달라이 라마는 어쩔 수 없이 망명했다. 네루 수상이 인도에서 달라이 라마의 망명정부를 인정하자 중국과 인도는 서로 대립했으며, 같은 해 8월에는 동부 국경에서 군사충돌이 발생할 정도로 긴장감이 높아졌다. 게다가 이렇게 중국과 인도가 서로 대립할 때, 소련은 '중립적인 입장'을 취했기 때문에 소련에 대한 중국의 불신은 한층 강화되었다.

그리고 9월 아이젠하워 미국 대통령과 평화공존을 주창하는 역사적 미소회담을 마친 흐루쇼프는 귀국길에 두 번째로 중국을 방문했는데, 마오쩌둥과는 시종 어색하게 교섭이 진행되어 공동성명을 발표할 수 없을 정도였다. 중국 국내는 그야말로 펑더화이 실각 사건으로 한창 동요하던 참이었다. 마오쩌둥이 "우익 기회주의 군사그룹은 소련 및 동유럽이라는 국제적 배경이 있다"라고 표현했던 것처럼 국내의 정치적 혼란과 그에 의해 좌우되었던 대약진운동, 그리고 긴장이 고조되는 국제관계는 마오쩌둥에게는 확실히 하나의 사고 틀 안에서 상관관계를 맺고 있었다.

제3장
프롤레타리아 문화대혁명

이상할 정도로 혁명적 열광과
마오쩌둥 개인숭배가 고조되었던
프롤레타리아 문화대혁명.

사진제공: 연합뉴스

1. 경제 조정과 마오쩌둥의 위기의식

문화대혁명이란 무엇인가

프롤레타리아 문화대혁명이란, 넓은 의미로는 1965년 또는 1966년부터 마오쩌둥이 사망한 1976년까지 있었던 마오쩌둥의 이념 추구, 경쟁자와의 권력 다툼이라는 정치 투쟁과, 그것들의 영향을 강하게 받아 폭력·파괴·혼란이 폭풍우처럼 전 사회를 뒤흔들고 종래의 국가와 사회 기능을 마비시키며, 많은 사람들에게 정치적·경제적·심리적 고통과 희생을 강요했던 비극적인 현상을 총체적으로 가리킨다. 문화대혁명의 희생자는 정확히 판단할 수 없지만 사망자 1,000만 명과 피해자 1억 명이며, 경제적 손실은 약 5,000억 위안이라고 이야기될 정도였다. 좁은 의미로는 1966년부터 1969년에 개최된 중국공산당 제9회 전국대회까지 진행된, 중앙에서 말단까지 아울러 '홍위병', 노동자, 농민들을 끌어들였던 격렬한 정치투쟁을 가리킨다(여기서는 좁은 의미의 문화대혁명을 살펴보도록 하겠다).

왜 이다지도 처참한 정치적 사건이 대약진운동의 비극으로부터 불과

5년도 못 되어 다시 발생했을까? 이러한 물음에 답할 수 있으려면, 우리는 그것을 단순히 권력 투쟁으로만 묘사해서도 안 되며, 숭고한 이념이 정치 투쟁의 거센 파도 속에서 배반당해 침몰하는 '역설적인' 비극으로 묘사하는 것만으로도 불충분하다. 문화대혁명을 이해하기 위해서는 마오쩌둥을 정점으로 한 지도층의 국내·국제정세에 대해 갖고 있었던 강렬한 위기의식과 권력장악 의도를 파악하는 동시에, 학생·노동자·농민 등 일반 서민 사이에서 싹트고 있던 사회적 불평등에 대한 불만 등 사회의 구조적 모순에 눈을 돌려야 한다. 그리고 이러한 요소들이 서로 영향을 끼쳐 발생한 현상으로 인식해야만, 그것이 얼마나 격렬했으며 대규모였는지를 파악할 수 있다. 그러나 그 가운데에서도 결국 문화대혁명을 이해하기 위한 가장 핵심적인 요소는 역시 마오쩌둥을 어떻게 파악할 것인가에 달려 있다.

혁명가 마오쩌둥

마오쩌둥에 관한 논의는 다양하지만, 필자는 굳이 말한다면 다음과 같은 의견을 제시하는 바이다. 마오쩌둥은 소년기부터 강한 자아를 갖고 있었으며, 청년기 이후 사회와 깊이 관련되면서 이 자아가 강한 신념으로 변했다. 그의 신념을 구성하는 가장 중요한 요소는 내셔널리즘과 혁명이었다. 그는 "아, 중국은 정말로 멸망하려 한다"라는 팸플릿의 구호를 보고 구국을 위해 신해혁명에 참가하게 되었다고 뒤에 에드거 스노와의 인터뷰에서 밝히고 있다(『중국의 붉은 별』). 그의 강한 자의식은 1935년 이전 중국공산당 주류파와의 대립, 제2차 국공합작, 내전 기간 동안 발생했던 공산당 정권과 군의 지휘권이라는 기본 문제에 대한 장제스에의 비타협적 태도, 1950년대 후반부터 소련과 벌였던 국제공산주의운동의 총노선에 관한 논쟁에서 보이고 있다. 그리고 마오쩌둥이 당, 즉 국가의 최고지도자에 오르면서 그의 강한 자아는 중국의 민족적 자존심을 회복하고, 세계에서 주목받고 찬사를 받는 중국을 건설한다는 신념으로 승화했다. 또한 그는 기존의 강력한 권위에 대항하는 타고난 반항아였다. 마오쩌둥이 아버지의 뜻을 거역한 사실은 유명하지만, 기존 교육의 권위와 마르크스주의의 교의에 의존한 권위 등도 모두 거부했다. 권위에 대한 그의 반항은 결국 세계를 지배하고 있는 미국과 소련이라는 초강대국의 권위에 대한 부정에까지 이르렀다. 그러한 의미에서 그는 항상 현상을 타파하려는 혁명가였다고 말할 수 있을 것이다. 그러나 얄궂게도 그 자신은 권위자가 된 것을 절대 부정하지 않았고 오히려 마오쩌둥 사상을 높이 내걸고 개인숭배를 부추기는 것을 허용했다. 다른 강력한 권위는 부정하면서 자신은 가장 강력한 권위자가 되어버린 마오쩌둥의 모순된 태도는 건국 이후 그 자신을 혁명적인 독재자로 만들었고 동시에 비극을 심화시키는 하나의 요인으로 작용했다.

마오쩌둥은 혁명의 중요한 요소 가운데 하나인 적의 타격에 관해서는 지극히 냉정하게 전망하고, 책략을 짜는 데는 전 세계에서 필적할 만한 이가 없는 군사 전략가였다. 그의 걸작이라고 할 수 있는 「지구전론」, 「유격전론」, 「대중노선론」, 「통일전선론」, 「근거지론」 등은 그가 겪은 구체적인 전쟁 중에 저술된 것이었다. 게다가 적에게 승리하기 위해서는 아군의 희생을 조금도 주저하지 않을 정도로 냉철함과 비정함이 있었다.

그러나 건설자로서 그의 사고체계는 대약진운동에서 보이는 것처럼 성급하고 치밀하지 못했다. 「신민주주의론」, 「10대 관계론」과 같이 일반론으로서 '부강한 중국', '특색이 있는 번영한 중국'에 대해 전망을 논하는 것은 가능했지만, 구체적인 대응책을 마련하는 데 있어서는 툭하면 군사전략적 발상에 강하게 끌리곤 했다. 나이가 들면서 그의 미래 사회상은 더욱더 현실 문제와 유리되었고 단순한 이념이 되어버렸다. 근대화 건설은 인구, 자원, 인프라, 첨단기술, 인재 등과 같은 다양한 제약조건 속에서 어떠한 구상과 수순으로 적절하게 역량을 배분하느냐가 관건이었고 빈틈없는 섬세함이 요구되었다. 마오쩌둥이 근대화 건설에 점점 관심을 기울이지 않게 되었던 것은 그의 이러한 사고 방식의 결함과 관련되어 있는지도 모른다. 혁명기에는 마오쩌둥의 결함이 그리 표면화되지 않았고 그의 장점을 충분히 발휘할 수 있었다. 그러나 건설의 시대에 들어서자 이러한 결함은 심각한 문제가 되었다. 더욱이 지도체제 내에는 이와 같은 결함을 견제할 기구가 없었기 때문에, 마오쩌둥은 자주 독단적으로 일을 추진했고 치열한 권력 투쟁을 낳게 되었다.

건설 노선의 차이

그러면 이러한 마오쩌둥의 이미지를 하나의 실마리로 해서 문화대혁명을 살펴보자. 우선 문화대혁명이 발생한 역사적인 맥락에 따라 생각해 본다면, 대약진운동이 실패한 직후부터의 동향을 살펴볼 필요가 있다. 대약진운동의 좌절을 정리하고, 새로운 경제 재건에 본격적으로 몰두할 수 있게 된 것은 1962년의 중국공산당 중앙위원회 확대 공작회의(흔히 '7,000인 대회'라고 칭한다)에서였다. 그러나 다른 각도에서 보면 이 대회가 문화대혁명의 기원, 적어도 중대한 고비라고 할 수 있다. 즉 7,000인 대회에서 마오쩌둥은 부득이하게 대약진운동 실패에 대해 '자아비판'을 하게 되었고, 이 대회의 주역은 경제의 재건을 강력히 호소했던 류사오치와 덩샤오핑이었다. 류사오치와 덩샤오핑은 여기서 '8자八字 방침', 즉 "조정, 공고(강화), 충실, 제고(향상)"라고 불렸던 경제 조정 정책을 결정하고, 정치와 사상 문제를 뒤로 돌렸다. 류사오치·덩샤오핑 노선은 구체적으로 '삼자일포三自一包'(자류지自留地*, 자유시장, 손익의 자기 부담과 농

---

* 1955년 중국 농업 합작화, 즉 개인 토지의 집단소유화 이후 농가의 채소·기타 원예작물 재

농촌조사 도중 현지 농민과
좌담회를 하고 있는 류사오치.
(1961년 4월)

사진제공: 김명호

가의 생산청부제)를 추진하고 농산물 구매 가격의 대폭적인 인상, 보너스 지급 등과 같은 물질적인 자극을 도입해 생산과 생활의 향상을 도모하는 것이었다. '탈대약진'은 급속히 확대되었다.

　예를 들면 1962년에 안후이성의 생산대(자연촌 규모로 인민공사의 말단 조직) 가운데 85%는 토지를 농민에게 분배하고 '책임전責任田'이라 불리는 일종의 농가 생산청부제를 실시했다. 광둥, 광시, 허난, 후난 등 몇 개의 지역에서도 노동청부제, 생산청부제의 경영 방식을 채택할 수 있게 되었다. 각지에 대한 조사 결과, 이러한 방식이 생산 회복에 적극적인 역할을 하고 있는 것이 명백해지면서 류사오치와 덩샤오핑의 지지를 받았다. 덩샤오핑의 "흰 고양이든 검은 고양이든 쥐를 잡는 고양이가 좋은 고양이다〔白猫黑猫論〕"라는 말은 바로 이것을 표현하고 있다. 이윽고 경제는 회복기에 들어가 1963~1965년에는 국민경제의 균형도 회복되고, 공업 생산도 상승세로 바뀌게 되었다.

　이에 대해 마오쩌둥은 표면상으로는 류사오치·덩샤오핑의 정책에 동의하면서도 7,000인 대회로부터 불과 9개월 뒤에 열렸던 중국공산당 제8기 10중전회에서 "계급투쟁을 절대로 잊지 말자!"라는 정치·사상을

배를 위해 전체 경작지의 5% 범위 내에서 농민에게 남겨준 자유 경작지.

중시하는 주장을 강력히 호소했다. 이어서 1963년에는 농촌에서 사회주의 교육운동이 추진되었는데, 류사오치와 덩샤오핑은 생산 활동에 지장을 초래하지 않도록 정치적 혼란을 피하고 간부의 공작 태도와 부정을 시정하는 데 중점을 두었던 것에 비해, 마오쩌둥은 이것을 농촌의 계급투쟁으로서 중시해야 한다고 주장했다. 이러한 상호간의 괴리는 아직 회복되지 않은 대약진운동의 손실을 고려하면 당초에는 당내 지도부의 단순한 인식 차이 정도로 받아들여졌음에 틀림없다. 그러나 류사오치와 덩샤오핑이 지도했던 국내의 생산력과 경제 효율을 중시하는 노선이 이후 서술할 마오쩌둥의 국제 정세에 대한 위기 인식에 저촉되면서 경제·사회건설 노선을 둘러싼 상호간의 중대한 차이로 발전했고, '혁명 노선'인가 '수정주의 노선'인가라는 심각한 정치·사상적 '분열'로 나타나게 되었다.

국제사회로부터의 고립

그러면 국제 정세에 대한 인식이란 무엇인가? 1950년대 말의 중국과 소련의 분열, 타이완 해협을 둘러싼 중국과 미국의 긴장, 중국과 인도의 국경 분쟁은 이미 언급했다. 1960년대 들어서면서 소련은 갑자기 중국에 체류하고 있던 소련인 기술자 1,390명의 철수를 일방적으로 통고하고, 대형 경제건설 프로젝트에 대한 지원을 중단했다. 그 직후부터 1962년 경까지 간헐적으로 신장 위구르 자치구의 중국과 소련 국경에서 무력 충돌이 발생했다. 1962년 10월에는 중국과 인도 국경에서 대규모 분쟁이 발생했고, 그 이후 '쿠바 위기'가 일어났는데, 케네디 대통령의 적극적인 해상 봉쇄 때문에 흐루쇼프는 할 수 없이 쿠바에서 미사일을 철수하게 되었다.

중국은 소련의 이러한 양보를 미 제국주의에 대한 '굴복'이라고 비난했다. 타이완은 중국과 소련의 분열을 확인하고 적극적으로 '대륙 반격'을 강력하게 주장했다. 1963년에는 『인민일보』에 사설 「차이점은 어디로부터 왔는가」(2월 27일자)와 중국공산당 중앙위원회의 「국제공산주의운동의 총노선에 관한 제안」(6월 17일자)이 발표되면서 전면적인 '중·소 논쟁'이 시작되었으며, 같은 해 8월에는 미국, 소련, 영국에 의해 부분적인 핵 실험 중지조약이 조인된 것 또한 중국의 고립감을 더욱 부채질했다.

마오쩌둥은 이러한 국제사회에서의 충격 때문에 강한 고립감과 위기 의식을 갖게 되었다. 아니 오히려 마오쩌둥은 경제 중시를 내건 노선을 흐루쇼프의 수정주의적 경향, 나아가서는 자본주의로의 길과 관계가 있는 것으로 인식해 강력히 경계하게 되었다. 그 때문에 류사오치와 덩샤오핑이 주도한 국내 경제의 회복은 마오쩌둥이 보기에는 국가·사회 기반의 회복, 안정과 반드시 관계가 있는 것은 아니었다.

국제 정세와 국내 동향이라는 양 측면에서 문화대혁명을 해석해보면 1964년은 매우 중요한 의미가 있다. 우선 마오쩌둥은 1월 21일자 『인민일보』에 서구권 등을 제2의 중간지대로 포함시킨 새로운 「중간지대론」을 공표했다. 중간지대론은 1946년 안나 루이 스트롱과 대화를 나누던 중 처음으로 언급된 마오쩌둥의 독자적인 국제정세에 대한 인식이었으나, 냉전이 심화되는 가운데 소련 지도자에 의해서 사용하는 것이 금지되었었다. 그러나 미소 양대 진영 사이에서 반제국주의와 민족해방투쟁을 중시한 이 사고방식은 1955년 반둥회의에 대한 중국공산당 지도자의 자세를 반영하였고, 이윽고 중국과 소련간의 깊어가는 대립 속에서 당당하게 부활했다. 이어서 2월엔 「전국은 해방군에게 배우자」라는 제목의 사설을 발표했다. 그것은 사람들에게 단순한 군사전문가나 전투 집단이 아닌 정치사상, 정치공작, 생산 활동, 사회봉사 활동에 몰두하는 해방군을 모범으로 삼으라는 호소였다. 이어서 '농업은 다자이大寨에서 배우자', '공업은 다칭大慶에서 배우자'라는 슬로건이 제기되었다. 이것은 모두 당위적인 인간상과 사회상을 제시하고, 문화대혁명 초기 1966년의 「5·7지시」(4절 참조)와 중복되는 것으로 인간 정신과 평등한 인간 관계를 중시하며, 자급자족형·자력갱생형의 공동체 세계를 목표로 삼은 것이었다. 그것은 경제근대화, 분업화, 경제 효율을 중시하는 사고방식에 정면으로 대항하는 것이었다. 마오쩌둥에게 경제 중시는 '계급투쟁'을 망각하는 위험한 것, 즉 '수정주의적 사고'로 간주되었다.

미국과 소련에 대항하는 군사력

또한 마오쩌둥이 국제관계에서 갖고 있던 위기의식은 중간지대론을 기본 전략으로 하면서 전국을 뒤흔든 두 개의 장대한 계획을 낳았다. 하나는 미국, 소련과의 직접 전쟁을 상정하고, 이것을 인민전쟁이라는 방법으로 수행하기 위한 체제 형성인 '국방 3선 건설' 추진 결정이었다. 마오쩌둥은 1964년 5월부터 약 1개월 사이에 개최되었던 중국공산당 중앙위원회 공작회의에서 중국 전역을 인민전쟁의 무대로 상정하고, 미국과 소련의 공격에 대비하기 위해 종래 연해와 대도시에 집중해 있던 군사 시설과 중공업 기지를 구이저우·쓰촨·간쑤·산시〔陝西〕 등 내륙 오지의 제3선으로 이전해 큰 후방기지를 건설하도록 호소했다. 그러나 이곳들은 원래 변경 지역으로 기본적인 시설조차 갖추어지지 않은 지역이었기 때문에 방대한 비용이 필요했다(1966년부터의 5개년 계획에서는 기본건설 투자 총액 850억 위안 가운데 약 60%가 국방 건설에 충당되었다). 10월에는 또 하나의 계획이었던, 미국과 소련의 핵 지배에 격렬히 대항해 자력으로 추진한 원폭 실험을 최초로 성공시켰다. 이 실험은 1967년 6월 문화대혁명이 한창이었던 시기에 수소폭탄 실험의 성공으로 이어졌으며, 이는 미국과 소련 중심의 국제질서에 대한 도전이기도 했다.

1965년 초 마오쩌둥은 중국공산당 중앙위원회 공작회의에서 "이번의 사회주의 교육운동의 중점은 당내 자본주의의 길을 걷는 실권파를 일소하는 것이다"라고 향후 문화대혁명과 직결된 방침을 제기했다. 이어서 8월 프랑스 국무상 말로와의 회담에서 "소련은 자본주의의 길을 걷고 있다. 미국과 유럽은 환영하고 있지만, 우리는 환영하지 않는다. …… (우리의 목표는) 수정주의에 반대하는 것이다"라고 분명하게 말했다(『마오쩌둥 사상 만세』 하). 그야말로 마오쩌둥은 국내 위기의식과 국제 위기의식을 하나로 인식했던 것이다. 그리고 여기서 문화대혁명이 단지 국내의 권력 투쟁만이 아니라 국제사회의 변혁에 대한 도전과 강력하게 결합된 것을 볼 수 있다.

2. 반격에 나선 마오쩌둥의 전략과 체제 구축

'실권파' 타도로 방향을 돌리다

대약진운동의 실패와 그 후의 조정 정책에 의한 경제 회복의 흐름은 당내 특히 중앙위원회 내에서 류사오치와 덩샤오핑의 위신을 제고시켰다. 중국공산당의 정식 기관, 예를 들어 중앙위원회, 중앙정치국, 중앙서기처(덩샤오핑이 서기처 총서기), 중앙선전부, 중앙조직부, 중앙농촌공작부, 그리고 베이징시 당 위원회(펑전이 제1서기 겸 시장) 등은 류사오치와 덩샤오핑의 강한 영향력 아래 놓이게 되었다. 이렇게 해서 지도자로서 마오쩌둥이 갖고 있던 위신과 권위는 류사오치와 덩샤오핑의 위상이 상승하면서 상대적으로 저하되고, 마오쩌둥 자신은 심한 고립감을 느끼게 되었다. 이 점도 문화대혁명이 일어난 또 다른 요인이었다. 나중에 에드거 스노와의 인터뷰에서 마오쩌둥은, 1965년 초 '실권파 타도'를 제기했던 무렵 류사오치와 덩샤오핑을 타도하기로 결심하게 되었다고 말하고 있다. 마오쩌둥의 목표는 서서히 확고해졌다. 첫째는 류사오치·덩샤오핑과 지도부에 있는 그들의 인맥을 철저히 타파하는 것이었고 둘째는 류사오치·덩샤오핑의 영향을 강하게 받은 중앙과 지방지도부의 교체였다. 그리고 셋째는 류사오치·덩샤오핑 노선을 대신한 새로운 기본 노선을 확립하고 그것을 추진하는 새로운 권력기구를 창출하는 것이었다.

그런데 이것들을 실현하기 위한 역량이 꼭 갖춰졌던 것은 아니었다. 중앙정치국을 둘러보아도 명확하게 마오쩌둥을 지지하는 사람은 정치국 상무위원 겸 국방상인 린뱌오, 정치국원 후보인 천보다와 캉성 정도였으나, 이때부터 마오쩌둥이 갖고 있던 군사전략가로서의 천재적인 재능이 서서히 드러나기 시작했다. 마오쩌둥의 군사전략적 특징은 "약한 내가 강한 적을 공격하기" 위해 한편으로는 거점(근거지)을 만들면서, 다른 한편으로는 갑자기 적의 본진에 쳐들어가는 것이 아니라 인민이라는 큰 바다로 적을 유인해서 교란하고 토벌하는 방식이었다. 문화대혁명 시기에 거점 구축의 대상이 되었던 곳은 '무武'와 '문文'의 거점, 즉 군軍과 이데올로기 부문이었다. 군 지도부 내에서는 한국전쟁 이후 국방 근대화를 둘러싸고 두 가지의 다른 의견이 있었으며, 펑더화이 실각 이후에도 그 필요성을 주장하는 뤄루이칭 총참모장과 종래의 인민전쟁론을 중시하는 린뱌오 사이에 대립이 있었다. 마오쩌둥은 양자의 대립을 이용해 린뱌오에 의한 뤄루이칭의 실각을 지지하고, 린뱌오가 지휘하고 있는 인민해방군을 자신의 편으로 끌어들였다. 린뱌오도 자신의 의도에 따라 적극적으로 마오쩌둥에게 협력하는 자세를 취했다.

1959년 국방상에 취임한 린뱌오는 '4가지 제일'(인적 요소, 정치공작, 사상공작, 살아 있는 사상을 제일로)을 제창하면서 마오쩌둥 사상 학습 캠페인을 전개했고, 1964년에는 붉은 표지의 소책자인 『마오쩌둥 어록』을 간행했다. 그는 '마오쩌둥 사상은 마르크스·레닌주의의 최고봉' 등으로 일 컬으면서, "마오 주석 어록을 읽고, 마오 주석의 말을 듣고, 마오 주석의 지시에 따라 일을 하고, 마오 주석의 훌륭한 전사가 되자"라고 호소하 고, 마오쩌둥의 권위를 회복하는 데 크게 공헌했다. 그러자 마오쩌둥은 이미 서술했던 것처럼, 1964년 2월 「전국은 해방군에게 배우자」라는 제 목의 사설을 『인민일보』에 발표하고 이에 호응했다. 이에 대해 뤄루이 칭이 군사전략론, 국방근대화론으로 어디까지 린뱌오에 대항했는지는 불명확하다. 또한 최근까지도 국제노선을 둘러싸고 미국과 소련 두 강 대국과의 투쟁을 강조했던 린뱌오와 미국을 적으로 하고 소련과의 통일 전선에 매달렸던 뤄루이칭과의 투쟁이라는 견해가 있었지만, 이에 대해 서는 다른 주장이 나오고 있다. 다만 뤄루이칭이 린뱌오가 진행했던 개 인숭배와 마오쩌둥의 신격화에 반대하고 자신에 대한 회유를 받아들이 지 않았던 것, 나아가 뤄루이칭 자신이 펑전 계열의 인물로 지목되었던 것은 사실이다. 1965년 12월 중국공산당 중앙위원회 정치국 상무위원 회 확대회의에서 뤄루이칭은 총참모장직에서 해임당하고 실각했다.

『하이루이 파관』 비판

한편, 이데올로기 부문에서의 거점은 중국공산당 중앙위원회 선전부였 다. 이곳은 부장인 루딩이를 필두로 부부장인 저우양·우렁시가 모두 류 사오치·덩샤오핑과 가까운 인물이었기 때문에, 우선 충격을 주고 '뒤흔 들어 놓기'부터 시작했다.

1960년대 전반에는 류즈단(항일근거지의 영웅), 리슈청(태평천국의 지도 자) 등 역사상의 인물을 둘러싼 문예 논쟁이 활발하게 전개되었다. 이 가 운데 역사학자이면서 베이징시 부시장이었던 우한의 신편 역사극 『하이 루이 파관海瑞罷官』이 큰 화제를 불러일으켰다. 그것은 명대의 청렴결백한 관리 하이루이가 관리의 부정과 악행을 보다 못해 단호한 조치를 취한 뒤 황제에게 파면당하고 고향으로 돌아간다는 줄거리로, 우한은 하이루이를 칭송했다. 이와 관련해 마오쩌둥은 1959년 '하이루이 정신에서 배우자'라고 호소했다. 당시 이러한 논쟁을 당 중앙위원회 내에서 전개시키려고 했던 류사오치와 덩샤오핑은 1964년 7월 '문화대혁명 5인 소조小組'를 중앙서기처 산하에 설치했다. 조장은 서기처에서 덩샤오핑 다음의 제2인자인 펑전이었고, 조원은 루딩이·저우양·우렁시와 캉성으로 캉성을 뺀 나머지는 류사오치·덩샤오핑 계열로 뭉쳤다.

마오쩌둥은 우선 우한을 공격해 캉성을 제외한 문화대혁명 5인 소조를 중앙지도부에서 강제로 끌어내리려고 했다. 마오쩌둥은 우한의 역사극을 '계급적인 문제'로 중시하고, 부인인 장칭을 이용해 비밀리에 상하이에서 반론을 위한 평론을 준비시켰다. 1965년 11월 상하이 『문회보』에 야오원위안의 「신편 역사극 『하이루이 파관』을 평한다」가 게재되었다. 이 글은 우한 역사극의 본질이 역사의 해석에 있는 것이 아니라 당시의 '단간풍單干風'(청부제)과 '번안풍翻案風'(정치적으로 잘못 규정된 죄에 대한 명예회복)을 지지하고, 부르주아·지주·부농을 부활시키며, 나아가 펑더화이의 명예회복을 기도하는 정치적 음모가 숨어 있다고 비난했다. 마오쩌둥의 진의를 파악하지 못한 채 이에 대응했던 류사오치·덩샤오핑·펑전 등은 이 문제를 문예 분야의 문제로 제한하고 정치 문제로 삼는 것에 제동을 걸었다. 중앙정치국 상무위원의 대다수는 야오원위안의 의견에 동의하지 않았고, 각 성·시의 선전부 등 관련 부문에서는 이 평론의 게재를 승인하지 않았다. 5인 소조는 "근본적으로 학술상의 시비 문제는 …… 독단과 권세로 사람을 압도하면 안 된다"라고 단정하고, 문예 비판을 학술 논쟁으로 남겨 두는 「2월 제강」을 1966년에 발표했다.

이러한 제동은 마오쩌둥이 예상했던 것이었다. 자신의 공격 표적이 드러나게 되자 마오쩌둥은 격렬하게 공격했다. "현재 학술계와 교육계는 부르주아 지식분자가 실권을 장악하고 있다. …… 우한과 젠보짠은 겉으로는 공산당원이지만 예상한 대로 반공주의자이며 실제로는 국민당이다"(1966년 3월). "좌파의 원고(야오원위안의 평론)를 채택하지 않으면서 우파를 비호하는 자는 대학벌大學閥이고, 중앙선전부는 염라전閻魔殿이다. 염라전을 타도해 소귀小鬼를 해방시키자"(같은 해 3월).

4월 들어 공격의 화살은 베이징시 당 위원회로 향했다. 우한과 함께 당 위원이면서 칼럼니스트인 덩퉈와 랴오모사는 '삼가촌三家村그룹'이라 불리고 '반당·반사회주의'라는 비판을 받았다. 이윽고 항저우에서 개최된 중앙정치국 상무위원회 확대회의에서 평전에 대한 비판이 명확해지면서, 마오쩌둥은 "베이징은 바늘 하나 물 한 방울 들어가지 않는다. 평전은 자신의 세계관에 따라 당을 변화시키고 있다"라고 강력히 비난했다. 5인 소조와 중앙선전부, 베이징시 당 위원회는 심각하게 동요했다.

마오쩌둥은 더 나아가 "중앙에 있는 자들이 못된 짓을 계획하면, 나는 지방으로 가서 그들을 공격할 것을 호소하겠다. …… 저 옥황상제를 보호하려는 무리를 해치워야만 한다. 평전은 당내에 잠입한 보잘것없는 인물로, 특별한 존재가 아니다"라는 의미심장한 발언을 했다(『마오쩌둥 사상 만세』 하).

문화대혁명 사령부의 형성

1966년 5월 4일부터 26일에 걸쳐 중국공산당 중앙위원회 정치국 확대회의가 베이징에서 개최되었다. 5월 16일에는 마오쩌둥 자신이 손을 본, 나중에 문화대혁명의 강령적 문헌 가운데 하나인 「중공중앙 통지」(「5·16 통지」)가 채택되었다. 여기에는 「2월 제강」의 취소, 문화대혁명 5인 소조의 폐지, 새로운 '중앙문화대혁명 소조'(조장 천보다, 고문 캉성, 부조장 장칭과 장춘차오)의 설치 등이 결정되었다. 또한 문화대혁명은 아직 구체적인 표현을 피하고 있지만, "당·정·군과 각 문화계에 잠입했던 부르주아 계급의 대표 분자, 반혁명 수정주의 분자, 흐루쇼프 부류의 분자와 생사를 건 투쟁을 벌인다"는 목표에 직면했다. 나아가 이 회의는 최종일 전날 펑전·뤄루이칭·루딩이 중앙서기처 서기, 양상쿤 등 서기 후보, 펑전 베이징시 당 위원회 제1서기 겸 시장 등을 직무에서 해임시키기로 결정했다. 중앙문화대혁명 소조의 설치는 문화대혁명을 본격적으로 추진할 지도적 중핵을 형성하며, 그 외의 다른 모든 결정은 류사오치·덩샤오핑과 관련된 권력 기반을 대대적으로 무너뜨리는 것을 의미했다.

3. 홍위병과 류사오치·덩샤오핑의 실각

대자보와 홍위병

1966년 5월 25일 베이징대학에서 중앙문화대혁명 소조의 지시를 받았던 강사 녜위안쯔 등 7명이 루핑 학장 등 지도부를 맹렬히 비판하는 대자보(벽신문)를 붙였다. 5월 29일에는 칭화대학 부속중학(한국의 고등학교에 해당한다)의 학생 40여 명이 홍위병紅衛兵이라고 불리는 조직을 만들었다. 6월 1일 마오쩌둥은 녜위안쯔 등의 대자보를 "20세기 1960년대 중국의 파리 코뮌 선언서다. 그 의의는 파리 코뮌을 능가하고 있다"라고 평하고, 급진적인 학생의 움직임을 적극적으로 지지했다. 이후 다양한 홍위병 조직이 빠른 속도로 만들어졌다. 또한 마오쩌둥은 앞의 「5·16통지」 직전까지 약 5개월간 특별한 사람 외에는 자신의 소재를 밝히지 않았고, 「5·16통지」 이후에도 종종 베이징을 떠나 류사오치와 덩샤오핑 집단을 교란시켰다. 류사오치와 덩샤오핑은 6월 초 중국공산당 중앙위원회 정치국 확대회의를 주재하고 학생들의 과격한 움직임을 통제하기 위해 베이징의 각 대학과 중학에 공작조를 파견하기로 결정하고, 이어서 "대규모 규탄대회를 열어서는 안 된다", "대자보는 길거리로 나와서는 안 된다" 등을 결정한 「중앙 8조」를 통고했다. 이때 장칭과 캉성 등의 지시를 받았던 칭화대학의 징강산 홍위병이 파견된 공작조와 대결해 충돌이 발생했다. 7월 26일 마오쩌둥은 우한에 나타나 갑자기 장강(양쯔강)을 헤엄쳐 건너서 자신의 체력과 기력이 건재함을 과시했다. 그 길로 베이징에 되돌아온 그는 "문화대혁명을 파괴하고 방해하고 있다"며 공작조의 행동을 통렬히 비난했다. 마오쩌둥이 사태를 혼란에 빠뜨리자 고참 간부들은 곤혹스러웠다. 류사오치는 7월 29일 베이징의 어떤 문화대혁명 적극분자 대회에서 했던 연설에서, "문화대혁명은 어떻게 진행되고 있는가? 모두 잘 이해할 수 없을 것이다. …… 솔직하게 답한다면 나도 잘 모르겠다"라고 그의 심정을 토로하고 있다(『신중국 40년 연구』).

8월 1일부터 12일에 걸쳐 제8기 11중전회가 개최되었다. 5일에는 마오쩌둥의 「나의 대자보—사령부를 포격하자」가 발표되었고, 8일에는 문화대혁명의 강령이라 할 수 있는 「프롤레타리아 문화대혁명에 관한 결정」(약칭 「16조」)이 채택되면서 문화대혁명은 본격적인 단계로 들어갔다. 「16조」는 두 개의 목표를 확실하게 내걸었다. 첫 번째는 "자본주의의 길을 걷는 실권파를 두들겨 부수자"라는 것, 즉 아직 공식적으로 지명하지는 않았지만 류사오치·덩샤오핑 지도체제의 분쇄를 명확히 내세웠다. 두 번째는 사상·문화·풍속·습관 면에서 '낡은 4가지의 파괴'와 '새로운 4가지의 창조', 그리고 대중에 의한 '파리 코뮌 형태의 전면적인 선거에 의한 새로운 권력기구 창출'이었다. 전자는 치열한 권력 투쟁, 후자는 전면적인 정치·사회 변혁운동을 의미하고 있었다. 동시에 이 회의에서 류사오치의 서열은 여태껏 2위였던 것에서 8위로 격하되었다. 덩샤오핑은 마오쩌둥 쪽으로 입장을 바꾸면서 살아남았고 정치국상무위원의 자리를 확보했으나 얼마 지나지 않아 엄청난 비판을 받게 되었다. 그 대신 린뱌오가 2위로 올라서면서, 유일한 부주석으로 지명되었다.

공공연히 류사오치와 덩샤오핑을 공격하다

11중전회 이후, 류사오치와 덩샤오핑에 대한 공격은 더욱 격렬해졌다. 8월 21일 『홍기』 사설은 "직위가 아무리 높다고 해도, 아무리 고참이라고 해도, 대단한 명망을 갖고 있더라도, 마오쩌둥 사상에 반대한다면 단호히 투쟁하자"라며 사실상 류사오치와 덩샤오핑을 타도하려는 결의를 표명했다. 다음 날인 22일에는 칭화대학 구내에 「류사오치의 7월 연설은 반마오쩌둥 사상」이라는 대자보가 붙었고, 공공연하게 공격이 시작되었다. 10월 23일의 중국공산당 중앙위원회 공작회의에서 류사오치와 덩샤오핑은 어쩔 수 없이 자아비판 문서를 제출했고, 이후 사실상 연금 상태에 처해졌다. 11월 2일 당 중앙위원회 조직부 명의로 류사오치와 덩샤오핑의 이름을 들먹이며 비판하는 대자보가 대량으로 붙었고, 11월 7일에는 「덩샤오핑은 실권파의 제2인자」라는 대자보가, 그리고 연말부터 '류사오치·덩샤오핑 타도' 캠페인이 전국적으로 전개되었다. 거의 비슷한 시기에 펑전·천윈·왕전·천이·양상쿤·보이보·루딩이·완리·뤄루이칭·저우양 등 많은 고참 고급 간부들에 대한 공개비판 투쟁이 홍위병에 의해 진행되었다.

이 무렵 권력 투쟁으로서의 류사오치·덩샤오핑 타도는 거의 매듭지어져, 그 후 그들은 일방적인 비판과 박해로 고통을 받게 되었다. 1967년 1월 이후 류사오치는 집무 불가능 상태가 되었고, 그의 가족도 이러한 사태에 휩싸여 비판 투쟁에 응하게 되었다. 격렬한 '비판'이 되풀이되는 가운데 탄전린·천이 등 고참 간부들은 2월에 문화대혁명이 지나치다고 이의를 제기하고, 중앙문화대혁명 소조를 비난했다. 이것은 '2월 역류' 사건이라고 불리는데, 마오쩌둥과 린뱌오 등에게 비판을 받고 오히려 문화대혁명은 더욱 급진화되었다. 4월 1일 『인민일보』는 류사오치를 "당내 최대의 실권파, 중국의 흐루쇼프"라고 낙인찍었던 치번위의 논문을 게재했다. 7, 8월에는 중난하이에서 류사오치·덩샤오핑·타오주를 비판하는 대규모 집회가 개최되고, 9월에는 당·정 요인의 거주 지역인 중난하이에서 '반혁명분자'와 '검은 집단'에 대한 일제 추방이 결정되어, 류사오치와 덩샤오핑의 자녀는 양친과 떨어져 불운한 나날을 보내게 되었다. 시중쉰 부총리를 아버지로 둔 시진핑도 반동학생으로 낙인찍히는 바람에 1969년부터 7년간 산시성의 가난한 농촌에서 노역(하방下放*)을 했다. 1968년 2월 덩샤오핑은 "또 한 명의 당내 최대의 실권파"라고 격렬하게 비판받았다. 그리고 그 해 10월 중국공산당 제8기 12중전회가 개최되었고, 류사오치는 '제국주의, 현대수정주의, 국민당 반동파의 앞잡이'로 당에서 '영구 제명'되었다. 한편 덩샤오핑의 경우에는 마오쩌둥의 어떤 의도가 작용한 것으로 보이는데, 류사오치처럼 '심사 소조'가 조직되지도 않았고, 12중전회에서 '제명'되지 않았으며 '당에 남아 있되 감찰을 받는' 처분에 그쳤다.

이상이 류사오치·덩샤오핑 타도 운동의 경과이다. 문화대혁명을 권력 투쟁으로만 파악하게 되면, 아마 1966년 말 또는 1967년 전반에 문화대혁명이 종식되었다고 해도 이상하지 않을 것이다. 그러나 사실 그 이후 문화대혁명이 전국적으로 확산되면서 더욱 격렬해졌고, 혼돈 속에서 참극을 증폭시켰다. 이제 조금 다른 각도로 문화대혁명을 볼 필요가 있다.

---

* 중국에서 당 간부, 지식인, 학생 등이 농촌·공장 등에 가서 실제로 노동에 참가하는 일.

4. 마오쩌둥의 이념과 야심, 욕구불만인 사회와의 공명

평등의 추구

문화대혁명을 마오쩌둥의 만족할 줄 모르는 이념 추구에 입각해 파악한다면, 류사오치와 덩샤오핑의 실각은 제1막의 결말이면서 동시에 제2막의 시작이었다. 즉 마오쩌둥 자신이 계속 그리던 '꿈'과 '희구하던 이념'을 문화대혁명을 통해 본격적으로 실현하기 시작했던 것이다. 그렇다면 마오쩌둥이 '희구하는 국가와 사회'란 어떠한 것이었을까? 마오쩌둥은 1940년대 이후 종종 '통일·독립·민주·부강의 중국', 즉 근대화된 중국의 건설을 이야기해왔으며, 건국 후에는 '소련 모델'로 이를 실현하려 했던 것이 사실이다. 그러나 이미 서술했던 것처럼 1950년대 후반부터 마오쩌둥은 소련 모델에서 벗어나고자 열심히 노력했다.

그러면 마오쩌둥은 소련 모델의 어떤 점을 받아들이지 못했을까? 간단히 말하면 과도한 중앙집권에 따른 특권관료들의 엘리트사회와 중공업 편중에 의한 공업화 사회, 분업화된 사회였다. 마오쩌둥은 문화대혁명 개시 직후인 1966년 5월의 「린뱌오 동지에게 보내는 편지」(「5·7 지시」)에서, 대약진 시기의 인민공사론과 이어지는 '희망하는 사회상'을 다음과 같이 말하고 있다. "군대는 커다란 학교여야 한다. …… 여기서는 정치·군사·문화를 배울 뿐만 아니라 농업과 부업에 종사한다. 약간의 중소규모 공장을 건설해 자신이 필요로 하는 제품, 국가와 등가교환하는 제품을 생산한다. …… 노동자도 마찬가지로 공업에 종사하면서 군사·정치·문화를 배운다. 조건이 허락하는 곳에서는 다칭유전처럼 농업과 부업 생산에 종사한다. …… 농민은 농업에 종사하면서 군사·정치·문화를 배운다. 조건이 허락하는 곳에서는 집단적으로 소규모 공장을 건설하고 부르주아 계급을 비판한다." 이하 학생, 당·정 간부도 이와 같은 방식으로 전문화와 분업화를 최대한 회피하고 자급자족적인 생활방식을 추구한다.

물론 마오쩌둥이 물질적 풍요를 선험적으로 부정했다는 의미는 아니다. 그러나 물질적인 풍요로움을 추구하는 것이 가난한 사람과 부자의 격차를 확대하고, 정신적인 타락으로 이어지게 하는 것은 아닌가라는 의구심이 강했다. 때문에 점차 정신적 풍요와 물질적 풍요를 동시에 추구하는 것은 마오쩌둥의 마음속에 존재하기 어렵게 되었다. 정신노동과 육체노동, 도시와 농촌, 공업과 농업의 격차를 문제 삼고 '삼대 차별의 철폐' 등 평등주의를 한결같이 강조하게 되었고, 곧 물질적인 풍요의 추구는 타락한 것, 즉 '자본주의의 길을 걷는 것'이라는 단순한 사고에 사로잡히게 되었다. 또한 경제 건설에 힘을 기울이는 관료, 기술자, 지식인도 '위험한 대상'이 되었다. 이와 달리 지식청년에게 도시를 벗어나 농촌에 들어가서 지식을 갖춘 새로운 농민으로 변신하라고 호소했던 '상산하향운동上山下鄕運動'은 '당위의 인간상'에 대한 실천 중 하나였다.

이러한 사회 또는 인간의 창조야말로 공산주의의 실현이며 소련 방식에 대항하는 모델, 또는 흐루쇼프를 대신한 세계혁명의 지도자인 마오쩌둥의 독창성이라고 믿게 되었다. 문화대혁명이 한창이던 1967년 6월 중국은 처음으로 수소폭탄 실험에 성공해 자신의 힘을 세계 각국에 과시했다. 3개월 뒤 마오쩌둥은 다음과 같이 역설했다. "(현재 세계 각지에서 반중국의 움직임이 일어나고 있는데)이것은 미국 제국주의와 소련 수정주의가 공동으로 획책한 것이다. 이것은 우리가 고립되어 있는 것이 아니라, 전 세계에 대한 우리의 영향력이 크게 높아지고 있음을 보여주는 것이다. 중국의 길이야말로 해방으로 가는 유일한 길이다. …… 우리 중국은 세계혁명의 정치 중심지만이 아니라 군사상으로나 기술상으로도 세계혁명의 중심이 되고, …… 세계혁명의 무기공장이 되어야만 한다"(『마오쩌둥 사상 만세』 하). 이러한 가운데 마오쩌둥이 지향하는 혁명, 마오쩌둥의 야심이 선명하게 떠오르고 있었다.

차별 구조와 욕구불만

이러한 마오쩌둥의 호소를 받아들여 사회혁명을 적극적으로 추구했던 사람들은 사회경험이 부족하고 정서적으로 감수성이 예민한 젊은 홍위병이었다. 또한 마오쩌둥의 호소에 적극적으로 호응해 그의 '수족'이 되어 권력의 중심부로 들어간 사람들은 해방군에서는 린뱌오계였고, 이데올로기 선전 부문에서는 뒤에 서술할 '4인방'이었다(제5절 참조). 그러나 일반 홍위병들, 그리고 수많은 노동자와 가난한 농민이 마오쩌둥의 주장에 열렬히 호응했던 것은 사회에 대한 불만이 충만했기 때문이었다. 여기에선 특히 1950년대 후반 이후에 점차 누적되면서 형성된 세 가지 차별 구조와 그로 인해 많은 사람들이 느낀 울분을 지적하고자 한다.

첫째는 반우파 투쟁 이후 사회적으로 중시되었던 좋은 계급인 홍紅5류와 나쁜 계급인 흑黑5류라는 구분에 따른 사회적 차별이다. 홍5류는 혁명간부·혁명군인·혁명유족과 노동자·농민 출신이며, 흑5류는 구지주·구부농·반동분자·악질분자·우파분자이다. 이러한 출신 성분과 본인의 정치적 표현은 자신도 모르는 사이 '당안檔案'(신상조서)에 기입, 공안당국에서 보관되며, 이후 취직이나 출세, 결혼 등에 영향을 미치게 되었다. 도시에서는 직장이면서 생활의 터전도 되며, 동시에 상호감시 기능을 행사하는 말단 통치 시스템으로 '단위 사회'가 형성되고, 이것이 당안제도와 보완적인 관계를 맺고 있었다. 또 어떤 농촌에서는 당시 소학교에서 초급중학(한국의 중학교에 해당한다)에 진학할 때, "출신이 60%, 정치표현이 20%, 성적이 5%, 나머지가 15%로 고려되었다"(펑지차이 『서민이 말하는 문화대혁명』). 이러한 차별을 출신 혈통주의라고 부르는데, 차별을 받았던 사람들은 문화대혁명 과정에서 이것을 통렬히 비판하게 되었다.

두 번째는 취업할 때 발생하는 노동자 사이의 차별 구조다. 대약진운동에 의한 경제 파괴는 도시의 공업 부문에 고용된 노동자 수를 크게 제한했다. 예를 들면 1966년부터 1970년의 5년 사이에 고용된 노동자 수는 500만 명인데, 같은 시기에 노동 인구에 포함된 청년은 1,100만 명으로 약 600만 명이 취업할 수 없었다. 그래서 정규의 종신 고용에 해당하는 '상용 노동제도' 외에 고용기간과 노동조건 등이 보장되지 않는 '임시공'이나 '계약공 제도'를 만들어 병존시키는 '두 가지를 기본으로 하는[二本立] 노동고용제도'를 광범위하게 실시했다. 이 때문에 대규모의 임시공과 계약공들은 열악한 조건 아래 놓이게 되면서 사회적 불만이 쌓이게 되었다.

세 번째는 교육적인 면에서의 차별 구조다. 우선 1954년 중점重點대학을 설치한 이후 중점중학, 중점소학교라는 엘리트 교육방식이 정착했다. 물론 중점학교에 들어가는 데는 '출신 계급'이 크게 작용했다. 나아가 교육의 차별화가 대중 수준으로 확대된 것은 1960년대 전반의 '일하면서 공부하고[半工半讀]', '농사지으며 공부한다[半農半讀]'라고 불렸던 비非전일제 교육제도가 보급되면서부터였다. 대중의 보통교육은 국가예산에서 완전히 배제되었다.

이러한 출신 혈통주의와 두 가지를 기본으로 하는 노동제도, 교육제도 등이 겹쳐지면서 현실적으로는 최고 엘리트에서 간부, 일반대중, '낙후된 계층'이라는 중층적 차별 구조가 사회주의 사회에서 형성되었다. 1966년 12월 홍위병의 한 사람인 위뤄커는「출신론」을 발표해 "모든 혁명 청년은 어떤 출신 성분이든지 모두 평등하게 정치적 권리를 누려야 한다"라고 주장해 출신 혈통주의를 비판했다. 다음 해인 1967년 1월 전국홍색노동자 조반총단과 전국총공회가 "계약공, 임시공도 문화대혁명에 참가할 수 있다"라고 선언하자, 문화대혁명은 이러한 사회적 차별까지도 대대적으로 손질을 가하는 것처럼 보였다.

5. 코뮌 건설의 좌절과 혼란

상하이의 탈권 투쟁

마오쩌둥이 간절히 추구한 이념 건설과 적극적인 민중의 사회 변혁이 결합해 구체적인 형태로 나타난 것이 1967년 2월 5일의 '상하이 코뮌'(상하이 인민공사) 성립이었다. 1월에 시작되었던 상하이에서의 탈권 투쟁은 노동자 혁명 조반총사령부, 농민총사령부 등 38개의 조반 조직에 의해 상하이 코뮌을 성립시켰다. 나중에 장칭 등과 함께 '4인방'으로 단죄되었던 장춘차오·왕훙원·야오원위안이 여기서 지도적인 역할을 담당했다. 4인방은, 어떤 의미로는 권력 중심부에 있던 사람들 가운데 마오쩌둥의 이념을 가장 충실하게 몸소 실현했던 집단이었다. 너무나도 치열한 권력 투쟁에 얽혀 있었기 때문에 그들은 자신의 이념과 현실의 좁은 틈 사이에서 동요했었다. 그 최초의 갈등은 이 코뮌 설립을 둘러싸고 나타났다.

「상하이 코뮌 선언서」는 다음과 같이 지적하고 있다. "상하이 코뮌은 마오쩌둥 사상의 지도와 프롤레타리아 독재의 조건에서 생겨난 참신한 지방 국가기구다. …… 그 구성원은 아래에서 위로의 권력을 전면적으로 빼앗는 승리를 거둔 뒤 혁명대중에 의해 파리 코뮌의 원칙을 바탕으로 선택되었다." 마오쩌둥은 상하이 1월 혁명을 "대혁명이다", "상하이의 혁명 세력이 행동을 개시하면서 전국에 희망이 생겼다"라며 적극적으로 지원했다. 그러나 성립된 지 1주일 뒤인 2월 12일에 마오쩌둥은

"상하이의 활동은 전 분야에 걸쳐 대단히 큰 계획이다"라고 말하면서도, '상하이 코뮌'이라는 명칭에 관해서는 "역시 사리에 맞는 표현법을 쓰는 편이 좋다"라며 반대하고 있음을 나타냈다. 마오쩌둥의 발언이 있기 이틀 전, 『인민일보』는 헤이룽장성에서의 탈권과 혁명대중·혁명군인·혁명간부의 '삼자 결합' 방식에 의해 새로운 권력기구인 혁명위원회를 만들어낸 일을 높이 평가하는 사설을 게재했다. 얼마 뒤 2월 23일, 상하이 코뮌은 상하이시 혁명위원회로 개칭되었다.

마오쩌둥은 어째서 자신이 제기했던 코뮌을 실현 첫 단계에서 스스로 포기했을까? 아마도 당과 군 조직의 존속과 관련된 문제에 대한 염려가 가장 직접적인 이유였을 것이다. 즉 파리 코뮌처럼 철저하게 아래로부터 이루어지는 선거 방식을 중시하면, 곧 당 위원회의 지도권이 위협받게 되고, 당의 지휘를 받고 있는 군 본연의 자세도 문제가 된다. 이러한 상황에 대해서는 당의 고참 간부는 물론 문화대혁명파 내부 및 군 내부에서도 강한 저항이 있었다. 그러나 아마도 마오쩌둥에게 가장 근본적인 문제는 역시 '국제적 위기' 속에서 중국이 어떻게 꿋꿋하게 살아나가고, 중국의 존재감을 강하게 보여줄 수 있는가라는 점이 아니었을까? 당과 군이 해체되면 세계혁명의 기반을 상실하는 것이므로 그것은 피해야만 했다. 이후 혁명위원회 설립을 호소하면서 1966년 가을부터 시작했던 '경험 대교류'를 1967년 3월에 정지하고, 다시 그 해 8월 이후에는 문화대혁명파 중에서도 왕리·관펑 같은 극좌적인 지도자와 '5·16병단' 등 과격한 홍위병 조직을 비판해 사태를 완화시키고 적극적으로 수습에 나서기 시작했다.

무장 투쟁

그러나 마오쩌둥의 이념에 따라 혁명을 더욱 강력하게 추진하려는 젊은 이들과 차별받고 있던 사람들은 이러한 상황을 납득할 수 없었다. 그들은 위로부터의 통제에 당황했고 강력하게 반발했다. 출신 혈통주의에 대한 비판과 당안의 회수·소각같은 차별에 반대하는 대중운동도 확대되어 갔고 이에 대한 억제가 쉽게 효력을 발휘할 수 없었다. 또한 각지에서 대중운동과 탈권 투쟁이 결합되면서, 문화대혁명은 1967년부터 다음 해에 걸쳐 한층 광범위하면서도 혼란스럽게 전개되었다. 3월부터 6월까지만 해도 장시·칭하이·저장·후베이·산시〔山西〕·허난·안후이·네이멍구·산시〔陝西〕·푸젠·광둥·닝샤 등지에서 홍위병뿐만 아니라 노동자·농민·군대를 끌어들여, 탈권 또는 주도권을 다투는 격렬한 무장 투쟁이 전개되었다는 보고가 있다.

문화대혁명의 혼란을 보여주는 상징적인 사건으로는 '우한 사건'과 후난의 '성무련운동'이 잘 알려져 있다. 전자는 1967년 5월 이후 무장 투쟁이 격화하고 있던 우한에서 '백만웅사百萬雄師'라 불리던 대중조직이 세력을 확대해 우한 군구와 손을 잡고, 조반파의 본부와 그들이 점거했던 건물을 공격하면서 충돌은 심각해졌다. 7월 14일, 사태를 진정시키기 위해 저우언라이는 우한으로 갔는데, 그는 충칭에서 온 셰푸즈와 왕리 일행과 합류했다. 뒤늦게 마오쩌둥도 슬그머니 우한에 갔다. '보수적인 조직'이라고 비판받은 백만웅사는 격분하였고, 7월 19일부터 22일까지 나흘간에 걸쳐 무장 반격에 나서 항의 시위를 강행했다. 7월 20일에는 셰푸즈와 왕리가 감금당하면서 사태는 극도로 혼란스러워졌지만 저우언라이의 공작으로 셰푸즈와 왕리는 간신히 구출되었고, 사태는 수습되어갔다. 이것이 '우한사건'이다. 그러나 그 후, 린뱌오계의 군대의 위협에 의해 마오쩌둥 사상 선전대, 노동자 등이 가담하면서 대대적인 혼란에 빠지게 되었고, 우한에서는 사망자만 해도 600명, 부상자 6만 6,000명에 후베이성 전역에서는 18만 4,000명이나 되는 사상자가 발생한 큰 사건이 되었다.

　성무련운동은 코뮌 건설에 사로잡혀 문화대혁명 이념을 실현하기 위해 동분서주하던 젊은이들의 '이의 주장'이었다. 1968년 1월 '성무련省無連'(정식으로는 후난성 무산계급 혁명파 대연합위원회)이 발표했던 선언문 「중국은 어디로 가는가」에서 그들은 솔직한 심정을 토로하고 있다. "영명하신 마오 주석은 천재적으로 우리의 국가기구에 극히 새로운 형세—파리 코뮌과 유사한 기구—가 나타날 것이라는 점을 예언하셨다. …… 마오 주석은 또 '중화 코뮌'의 명칭을 제기하셨다. …… 어째서 코뮌을 강력하게 주장하던 마오쩌둥 동지가 갑자기 1월에 '상하이 코뮌' 수립에 반대했는가? 이것은 혁명 인민으로선 이해할 수 없다. …… 광범위한 혁명 인민의 승리, 새로운 관료 부르주아 계급의 멸망은 어디에서도 피할 수 없다. 혁명위원회가 전복되고 '중화 코뮌'이 탄생하는, 세계사를 뒤흔들 혁명 인민의 성대한 축제의 날은 반드시 다가온다"라고 역설했다(다케우치 미노루, 『다큐멘트 세계사: 문화대혁명』). 그러나 그러한 축제일은 머나먼 환상 속으로 사라졌다.

공포와 의심의 소용돌이

마오쩌둥의 이념에 따라 자신을 바쳤던 청년들의 운동은 확실히 일정한 성과를 거두었다. 앞에서 서술한 '차별 구조'라는 모순에 대한 과감한 폭로나 불가침의 존재였던 당과 정부 관료의 권위주의에 가한 강한 타격 등이 바로 그것이다. 원래 홍위병의 리더 중 하나였던 장청즈는 "지금 시점에서 돌이켜보아도 1966년 가을에 벌어졌던 운동을 부정할 수는 없다. 사람들의 차별을 인정하지 않고, 특권계급의 세력 확대를 허락하지 않고, 어떠한 사람의 정치적 권리의 압박도 인정하지 않는다. …… 그것이 모든 민중의 크나큰 물결로 발전하면 안 될 이유는 없을 것이다"라고 문화대혁명이 갖는 적극적인 의의를 지적하고 있다(『홍위병의 시대』). 그러나 그들은 이윽고 냉혹한 정치투쟁의 소용돌이 속에서 마오쩌둥에 의해 매장되었다.

무수한 홍위병과 노동자, 농민들을 말려들게 한 문화대혁명은 종래의 당과 정부의 조직 기능을 마비시켰을 뿐만 아니라, 많은 가정과 직장을 큰 혼란에 빠뜨렸다. 사람들은 누군가가 '반혁명'의 꼬리표를 붙이는 것은 아닐까, 누군가에게 '배신당하는' 것은 아닌가라는 공포와 의심에 사로잡혔다. 이러한 극도의 불안 속에서 광신적으로 마오쩌둥을 숭배하는 것만이 '구원의 길'인 것 같은 분위기가 형성되었다. 충성심을 몸으로 표현하는 '충성의 글자 쓰기 무용' 등과 같은 마오쩌둥 예찬과 극단적인 개인숭배, 마오쩌둥의 신격화가 가속화되었다. 그리고 종래의 인간관계는 가족까지도 서로 불신하게 되면서 갈기갈기 분열되었다. 당과 정부의 간부에서 일반 서민에 이르기까지 다양한 사람들이 정신적, 육체적으로 심각하게 상처받았다. 그러한 사람들에게는 이제 사회의 혼란을 회복시키려는 기력도, 체력도 남아 있지 않았다. 따라서 혼돈 속에서 사회를 안정시키고 권력기구의 재건에 몰두할 수 있는 사람들은 제한되었다. 기본적으로 조직을 온전하게 지키고 있던 군대가 그것이었다.

6. 국제위기에 대한 의식 고조와 질서 회복

고립된 중국

국제위기에 대한 인식은 문화대혁명을 발동시키고, 가속시키는 과정에서 강력한 촉매 요인으로 작용했다. 그러나 문화대혁명이 야기한 혼란을 수습하고 강제로 질서를 회복시키는 과정에서도 이 국제위기에 대한 인식이 핵심이었음을 깨닫게 된다. 즉 중·소 대립과 함께 수렁으로 변해가던 베트남 전쟁에 대한 대응은 사회주의 진영 내에서뿐만 아니라, 아시아·아프리카의 중립적인 국가 사이에서 중국을 더욱 고립시켰다.

예를 들면 1966년 3월 오랜 맹우였던 일본공산당과의 관계는 소련에 대한 평가, 베트남 지원 방식, 평화적 사회주의로의 이행 등을 둘러싸고 결렬되었다. 9월에 소련은 중국 주재 대사관을 사실상 철수시키고, 나아가 베트남 공동 지원을 둘러싸고 중국을 격렬히 비난했다. 사회주의 각국에서는 알바니아를 제외한 대부분의 나라가 반중국의 입장을 확실하게 표명했다. 아시아에서 가장 친밀했던 인도네시아와는 1965년 '9·30 사건' 이후 국교가 단절되었다. 인도·태국·말레이시아·미얀마·필리핀 정부 등과의 정상적인 외교 관계가 무너지고, 중국은 이들 국가의 반정부 게릴라를 지원하는 등 불안정한 긴장 상태가 지속되었다. 또한 미국이 베트남에 50만 명의 군을 투입하자 전쟁은 격화되었다. 이윽고 사태는 교착 상태에 빠졌으나, 중국이 기대했던 만큼 반미 투쟁이 세계적으로 고조되지는 않았다. 이러한 맥락에서 앞에서 서술했던 1967년 6월의 '수소폭탄 실험'과 9월의 「세계혁명의 중심」이라는 마오쩌둥 연설을 살펴보면, 표면상으로는 매우 '강경'했지만 그 내면을 보면 마오쩌둥에게 큰 고립감과 위기의식이 스며들었음을 간파할 수 있다.

권력기구의 재건

'국내의 주요 적은 타도했지만 국제적인 대결은 더욱 심해지기 때문에 코뮌 권력의 수립은 미루고 재빨리 체제를 재건해서 외부에 대비해야만 한다.' 마오쩌둥이 이렇게 생각하는 것도 이상하지는 않다. 1967년 1월 31일 헤이룽장성 혁명위원회가 수립된 이후, '혁명적인' 간부·군인·대중의 삼자 결합에 의한 성 수준의 권력기구 재건이 급속도로 진행되었다. 2월의 산둥·구이저우·상하이, 3월의 산시, 4월의 베이징, 8월의 칭하이 등으로 계속되고, 다음 해인 1968년 9월의 티베트와 신장 양 자치구에서 혁명위원회가 성립된 것을 마지막으로 전국 29개 1급 행정구의 권력기구가 재건되었다. 그리고 이들 혁명위원회의 최고위직인 주임의 내역을 살펴보면, 성 군구軍區(제1)정치위원이 16명, 부정치위원이 1명, 군사령원이 8명, 부사령원이 3명으로 모두 군인이었다. 물론 혁명위원회가 성립되었다고 해서 바로 사회가 안정된 것은 아니며 여전히 각지에서 혼란이 계속되고 있었다. 따라서 정권의 재건은 각 지방 군구가 개입함으로써 꽤 강력하게 진행되었다고 보아도 좋을 것이다.

티베트와 신장의 혁명위원회가 성립하기를 기다렸다는 듯이, 다음 달인 10월에 중국공산당 제8기 12중전회(확대)가 바로 열렸다. 류사오치에 대한 '영구 제명'과 덩샤오핑에 대한 '당에 남아 있으면서 감찰을 받는 처분' 외에도 탄전린·천이·리셴녠·네룽전·주더·천윈 등 당과 군 장로 대부분이 비판받고, 린뱌오계와 장칭계가 크게 부각되었다. 나아가 중국공산당 제9회 전국대회의 준비가 시작되었다. 그러나 이 회의는 중앙위원회로서는 이상한 것이었다. 예를 들면 제8기의 중앙위원 및 중앙위원 후보 합계 193명 가운데 이 회의에 출석했던 사람은 불과 50명밖에 없었다. 따라서 그들로서는 개최에 필요한 정족수를 채울 수 없었기 때문에 첫째 날 중앙위원을 보충해서야 간신히 과반수가 넘는 59명을 확보할 수 있었다. 다른 참가자는 중앙문화대혁명 소조, 린뱌오계만으로 구성되었던 중앙군사위원회 판사조, 각 1급 행정구 혁명위원회와 대군구의 주요 책임자 등 74명이었다. 이 긴급회의를 개최한 배경에도 국제 요인이 강하게 작용했다. 베트남 전쟁이 격화되었을 뿐만 아니라, 나아가 1968년 봄 이후 독자 노선을 걸으면서 민주화를 향해 나아가던 체코슬로바키아에 8월 하순 소련이 군대를 투입해서 무력으로 이러한 움

중국공산당 중앙위원회 구성의 변화

	8회 전국대회(1956년 9월)	9회 전국대회(1969년 4월)
중앙위원	97명	170명
후보위원	96명	109명
합계	193명	279명
문민	81%	55%
군인	19%	45%
중앙지도자	62%	33%
지방지도자	38%	67%

출처: 아마코 사토시, 『현대중국 정치변동론 서설』.

직임을 제압했다. 이른바 체코 사건이 발생한 것이다. 이와 같은 상황에서 중국 당국이, 진심으로 소련이 중국에 대한 군사 침공을 결의할지도 모르며, 그렇다면 '내란'에 열중해 정신 못 차리고 있을 때가 아니라고 생각하는 것이 이상할 게 없다. 소련과의 긴장 상태는 다음 해인 1969년 3월 중국공산당 제9회 전국대회의 1개월 전 헤이룽장성 국경에 접해 흐르는 우수리 강의 전바오도에서 격렬한 중·소 무력 충돌이 발생하면서 곧바로 현실이 되었다.

문화대혁명의 고비가 된 대회

1969년 4월, 1956년 이후 13년 만에 중국공산당 제9회 전국대회가 개최되었다. 이 대회는 '문화대혁명이 승리한 대회'라고 평가되면서, 중앙문화대혁명 소조의 활동이 정지되고 문화대혁명 종식의 고비가 되었다. 그러나 3년에 걸친 '대동란'으로 파괴되었던 당 위원회의 대부분은 아직 충분히 기능을 회복하지 못하고 있었고, 대부분의 지도 간부는 여전히 구금·연금·격리심사 상태에 있었다. 대회에 출석했던 각 지방·기관 대표 1,512명은 규약에 따라 선출된 것이 아니라 마오쩌둥·린뱌오·장칭

'후계자'로 「당 규약」에 명기되었던
린뱌오와 마오쩌둥.
(1969년)

사진제공: 김명호

등이 지명한 자가 대부분이었다.

　신지도부의 멤버 구성을 살펴보면, 제9기의 중앙위원 170명, 중앙위원 후보 109명 가운데 제8회 전국대회부터 계속 선출되었던 사람은 모두 불과 53명(전체의 약 19%)밖에 없었다. 또 여기서도 군인의 대두가 현저해서 중앙위원은 77명, 동 후보는 50명으로 전체의 45%를 넘을 정도였다. 다른 시기의 중앙위원에서 차지하는 군인의 비율이 20% 전후─예를 들면 13차가 19%, 14차가 23%, 15차가 21%─였던 점을 고려하면, 이 시기가 얼마나 예외적이었는지를 이해할 수 있을 것이다. 그리고 이 대회에서 린뱌오는 「당 규약」에 "마오쩌둥 주석의 가장 친밀한 전우이고, 후계자"라고 명기될 정도로 권세를 높였다.

　이제까지 살펴보았던 것처럼 문화대혁명은 세계 공산주의운동에서 소련을 대신해 선두로 나서려 한 마오쩌둥의 야심적인 도전과, 미국의 위협과 함께 급속히 증대되었던 소련의 위협에 대한 강렬한 '위기감'을 외적인 틀로 삼았으며, 국내에서는 극도의 긴장 상황을 때로는 현실로 때로는 의도적으로 선동하면서 마오쩌둥이 갖고 있던 만족을 모르는 '꿈'의 추구와 정치적 라이벌에 대한 가차 없는 공격, 그리고 건국 이후 형성되었던 사회적 차별 구조에 대한 대항을 이용하는 것 등으로 무리하게 추진되었다. 그러나 중국공산당 제9회 전국대회에서 드러난 '도달점'은 착취계급과 반동계급을 타도해 새로운 사상·문화·풍속·습관을 창조했던 '사람들의 영혼을 어루만지는 혁명'(16조) 같은 것은 전혀 아니었다. 그것은 공포와 의심 속에서 극단적인 개인숭배와 비대화한 군사독재, 나아가 사회의 군사화로 특징지어졌다. 1964년, 1965년에 회복기였던 경제 상황은 문화대혁명기에 들어서면서 다시 정체, 후퇴하게 되었다. 예를 들면 식량생산은 2억 1,000만 톤 전후로 정체되었는데, 이에 비해 인구는 대약진기의 반동도 있어 1960년대 중반부터 연 2.5% 이상으로 늘어났고, 1인당 식량공급은 줄곧 감소했다. 더구나 마오쩌둥 체제를 계승할 예정이었던 린뱌오는 머지않아 마오쩌둥과 사이가 벌어지면서 상상을 초월하는 은밀하고 치열한 권력 투쟁을 벌이게 되었다.

제4장
우여곡절 근대화로의 전환

역사적 전환 "미·중 접근"을
연기한 닉슨 대통령을 마중 나온
저우언라이 총리.
(1972년 2월)

사진제공: WHPO

1. 수수께끼의 린뱌오 사건

공표 '경위'

앞에서 얘기한 체코 사건 이후, 소련은 프라하 침공을 정당화하기 위해 '제한주권론'이라 일컬어지는 브레즈네프 독트린을 발표했다. 이는 사회주의 공동체의 이익을 보호하기 위해서는 사회주의 각국의 주권은 상황에 따라 제한된다는 주장으로, 중국식으로 말하면 "내정 간섭을 정당화하는" 침략 이론이었다. 그 후 중·소 무력 충돌이 일어났다. 오늘날 어느 쪽이 시비를 걸었던가에 관해서 논란이 있는데, 어쨌든 그 이후 소련의 위협에 대한 중국의 위기감은 더욱 높아졌다. 그리고 이는 그만큼 중국 국내의 긴장감을 고조시켜 국민을 굳건히 단결하도록 만드는 것처럼 보였다. 또한 중국공산당 제9회 전국대회 이후 마오쩌둥·린뱌오 체제가 확립되고, 강력한 지도체제 아래에서 마오쩌둥이 주장하는 '계속혁명', 마오쩌둥식 사회주의 건설이 진행되는 것처럼 보였다.

그러나 중국 정치는 예측할 수 없을 정도로 너무나도 극적이었다. 중국공산당의 공식적인 해설에 따라 사건의 개요를 소개하면 다음과 같다. 「당 규약」에 "마오쩌둥 주석의 가장 친밀한 전우이며 후계자"로까지 명기되었던 인물이 중국공산당 제9회 전국대회가 개최된 지 불과 1년 뒤인 1970년 8월엔 마오쩌둥과 관계가 악화되고, 2년 뒤인 1971년 9월에는 마오쩌둥 암살 쿠데타를 시도했다 실패한 후, 중국과 치열하게 대립하고 있던 소련으로 처자와 함께 공군기를 타고 망명을 기도하다 몽골 상공에서 추락사하는 사건이 발생했다. 더구나 이 '린뱌오 사건'('9·13사건'이라고도 한다)의 경위는, 다시 2년 뒤인 1973년 8월 중국공산당 제10회 전국대회에서 행해진 저우언라이의 「정치보고」에서야 정식으로 공표되었다. 하지만 '후계자'로까지 칭송되었던 인물이 왜 77세가 넘은 노정치가를 암살하려고 했는가, 정말 린뱌오는 몽골에서 추락사했는가 등에 대한 의문이 끊이지 않는다. 린뱌오 사건을 둘러싸고는 부인과 아들(예췬과 린리궈)의 음모설, 오히려 마오쩌둥이 조작했다는 책략설, 그리고 저우언라이와 린뱌오 사이의 권력 투쟁설 등이 들려오고 있다. 당시 관계자에 대한 인터뷰와 현지에서 발굴된 자료를 기초로 린뱌오 사건을 다루었던 미국의 저널리스트 해리슨 솔즈베리도 꽤 설득력이 있는 해석을 바탕으로 다음과 같이 결론짓고 있다. "린뱌오는 마오쩌둥을 암살할 음모를 짜냈는가? 그렇지 않으면 린뱌오가 자신을 살해하려는 마오쩌둥의 음모를 깨달았는가? 이 물음에는 어느 누구도 답할 수 없을 것이다." 그러면 실제로는 어떤 경위가 있었던 것일까?

린뱌오의 책략과 마오쩌둥의 도발

중국공산당 제9회 전국대회 직후 중국공산당의 권력 구도는, 신격화된 마오쩌둥의 위광威光 아래에서 권력을 계속 확보하고 있던 두 개의 집단, 즉 린뱌오파(무투파)와 4인방파(문투파)가 제휴해서 중추를 이루고 있었다고 볼 수 있다. 그러나 양자는 신뢰관계를 바탕으로 결합하고 있었

다기보다도 저우언라이 세력과 군 장로가 갖고 있던 잠재력을 견제하고
자 일종의 정치적 판단과 홍정에 따라 제휴하고 있었다고 볼 수 있다. 하
지만 새로운 중앙정치국의 구성을 살펴보거나, 또한 군을 장악했다는
점에서도 린뱌오파가 압도하고 있었던 것은 확실했다. 당시 린뱌오의
비서였던 장윈성은 1970년 여름에 이르러 린뱌오파의 움직임을 다음과
같이 지적하고 있다. "그들은 사태가 순조롭게 풀리자 정세를 잘못 파악
하고 자신의 힘을 과대평가해 마오자완毛家灣(린뱌오의 거주지)은 점점 우
쭐해졌다."

　1970년 3월, 마오쩌둥은 헌법 개정을 위한 중앙공작회의를 소집하고,
류사오치 이후 공석이었던 국가주석직의 폐지를 제안하여 출석자 다수
의 찬성을 얻었다. 그리고 8~9월에 중국공산당 제9기 2중전회가 그 유
명한 루산에서 열렸다. 여기서 린뱌오는 천보다 등과 함께 '마오쩌둥 천
재론'·'마오쩌둥 찬미'를 소리 높여 외쳤고, "마오쩌둥 주석이 위대한 지
도자이고 국가원수이며 최고통치자임을 법률적으로 공고하게 하는 것
이 매우 좋다"라고 함으로써, 국가주석직을 부활시키고 마오쩌둥이 그
자리에 오를 것을 제안했다. 만일 마오쩌둥이 그 자리를 고사하면 결과
적으로 린뱌오가 국가주석에 취임할 계획이었던 것 같다. 그러나 8월
25일, 마오쩌둥은 급히 정치국 상무위원회 확대회의를 소집해서 린뱌오
의 제안에 관한 토론을 중지할 것을 지시하고, '천재론'에 대한 모든 사
람들의 동조를 비판하며, 천보다를 비판했다. 11월에는 천보다가 지도
했던 중국공산당 중앙위원회 선전부가 개조되고, 4인방 지도 하에 들어
갔다. 그리고 이후 '천보다 비판 정풍[批陳整風]운동'이 전개되었다.

　천보다 비판 정풍운동은 마오쩌둥과 린뱌오 사이를 분열시켰는데, 시
기심이 강한 린뱌오의 성격과 마오쩌둥의 도발적인 태도가 둘 사이의
간격을 더욱더 넓혔다. 1970년 12월에 중국을 방문했던 옛 벗 에드거

스노와의 회담에서 마오쩌둥은 '천재론' 외에 '4개의 위대함'(린뱌오가 제창했던 것)을 비판하고 있다. 이어서 12월부터 다음 해인 1971년 1월에 걸쳐 마오쩌둥이 제창하고 저우언라이가 주재했던 화북회의(중앙공작회의)에서 천보다 비판 정풍운동이 철저히 이루어졌고, 베이징 군구 사령관에 비린뱌오파인 리더성을 발탁했다. 나아가 4월에는 또 다른 공작회의에서는 린뱌오파인 황용성·우파셴·리쭤펑과 린뱌오의 부인인 예췬까지 정치 노선의 오류와 조직적인 면에서 분파주의로 비판받았다. 그와 거의 동시에 린뱌오파 거점 중 하나인 중앙군사위원회 판사조에 비린뱌오파인 지덩쿠이·장차이쳰이 파견되었다.

이러한 과정에서 린뱌오 집단은 점점 초조해졌다. 1971년 2월에 공군 작전부 부부장인 아들 린리궈를 중심으로 마오쩌둥을 암살하려는 무장 쿠데타 계획인 「571(우치이五七一는 쿠데타를 뜻하는 중국어 '무기의武起義'와 발음이 같다)공정 기요」가 상하이에서 작성되었다. 4월 마오쩌둥·저우언라이의 비판을 받은 린뱌오파는 심각한 위기감을 느껴 「571공정」을 예정보다 앞당겨 실시할 것을 결정하고, 린리궈의 지도 아래 있던 소분대가 비밀리에 활동을 개시했다.

마오쩌둥은 8월 중순부터 9월에 걸쳐 전용열차를 타고 후베이·후난·장시 등 남부를 시찰했는데, 지방지도자와의 담화 중 도발하듯이, "그들에게는 계획이 있고, 조직이 있고, 강령이 있다. 국가주석에 취임하려는 사람은 당을 분열시키고, 서둘러 권력을 탈취하려고 기도하고 있다. …… 루산 사건은 아직 끝나지 않았다. 천보다의 배후에는 또 다른 사람이 있다"며 노골적으로 린뱌오를 비판했다.

9월 6일, 우한에서 마오쩌둥이 행한 담화 내용을 베이징에서 받아 본 린뱌오 등은 쿠데타를 실행하기로 결정하고, 상하이나 쑤저우 부근에서 마오쩌둥을 암살하거나 혹은 열차를 폭파시키기로 했다. 그러나 사전에 이를 알아챈 마오쩌둥이 그들의 의표를 찌르고 베이징으로 되돌아와 계획은 실패하고 말았다. 베이다이허에 있던 린뱌오·예췬·린리궈 등은 이 사태를 알고 산하이관 공항에서 공군기로 도망하려고 했지만, 13일 몽골 상공에서 추락사했다. 이상이 몇 가지의 문서로 밝혀진 린뱌오 사건의 개요이다.

린뱌오의 사람 됨됨이

그러면 린뱌오는 대체 어떤 사람이었을까? 그에 대해서는 알려진 바가 많지 않은데, 중국 국내에서 그가 유명해진 것은 항일전쟁 시기였다. 그는 옌안의 항일군정대학 교장을 지냈고, 전선에서도 눈부신 전과를 올렸던 순수 군인 출신이었다. 국공내전기에도 제4야전군을 이끌고 동북 지방과 중남 지방에서 활약했다. 그가 전쟁터에서 부상당한 이후 아편을 상용했다는 점은 잘 알려져 있으며, 건국 이후에는 정신적·육체적으로 불안정한 상태가 계속되었다고 한다. 건국 초기에 요양이 필요해 소련의 휴양지에 잠깐 체류했는데, 일설에 의하면 한국전쟁에서 총지휘를 맡지 않으려고 미리 베이징을 떠난 것이라고도 한다.

대신 펑더화이가 총사령관에 임명되었던 것은 이미 서술했던 바이다. 가오강·라오수스 사건(제2장1절) 당시에는 동북의 옛 벗 가오강 등이 반류사오치·저우언라이 연합을 조직하자고 유혹하자, 오히려 그들을 공격하는 편으로 돌아서서 진압했다. 그 공로로 그는 중앙정치국에 들어가게 되었다. 펑더화이 실각 이후 그를 대신해서 국방부장이 되었던 린뱌오는 대약진의 좌절이라는 마오쩌둥의 가장 고통스러운 시기에 마오쩌둥 사상을 적극적으로 선전하면서 점차 마오쩌둥의 신임을 얻게 되었다. 이러한 과정을 보면 그는 일반 직업군인은 아니고, 권력에 대해 상당한 야심을 갖고 매우 예민하게 기회를 엿보았던 사람이었다고 생각된다.

린뱌오와 마오쩌둥 관계의 실상

린뱌오 사건이 발생한 요인은 앞에서 말한 국가주석 지위를 둘러싼 대립과 마오쩌둥 천재론의 정치적 이용만으로 설명하기에는 신빙성이 약하다. 그리고 대단히 흥미롭게도, 이와 거의 같은 때 미국과 중국의 교류라는 충격적인 외교 노선의 전환이 발생했던 점을 염두에 두어야 한다 (이에 관해서는 다음 절에서 설명). 그러나 린뱌오의 비서인 장윈성은 "린뱌오는 국제 문제에 전문가도 아니고, 관심을 기울이지도 않았다"라고 지적하고 있다. 확실히 1972년 2월 닉슨과의 회담에서 마오쩌둥은 린뱌오가 미국과 중국의 접근에 반대했다는 점을 암시했다. 그러나 이 시기 린뱌오의 언행을 살펴보면 양자의 외교 노선에 차이가 있었지만 그것이 린뱌오와 마오쩌둥이 권력을 놓고 서로 대립할 만큼 중대한 요인은 아니었다. 국내 정책에 대해서는 두 사람의 차이가 더 불분명하다. 여기에서 새삼스럽게 다른 요인을 고려하여, 린뱌오와 마오쩌둥의 관계를 다시 생각해 볼 수 있다. 제9회 전국대회 「당 규약」에서 명기되었던 "마오쩌둥 주석의 가장 친밀한 전우이자 후계자"라는 표현은 사실이 아니었다. 그럼에도 불구하고 굳이 그렇게 표현했던 것은, 마오쩌둥이 린뱌오의 요구를 받아들인 극히 '정치적인 조치'였을 것이다.

마오쩌둥과 린뱌오와의 관계를 돌아보면, 과거 혁명전쟁 시기인 1930년에 마오쩌둥은 「린뱌오 동지 앞으로 보냈던 편지」 가운데 린뱌오의 정세 인식과 정치 주장을 주관주의이자 비관주의라며 격렬히 비판하고 있다. 그러나 그것만으로 마오쩌둥과 린뱌오의 관계가 줄곧 대립적이었다고 말할 수는 없다. 이는 마오쩌둥이 린뱌오를 비교적 냉정한 눈으로 보고 있던 한 예일 뿐이다. 게다가 문화대혁명이 일어난 직후인 1966년 7월에, 마오쩌둥은 「장칭에게 보내는 편지」 중에 린뱌오가 쿠데타에 관해 지나치게 언급하고 있는 것, 자신의 뜻에 어긋나게(린뱌오의 압력으로)

『마오쩌둥 어록』이 대대적으로 선전되고 있는 것 등, 그에 대한 불신감을 토로하고 있다. 그렇다면 린뱌오는 마오쩌둥에 대해 어떤 감정을 갖고 있었을까. 장윈성은 "나는 문화대혁명 이전에 써 놓은 린뱌오와 예췬의 노트를 볼 기회가 있었다. 1950~1960년대에 이미 그가 마오 주석에게 강한 불만을 가지고 있었음을 알고 놀라지 않을 수 없었다"라고 한 바 있다. 이는 린뱌오가 펑더화이 사건 이후 국방상에 발탁되어 『마오쩌둥 어록』의 발간을 제안하고, 마오쩌둥 사상을 고취하고 있던 바로 그 시기였다. 이로써 판단하건대, 마오쩌둥은 류사오치·덩샤오핑 지도부를 타도하기 위해 린뱌오가 필요했고, 린뱌오는 문화대혁명을 몇 사람의 후보 가운데 자신이 후계자로 발탁될 수 있는 절호의 기회로 삼아 마오쩌둥에 대한 충성과 숭배의 연극을 열심히 추진했던 것으로 보여진다. 두 사람의 관계는 '극히 정치적'이었다.

문화대혁명이 일단락되었을 때, 중국은 실로 심각한 문제에 직면했다. 문화대혁명기를 통해 사회는 대혼란에 빠지고 생산은 커다란 타격을 받았음에도 불구하고 인구는 증가 일로에 있었고, 이에 따라 식량문제는 가장 시급히 해결해야 할 과제가 되었다. 마오쩌둥에 대한 강력한 충성심을 전제로 해서 경제, 생산의 회복을 책임지고 관리할 지도자가 필요했다. 동시에 국제관계에서는 소련의 위협에 어떻게 대처할 것인가라는 문제가 다시 대두되었다. 군인이자 선전가로서 보잘것없는 린뱌오의 사용가치는 급속히 떨어지고 있었다. 린뱌오파의 야심이 고개를 들려는 순간, 마오쩌둥은 과감히 '린뱌오의 직위를 몰수'한 것이다. 9월 13일에 저우언라이로부터 린뱌오가 국외로 도망쳤다는 통지를 받은 마오쩌둥은 린뱌오를 감쪽같이 속였다며 흐뭇한 미소를 짓고 "비는 내리는 것이고, 여자는 시집가는 것이다. 린뱌오가 가고 싶다면 가도 좋다"라고 답했다는 이야기도 있다. 이견이 있을 수도 있지만, 린뱌오 사건은 혁명 노선과 대외 정책의 균열이 주요인으로 작용했던 것이 아니라, 기본 적으로는 거대해진 린뱌오의 권력과 그에 대해 심하게 반발했던 마오쩌 둥 권력이 밀실에서 충돌한, 은밀하되 치열한 권력 투쟁이었다. '사람들 의 혼을 뒤흔드는 혁명'의 허구가 무너지고, 문화대혁명의 핵심적인 부 분의 실태가 드러났던 일대 사건이기도 했다.

2. 외교 노선의 전환과 근대화 건설의 제창

중·미 교류 정책의 선택

'9·13사건' 이후, 저우언라이가 당과 정부의 일상 공작을 주재하는 상 황이 명백히 드러나게 되었다. 그것은 린뱌오 사건을 처리하는 과정에 서 저우언라이가 매우 중요한 역할을 했음을 암시한다. 이 시기에 저우 언라이는 국제노선의 대전환, 즉 중국이 미국과의 교류 정책을 선택하 는 데 있어 중요한 역할을 담당했다. 상황을 조금 거슬러 올라가 보자. 1969년 1월 미국 대통령으로 취임한 닉슨은 키신저 보좌관과 함께 진흙 탕 속에 빠져 있던 베트남 전쟁으로부터 벗어날, 이른바 '명예로운 철수' 를 진지하게 모색하기 시작했다. 동시에 소련이라는 강력한 군사적 존 재 앞에서 냉전의 틀을 재편성할 필요가 있다고 인식하게 되었고, 중국 과 소련의 균열에서 이를 이뤄낼 실마리를 잡게 되었다.

키신저의 『회고록』에 따르면 닉슨이 중국에 접근하기 시작한 것은 1969년 8월, 야히아 칸 파키스탄 대통령과 회견하던 때였다. 그리고 1970년 1월에 구체적인 행동이 이루어져서, 바르샤바에서 중국과 미국 대사급 회담이 2년 만에 재개되었다. 이 회담은 베트남에서 발생한 미군 의 군사 공세 확대를 비난하는 뜻을 나타내기 위해 5월에 중지되었으나,

오히려 중국은 그 후 비밀리에 미국으로 메시지를 보냈다. 그 해에 중국은 10월에 캐나다와, 11월에는 이탈리아와 국교를 수립하고, 서방측과의 관계 정상화에 총력을 기울였다. 이어서 그 해 11월 저우언라이는 중국을 방문했던 야히아 칸 대통령과 회담 중, 마오쩌둥 주석과 린뱌오 부주석 및 자신의 의견으로 "닉슨 대통령 특사의 베이징 방문은 대단한 환영을 받을 것입니다"라고 말했다. 앞에서 말한 제9기 2중전회 직후의 일이었다. 나아가 12월에 중국을 방문한 에드거 스노와의 회담에서 마오쩌둥은 "현재 중국과 미국의 관계는 닉슨 대통령과 함께 해결하지 않으면 안 된다. …… 여행자로서도 대통령으로서도 닉슨 씨와 기꺼이 서로 이야기하기를 기대한다"라고 말하고 있다(에드거 스노, 『혁명, 그리고 혁명……』).

1971년에 들어서면서 중국과 미국의 관계는 중대한 전환점을 맞이했다. 우선 4월에 중국은 나고야에서 열린 세계 탁구선수권대회가 끝난 뒤 미국 팀을 베이징에 초대했다. 그러나 과거와 다름없이 표면으로는 강경하게 '미국 제국주의 두목인 닉슨 비난' 선전운동이 계속 전개되었기 때문에, 미국 팀의 중국 방문은 이른바 '핑퐁 외교'라 불리던 인민과의 우호외교의 일환에 불과한 것이라는 인식이 일반적이었다. 그러나 사태는 물밑에서 거대하게 변화하고 있었다. 7월에 파키스탄을 경유해서 비밀리에 베이징을 방문한 키신저는 저우언라이와의 회담에서 다음 해인 1972년에 가급적 빨리 닉슨 대통령이 중국을 방문할 것에 합의했다. 7월 15일, 이 계획은 중국과 미국 당국을 통해 전세계에 알려졌다. 바로 '닉슨 쇼크'라고 불리는 충격적인 사건이었다. 그로부터 불과 3개월 뒤인 1971년 10월, 이번에는 국제연합에서 1961년 이후 일본과 미국을 중심으로 타이완 정부의 국제연합 의석을 지키기 위해 제출해왔던 '역逆중요사항 지정 방식'이 부결되었고, 중화인민공화국을 중국 대표로 국제연합에 맞이하자는 「알바니아 안」이 다수의 찬성으로 통과되었다. 이에 호응해서 중국 정부는 곧바로 국제연합에 참가할 의사를 표명했다. 이는 중국이 국제사회를 어떻게 인식하고있든 간에, 실질적으로 하나의 국민국가로서 기존 국제질서의 상징적 틀인 국제연합에 가입할 의사를 표명한 사건이었다.

닉슨의 중국 방문

1972년 2월 닉슨의 중국 방문은 중국의 국제노선이 변화하고 있음을 전세계에 알린 충격적인 사건이었다. 1970년대 중국의 대외 노선은 미 제국주의와 소련 사회제국주의라는 두 패권주의에 맞서는 것으로 곧잘 언급되는데, 겉으로 아무리 소리높여 주장했어도 실질적으로 중국과 미국 관계는 급속히 개선되었고 소련과의 적대관계는 심화되었다. 그리고 그 기점은 닉슨의 중국 방문이었다. 중국과 미국의 공동선언문(상하이 공동선언문)은 다음과 같은 점을 강조했다. 첫째, 체제 간의 서로 다른 점을 서로 인정하고, 이를 넘어서 「평화공존 5원칙」에 기초하여 국제 문제와 양국 간의 문제를 처리한다. 둘째, 중국과 미국은 아시아에서 패권을 추구하지 않고, 패권주의에 반대한다. 셋째, "중국은 하나이고, 타이완은 중국의 일부다"라는 중국의 주장을 미국이 인정한다. 넷째, 중국과 미국의 관계 정상화는 아시아와 세계의 긴장 완화에 공헌한다. 물론 이러한 표현의 이면에는 중국과 미국이 소련을 강하게 의식했던 전략적인 발상이 있었음은 두말할 나위도 없다. 그러나 이에 그치지 않고 중국이 서방 각국과 평화공존 노선으로 전환한 것도 소홀히 보고 넘기면 안된다.

사실 닉슨이 중국을 방문한 지 약 반 년 후인 9월, 중국은 당시만 해도 친타이완 노선을 취한 자민당이 집권하고 있던 일본과 국교 정상화를 실현했다. 가장 먼저 풀어야 할 현안사항은 중화민국과의 국교 회복, 평화조약 체결의 취급을 포함한 '전쟁종결 문제', '타이완 문제'의 처리였다. 이 때 중국 측은 고도의 정치적 판단에 따라 일본에의 배상청구 포기를 선언했고, 이에 대해 일본 측에서는 중화인민공화국이 중국을 대표하는 유일한 합법정부임을 승인하는, 이른바 중·일 공동성명을 발표하였으며 타이완과의 국교를 단절했다. 이에 덧붙여 오히라 마사요시 외상은 기자회견에서 '정상적이지 않은 상태가 종료되었다'며 사실상의 '전쟁의 종결'을 선언했다.

중국은 이어서 10월에는 서독과 국교를 수립했다. 그 뒤 벨기에, 오스트리아 등 서방 여러 나라가 뒤를 이었고, 영국과 네덜란드는 이제까지의 대리대사급에서 대사급의 외교관계로 승격했다. 이러한 국가 간의 정상화와 병행해서 서방측과의 경제 교류도 활발해졌다. 예를 들면 1972년 12월에 중국과 일본의 플랜트 계약이 성립했고, 1973년 8월에 중·일 무역협정 교섭이 시작되었다. 또 EC(European Community)와도 1973년부터 무역협정 교섭을 시작했고, 1975년에는 정식으로 관계를 수립했다.

대對소련 전략과 '근대화'

이러한 사실에 입각하여 왜 중국이 미국에 접근하는 길을 선택했는가를 생각해 볼 필요가 있다. 위에서도 지적했던 바와 같이, 중국과 미국이 접근하게 된 가장 결정적인 요인은 중국의 대소 전략 때문이었다. 마오쩌둥은 '수정주의'에서 '사회제국주의'로 변질한 소련을 세계에서 가장 위험한 존재로 간주했다. 그리고 '적의 적은 아군'이라는 지극히 파워게임적인 발상에서, 이제까지 최대의 '적'이었던 미국과 협조관계를 채택하기로 한 것이다. 1970년대 중국 외교의 특징은 반패권주의 국제통일전선을 최우선 과제로 삼았다는 것인데, 여기에서 말하는 '패권주의'란 사실상 소련을 가리키는 것이었다. 중·일 공동성명에서도 '패권주의 반대' 가 명기되어, 중국의 반소 전략에 일본도 이의 없이 말려들게 되었다. 그 러나 중국과 미국의 접근, 다른 서방 각국과의 관계 개선, 국제연합에서 의 활동 등 일련의 움직임을 바라보면, 이 당시 중국의 선택을 그저 반소 전략일 뿐이라고 보는 것은 지나치게 단편적인 시각이다.

린뱌오 사건 직후부터 다음 해 1972년에 걸쳐 저우언라이는 전국 계 획공작회의와 위생공작회의 등을 잇달아 개최하고, 린뱌오와 4인방에 의해 파괴되었던 경제·문화·교육·과학기술의 재건을 호소했다. 그리 고 중국과 일본의 국교 정상화 직전에 이루어진 일본 경제인 방중단과 의 회담에서는 신진기술의 적극적인 도입이 일본의 경제 발전에 미친 영향을 긍정적으로 평가하면서, 중국도 이것을 배우고 싶다는 의사를 표명했다. 또한 일본, 서독과의 관계 정상화 직후에는 제철관계의 플랜 트 도입에 조인했다. 이러한 일련의 조치만 봐도 이 시기에 저우언라이 는 이미 근대화 건설에 강한 의지를 갖고 있었음을 알 수 있다.

다음에 언급할 4인방과 격렬한 분쟁이 있었지만, 저우언라이는 1973 년의 중국공산당 제10회 전국대회를 주재하고, 린뱌오 사건을 매듭졌 다. 나아가 덩샤오핑을 부활시키고, 1975년 1월에는 11년 만에 제4기 전인대 제1회 회의를 개최했다. 이 회의에서 저우언라이는 「정부보고」 를 하고, 그 와중에 "금세기 내에 농업·공업·국방·과학기술의 전면적 인 근대화를 실현하고, 우리나라의 국민경제를 세계의 앞줄에 서게 하 겠다"라는 이른바 '4가지 근대화'를 제창했다. 이와 유사한 제창은 이미 1956년 중국공산당 제8회 전국대회에서 류사오치가 행한 「정치보고」, 1964년 제3기 전인대 제1회 회의에서 저우언라이가 행한 「정부활동보 고」에도 있었는데, 이것은 건국 이후 중국 지도자들이 품고 있던 중요한 건설 목표였다. 그러나 이 목표는 대약진운동과 문화대혁명의 바람에

날아가 버렸다. 1975년의 저우언라이의 제창도 난관을 맞이했지만, 오늘날까지 이어진 역사의 흐름에서 보면 중요한 첫걸음이었다고 말할 수 있다.

3. 저우언라이·덩샤오핑 VS '4인방'

덩샤오핑의 부활

1972년 4월, 『인민일보』에 「이전의 과오를 이후의 교훈으로 삼고, 병을 치료해서 사람을 구하자」라는 제목의 사설이 발표되었다. 이 말은 마오쩌둥이 즐겨 사용했던 것으로, 사설에 따르면 "90% 이상의 간부는 훌륭하거나 비교적 쓸 만한 사람"으로 간주되었다. 8월 1일의 건군기념일에는 예젠잉이 연설을 하고, 천윈·왕전·천짜이다오 등 실각했던 간부들이 오래간만에 대중 앞에 모습을 드러냈다. 저우언라이는 이러한 간부 복귀 정책을 추진하는 동시에 행정과 경제 재정비에 분주했다. 그러나 이때 이미 암이 그의 몸을 좀먹고 있었다. 대부분의 시간을 병상에 누워 있는 저우언라이를 대신해서 일상적인 업무를 담당할 사람으로 덩샤오핑의 존재가 재차 부각되었다. 마오쩌둥과 저우언라이의 합의를 바탕으로 1973년 3월, 이 '실권파의 2인자'는 국무원 부총리의 직무에 복귀했고, 이어서 12월에는 중국공산당 중앙위원회 정치국회의에서 중앙군사위원회 위원, 정치국원으로 복귀했다. 그리고 1974년 하반기에 저우언라이가 병세가 악화되는 바람에 입원하게 되면서, 덩샤오핑은 같은 해 10월 제1부총리에 취임하여 국무원을 담당하게 되었고, 1975년 1월에는 당 부주석, 중앙군사위원회 부주석 겸 총참모장에 임명되어 저우언라이 후계자의 첫 번째 후보로 부상했다.

부활한 덩샤오핑은 대담하고 화려한 활약상을 보여주었다. 그는 4인 방의 불만을 한 몸에 받으면서도 1974년 4월 국제연합 자원특별총회에 중국 대표 단장으로 참석했다. 여기에서 그는 세계를 미·소 패권주의 초강대국의 제1세계, 경제적으로는 낙후되었지만 정치적으로는 반제국주의와 민족 해방의 선두에 서서 제1세계의 패권에 과감하게 대항하고 있는 아시아·아프리카·중남미의 제3세계, 그 중간에 있는 서구·일본·동구 각국 등을 제2세계라 하며 3개 그룹으로 구분하고, 중국을 사회주의 및 발전도상에 있는 대국이자 제3세계의 일원이라고 규정하는, 이른바 「3개의 세계론」을 연설했다. 이미 마오쩌둥이 이야기한 내용이었지만, 덩샤오핑은 마오쩌둥의 대변자로서의 역할을 톡톡히 해내면서 이를 계기로 확실하게 대외적으로도 각광받게 되었다. 또 중국공산당 중앙위원회의 일상적인 공작을 주재하게 된 1975년 초반부터, 당 조직·공업·농업·군·교육 등을 전면적으로 정돈(재정비)할 것을 적극적으로 호소했다.

덩샤오핑의 발언은 대담했다. 예를 들면 1975년 8월 공업 전반의 지도방침을 정리한, 이른바 「공업 20조」에서는 1960년대 전반에 그의 지도 아래 작성되었고 문화대혁명기에 비판받았던 「공업 70조」를 "기본적으로는 좋은 것이다"라고 단정하고 있다. 게다가 자력갱생 노선이 중시되는 가운데 "외국의 선진기술, 새로운 설비를 받아들이고, 수출입의 확대를 중시하지 않으면 안 된다"라고 발언했다(『덩샤오핑 문선』 제2권).

4인방의 세력 확대

저우언라이·덩샤오핑의 이러한 '문화대혁명 탈피'와 정돈·건설 노선은 당연히 다양한 장애물에 맞닥뜨리게 되었다. 린뱌오 그룹은 확실히 제거되었지만 마오쩌둥이 추진한 문화대혁명 노선은 계속해서 견지되었다. 마오쩌둥의 노선을 이념적으로 계승하고자 했던 장칭 등 4인방은 린뱌오 사건 이후 세력을 확대해, 중국공산당 제10회 전국대회에서 왕훙원이 당 부주석, 장춘차오가 정치국 상무위원, 장칭과 야오원위안이 정치국원이 되었고, 그들의 후견인이라 할 수 있는 캉성도 당 부주석이 되었다. 게다가 새로운 정치국원 21명 가운데 저우언라이의 협력자로 부를만한 사람은 예젠잉 한 명 밖에 없었다. 그야말로 살얼음 위를 걷는 듯한 정권 운영이었던 셈이다. 4인방은 기회가 있을 때마다 저우언라이·덩샤오핑에 대항하였고 이로써 쌍방은 팽팽하게 대립해 나갔다. 1973년 1월부터 3월까지 개최된 전국 계획공작회의에서 국가계획위원회가 저우언라이의 의향에 따라 작성했던 「통일 계획의 견지와 경제 관리의 강화에 관하여」(경제공작 10조)를 장춘차오의 반대로 인해 철회했다. 나아가 중국공산당 제10회 전국대회에서 발표된 저우언라이의 「정치보고」의 초안도 4인방이 중심이 되어 작성했고, "제9회 대회의 정치 노선과 조직 노선은 옳았다", "프롤레타리아 독재 아래에서 계속혁명을 추진한다"는 문화대혁명의 계승이 강조되었다. 게다가 왕훙원이 「당 규약 개정 보고」를 함으로써 쌍방은 서로 물러서지 않았다.

이러한 저우언라이와 4인방의 암투 배후에 마오쩌둥이 있었음은 말할 나위도 없다. 마오쩌둥과 저우언라이는 오랜 기간에 걸쳐 서로 호흡을 맞추었으면서도 동시에 은밀하게 경쟁해 왔다. 저우언라이는 1935년 이전에는 당내 주류파였고, 그 지위는 마오쩌둥보다 높았다. 그러나 1935년 1월 중국공산당 중앙위원회 정치국 확대회의(쭌이회의遵義會議)에서 마오쩌둥을 지지한다는 저우언라이의 최후 발언은 마오쩌둥이 권력을 장악하는 데 결정적인 역할을 했다. 그 후 혁명가로 급진적이었던 마오쩌둥의 옆에는 조정자이자 건설자로서 온건한 저우언라이가 항상 함께했다. 두 사람은 덩샤오핑의 부활에 대해 제휴했다. 그러나 다른 한편으로 1973년 7월, 마오쩌둥은 저우언라이가 강한 영향력을 행사하는 외교부에 대해 "큰 일을 논의하지 않고 작은 일만 하고 있다"라고 비판했다. 또 그 해 3월 이후 마오쩌둥은 여러 번 '공자 비판'을 제기했는데, 이는 곧 4인방 주도로 전개되었던 '비림비공批林批孔'(린뱌오를 비판하고 공자를 비난하는)운동—실질적인 저우언라이 비판—으로 이어졌다.

1975년 3월에는 야오원위안의 「린뱌오 반당 집단의 사회적 기초에 관해」가, 4월에는 장춘차오의 「부르주아 계급에 대한 전면적인 독재에 관해」가 발표되었다. 이 문서들은 어떻게 해석하느냐에 따라 저우언라이와 덩샤오핑을 비판하는 것으로도 될 수 있었다. 예를 들면 전자는 "경험주의가 당면한 주요한 위기다"라고 강조하고 있는데, 이는 저우언라이와 다시 부활한 고참 간부를 가리키고 있는 것으로도 해석된다. 후자는 현 단계의 생산관계에서는 자본주의가 자연적으로 재생산되므로 따라서 부르주아 계급에 대한 전면적인 독재, 즉 정치 투쟁이야말로 최우선이 되어야 한다는 주장으로, 조직·경제 등의 정돈과 '4개의 근대화'를 우선시하는 저우언라이·덩샤오핑의 주장과 대조를 보였다.

표적이 된 덩샤오핑

덩샤오핑은 저우언라이를 대신해 일상 업무를 담당하게 되면서부터 4인방의 표적이 되었다. 1975년 8월에 마오쩌둥은 베이징대학의 어떤 교사 앞에서 고전소설인 『수호전』에 관해, "이 이야기는 단지 반탐관오리·반황제를 말한 것이 아니다. 주인공인 송강은 투항해서 수정주의를 따르고, 조개가 세웠던 취의정을 충의당으로 고쳤다"라고 평론했다. 4인방은 이 뜻을 이어받아 '수호전 비판운동'을 전개했고, '송강은 투항파이자 혁명의 배반자'이며 '현대의 송강은 문화대혁명을 부정하는 투항파'라는 논리로 암암리에 덩샤오핑을 공격했다.

4인방 집단과 저우언라이·덩샤오핑 집단의 대립이 당 내에서 표면화된 시기는 1975년 9월부터 10월까지 개최된 '농업은 다자이大寨에서 배우자'라는 전국회의 무렵이다. 여기에서 덩샤오핑은 "농업의 낙후가 국가 건설에 제동을 걸고 있다. 인민공사의 정돈과 농업기계화가 필요하다"라고 말했다. 이에 대해 장칭은 농촌에서의 자본주의 부활의 위험성을 호소하고, 나아가 "송강은 조개를 은근히 무시하게 되었다. 현재 주석을 속으로 무시하는 자는 없는가? 나는 그런 사람을 보았다"라고 저우언라이와 덩샤오핑에게 날카로운 공격의 화살을 쏘았다.

4인방의 공세는 마오쩌둥도 움직이게 만들었다. 이 시기에 4인방을 지지하던 마오쩌둥의 조카 마오위안신은 수차례에 걸쳐 마오쩌둥에게 덩샤오핑을 비판하는 말을 했다. "덩샤오핑 동지의 연설에는 문화대혁명의 평가가 매우 적고, 류사오치 수정주의 노선에 대한 비판도 너무 적다", "올바르지 못한 모습이 느껴진다. …… 당 중앙이 걱정하고 있다. 다시 부활하는 것이 아닐까" 등. 마오쩌둥은 마오위안신의 의견에 동의했다. 11월 하순, 중국공산당 중앙위원회는 '따자오후 회의打招呼會議'(사전통달 회의)를 개최하고, 마오쩌둥이 검열·승인했던 「연설 요점」을 발표했다. 여기에는 "당의 방침은 당면한 두 개의 계급, 두 개의 노선 투쟁을 반영하며, 우파부터 반격한다"라고 기술되어 있다(『중국공산당 집정 40년』). 저우언라이의 병세가 급속도로 악화되는 상황에서 덩샤오핑은 심각한 타격을 받았고, 이어서 대부분의 지도 공작에서 제외되었다. 1976년 1월 8일, 민중의 사랑을 받던 '오뚝이' 저우언라이가 사망했다. 1월 15일 개최된 저우언라이 추도대회에서 조사를 읽었던 덩샤오핑은 그 직후 권좌에서 억지로 끌어내려졌고, 사람들 앞에서 다시 모습을 감추었다.

4. 제1차 톈안먼 사건과 마오쩌둥의 죽음

화궈펑, 총리 대행이 되다

저우언라이의 죽음은 국무원 총리와 당 부주석 지위를 둘러싼 권력투쟁을 야기했다. 세력을 확대했던 4인방이 두 지위를 차지하리라고 예상했지만 사태는 다르게 전개되었다. 중국공산당 정치국회의는 1월 하순, 마오쩌둥의 뜻을 받들어서 화궈펑을 총리 대행으로 임명했다. 당시 그는 부총리 겸 공안부장이었는데, 중국공산당 제10회 전국대회 당시의 당내 서열은 13위로 중앙에서의 활동 경력이나 인맥도 별로 없어서 사람들은 의외의 인사라고 생각했다. 화궈펑은 2월 5일의 성, 시, 자치구 및 대군구 책임자회의에서 "당면한 과업 가운데 잘 처리해야 하는 것은 덩샤오핑 비판, 즉 수정주의 비판이다"라고 4인방과 보조를 맞췄다. 덩샤오핑 지도 하에서 작성된 기본 정책의 「전당 전국의 모든 공작의 총강에 대해서」·「과학원 공작 휘보」·「공업 20조」가 '3개의 커다란 독초'로 간주되었고, 덩샤오핑에게 '회개하지 않은 주자파走資派'라는 낙인이 찍히면서 덩샤오핑 비판운동이 본격화되었다.

저우언라이 추도의 움직임

그러나 1975년 이후 덩샤오핑의 지도 아래 '전면적인 정돈'이 진행되면서, 경제 상황은 항상적인 정체 상태에서 급속히 회복되기 시작했다. 이러한 상황에서 덩샤오핑의 지도력에 대한 사람들의 기대가 높았던 만큼, 그의 실각이 명백해지자 서민들의 불안감은 심해졌다. 덩샤오핑 비판운동이 본격화하는 가운데, 이러한 중앙의 움직임에 반발하고 4인방에 항의하는 서민들의 움직임이 대두하게 되었다. 3월 하순, 난징에서는 '저우 총리 옹호, 장춘차오 타도!'라는 표어가 붙고 불만이 표출되었다. 곧 톈안먼 광장의 인민영웅기념탑 앞에 많은 사람들이 모여 저우언라이를 사모하는 마음으로 헌화하고, 표어를 내걸며, 시를 낭송하고 저우언라이를 칭송하는 연설을 했다. 사태는 4월 4일 청명절에 최고조에 이르렀다. 30만 명, 또는 50만 명이라고도 전해지는 민중이 당국의 경고를 무시하고 광장에 집결해서 저우언라이를 추도함과 동시에 암암리에 4인방을 비판하는 시 등을 붙였다. "하늘 꼭대기에 올라 무너진 하늘의 **다리**(장춘차오長春橋), 맑은 **강물**(장칭江靑)에 빠져 잡혀버린 강의 **요괴**(야오원위안**姚**文元)"*와 같은 시였다.

사태를 중시했던 당 중앙위원회는 4월 4일 밤에 긴급 중앙정치국회의를 개최하고 "중앙을 공격하는 내용이 매우 많다", "이것은 하나의 계획적인 행동이고, …… 덩샤오핑이 시간을 두고 준비했던 것이며, …… 반혁명 사건이다"라고 판단했다. 4일 한밤중부터 5일에 걸쳐 인민영웅기념탑 주변을 뒤덮고 있었던 꽃다발과 대자보, 현수막 등은 완전히 철거되고, 1만 명의 민병과 3,000명의 무장경찰을 동원해서 민중의 항의를 봉쇄했다. 당시 '반혁명'으로 간주되었던 이 사건은 화궈펑 체제 아래였던 1978년 11월, 4인방에 대한 '민중의 혁명적인 행동'으로 평가가 뒤바뀌었다. 이것이 1989년의 사건(제5장 6절)과 구별하기 위해 '제1차 톈안먼 사건', 별칭으로는 '4·5운동'으로 불리는 사건이다. 이것은 건국 이후 최초로 발생한, 정치에 대한 민중의 자발적이고 대규모로 이루어진 '이의 제기' 행위였다. 4월 7일의 중앙정치국회의에서는 마오쩌둥의 제안에 기초하여 다음과 같은 두 개의 결정을 내렸다. 첫째, 화궈펑이 당 제1부주석 겸 국무원 총리로 취임하며, 둘째, 덩샤오핑을 당 내외 모든 직무에서 해임하고 '당 내에서 감찰'을 받게 하는 처분이었다.

---

* 장춘차오와 장칭은 흉국이고 흰지의 음과 뜻이 겹고, 야오원위안 등음이의 흰지를 있다 (중국어로 요괴는 야오과이妖怪라고 한다).

주더와 마오쩌둥의 죽음

이에 따라 후계자 경쟁에서 화궈펑이 약간 앞서게 되고 정쟁은 일단락된 것처럼 보였지만, 사회는 더욱더 혼란스러워졌다. 사람들은 불안에 휩싸인 채 덩샤오핑 비판운동에 동원되었으며, 한편 마오쩌둥은 5월 27일 이후 건강 악화 때문에 대중 앞에 모습을 드러내지 않았다. 7월 6일에는 저우언라이의 죽음에 이어 또 한 명의 혁명 원로이자 인민해방군의 창설자인 주더 장군이 세상을 떠났다. 곧이어 7월 28일에는 천재지변이 발생했다. 허베이의 공업도시 탕산에서 진도 7.8의 대지진이 발생해서 사망자 24만 2,000명(당시 일설에는 사망자 60만 명), 중상자 16만 4,000명으로 알려진 대참사가 일어났다. 대지진은 경제, 사회에 큰 타격을 주었을 뿐만 아니라, 사람들의 심리에도 엄청난 불안감을 불러일으켰다. 그리고 약 1개월 뒤인 9월 9일 오전 0시, 큰 별이었던 마오쩌둥이 82세로 생애를 마쳤다. 그 날 오후 3시, 중국공산당 중앙위원회·전인대 상무위원회·국무원·중앙군사위원회는 마오쩌둥의 죽음을 전국, 전 세계에 알렸다. 이 소식을 들었던 사람들 중에는 "경악하는 자도 있었고, 풀이 죽은 자도 있었고, 태연자약한 자도 있었으며, 마음이 즐거워진 자도 있었다"라고 하는데(옌자치·가오가오, 『문화대혁명 10년사』 하), 건국 이후 중국을 이끌고 많은 사람들을 좋든 나쁘든 좌지우지해왔던 지도자의 갑작스러운 죽음은 거대한 변동이 불가피하게 시작되고 있음을 암시했다.

4인방 체포

마오쩌둥의 사망이 당내 권력 투쟁을 더욱 격렬하게 만들 것이라고 어찌 생각이나 했을까? 드디어 4인방은 장칭이 당 주석직을 획득하도록 적극적으로 추진하고자 했다. 그러나 이것을 저지하려는 반4인방 연합이 신속히 구성되었다. 바로 화궈펑 등 문화대혁명파 온건그룹, 리셴녠 등 저우언라이계의 중간파 관료그룹, 왕전 등 다시 등용된 간부그룹, 예젠잉 등 군 장로 그룹의 연합이 그것이다. 이 가운데에 예젠잉이 화궈펑의 후견인 역할을 담당했다. 마오쩌둥의 사후 1주일째인 9월 16일, 『인민일보』는 「마오 주석은 영원히 우리의 가슴속에 있다」라는 제목의 사설을 발표했다. 이 사설에서는 문화대혁명 노선의 계승과 그에 어울리는 후계자를 정하자는 과제를 제기하고, "기정 방침에 따라 행동하자"라고 호소했다. '기정 방침'은 4인방 주장의 핵심으로, 장칭 식의 표현에 따르면 "마오 주석은 화궈펑 동지를 부주석에 지명했을 뿐, 당 주석에 취임하는 것을 제안하지는 않았음"을 의미하는 것이었다(중국공산당 중앙위원회 문건 1976년 24호). 이에 대해 반4인방 연합은 3가지 필요한 것과 3가지 불필요한 것(마르크스주의·단결·공명정대가 필요하고, 수정주의·분열·음모 간계는 그만두어야 한다)을 핵심 내용으로 삼았다. 이것은 1975년 5월, 마오쩌둥이 정치국에 "장칭은 야심을 갖고 있다"라며 충고할 때 했던 말이라고 한다.

10월 4일 『광명일보』에 량샤오梁效(4인방 그룹의 필명)의 논문인 「영원히 마오 주석의 기정 방침에 따라 실천하자」가 게재되었다. 이로써 즉각 공격받게 된 반4인방 연합 세력은 10월 6일, 선수를 치며 반격에 나섰다. 우선 중난하이에서 왕훙원과 장춘차오를 체포하고, 장칭과 마오위안신 등을 자택에서 체포하여 불과 한 시간 내에 그들을 권좌에서 끌어내렸다. 이때 핵심 인물은 오랫동안 마오쩌둥의 경호를 담당한 중앙판공청 주임으로 중난하이의 정보를 한 손에 장악하고 있던 왕둥싱이었다. 그는 그 공적으로 당 부주석의 자리를 거머쥐었다. 다음 날인 7일, 중국공산당 중앙위원회는 화궈펑의 당 주석, 당 중앙군사위원회 주석의 취임 결정을 발표했다. 곧 4인방 체포와 실각 소식이 퍼지고, 거리는 환희로 넘쳤다고 한다. 분명한 건 4인방은 당 내외에서 기반이 약해 반발을 사고 있었다는 점이다. 그러나 그들은 이미 서술했던 바와 같이, '마오쩌둥의 꿈과 이상'을 가장 순수하게 계승하고 있었다고 할 수 있다. 그러나 바로 그 때문에 이미 민심은 4인방의 실각과 함께 마오쩌둥으로부터 서서히 떠나가기 시작했던 것이다. 혁명적인 구호는 간부에게도 민중에게도 '진절머리가 나는 것'이고, 자신들을 피곤하게 만드는 것에 불과했다.

5. '과도기'로서의 화궈펑 체제와 덩샤오핑의 재부활

화궈펑의 과제

정치적으로 급속히 대두하게 된 화궈펑은 이제까지 맡고 있던 국무원 총리직에 더해 당 주석과 중앙군사위원회 주석에 취임해서 당·정·군의 삼권을 독점한 지도자가 되었다. 마오쩌둥조차도 삼권을 독점했던 적은 없었으므로 형식상으로 화궈펑은 마오쩌둥 이상으로 각광을 받는 지도자가 되었다. 더욱이 그는 당시 56세로 지도자로서는 젊었기 때문에, 서서히 권력 기반을 굳힌다면 '화궈펑 시대'가 도래하는 것도 가능했다. 그러나 화궈펑의 지도력은 위에서 서술했던 바와 같이 위태로운 연합 아래에서 형성된 것이었다. 또한 그는 두 개의 모순된 과제를 동시에 짊어지고 있었다. 하나는 마오쩌둥 노선의 계승이다. 앞에서도 말했듯이 화궈펑은 쿠데타로 인해 4인방이 실각했기 때문에 집권할 수 있었다. 즉 그는 정식 수속을 밟아 권력을 계승한 것이 아니므로 그 정통성이 취약했다. 그가 의지했던 것은 오로지 마오쩌둥이 화궈펑에게 남긴 "당신이 하면 나는 안심이다"라는 유언뿐이었다. 다만 이후 이 표현 자체가 아예 다른 문맥으로 해석되면서, 이는 '유언'이라고 할 수 있는 것이 아니라는 지적도 나왔다. 어쨌든 마오쩌둥이 그에게 권력을 넘긴다는 말 한 마디가 집권의 유일한 근거였던 것이다. 따라서 그는 마오쩌둥 사상의 충실한 실천자이지 않으면 안 되었고, 그 때문에 '두 가지 전부〔兩個凡是〕'라는 방침을 제기했다. 즉 첫째, 마오 주석이 내린 결정은 단 하나도 변경해서는 안 된다. 둘째, 마오 주석이 내린 지시는 시종 변함없이 전적으로 따른다. 그 결과 그는 '계급투쟁'·'계속혁명'·'문화대혁명의 성과'를 구태의연하게 강조하지 않으면 안 되었다.

그러나 다른 한편으로 장기간에 걸친 경제의 정체와 그로 인한 피폐가 심각해지고 있었다. 그렇기 때문에 화궈펑은 덩샤오핑이 힘을 쏟았던 재건에 화궈펑 자신의 방식으로 전념하지 않을 수 없었다. 그가 주재하여 개최한 제2회 '농업은 다자이에서 배우자' 전국회의(1976년 12월), '공업은 다칭에서 배우자' 전국회의(1977년 4~5월)에서 화궈펑은 "4인방을 타도한 뒤에 전국 인민은 우리나라의 국민경제가 급속도로 발전하기를 절실히 바라고 있다"라고 연설하고, 공업과 농업의 재건에 총력을 기울일 것을 천명했다. 그러나 혁명 계승과 경제 건설은 마오쩌둥과 류사오치의 대립, 4인방과 덩샤오핑의 대립이 말해주듯이 '물과 기름' 같이 서로 융화될 수 없었다. 화궈펑은 대담하게 혹은 무모하게도 이 양자를 동시에 받아들여서 추진하려 했다.

덩샤오핑의 편지

이와 함께 또 다른 난제가 곧 떠올랐다. 덩샤오핑이 또다시 정계에 등장하는 문제였다. 1976년 12월, 중국공산당 중앙위원회는 "4인방에 반대해서 박해를 받았던 모든 사람들의 명예를 일률적으로 회복시킬 것"을 통고했다. 그러나 덩샤오핑의 부활은 권력 기반이 아직 튼튼하지 않은 화궈펑에게는 중대한 위협이었다. 이 통고를 접한 화궈펑은 "마오 주석, 중국공산당 중앙위원회, 문화대혁명에 반대한 자에 대한 명예 회복은 결코 허락되지 않는다"라는 결정을 내리고, 덩샤오핑이 부활하지 못하도록 강력히 제한을 가했다. 1977년 3월, 중국공산당은 중앙공작회의를 개최했다. 여기에서 천윈, 왕전 등은 톈안먼 사건의 명예 회복과 덩샤오핑의 직무 복귀를 제안했는데, 화궈펑은 여기에서도 "톈안먼 사건은 반혁명이며", "문화대혁명 노선은 반드시 계승하며", "덩샤오핑 비판과 우경번안풍右傾翻案風(우익 기회주의자나 반혁명분자들에 대한 재심 후 복권) 반대를 추진"할 것을 강력히 호소했다.

그러나 4인방의 실각 이후, 정세는 점차 덩샤오핑 대망론이 고조되고 있었다. 이러한 상황을 주의 깊게 관찰하면서 덩샤오핑은 강력한 수단을 발휘했다. 덩샤오핑 자신이 화궈펑에게 두 차례 편지를 보냈던 것이다. 첫 번째는 4인방 체포 직후에 화궈펑의 당 주석 취임 등 일련의 중앙위원회의 결정에 대한 지지를 표명하고, 거기에 덧붙여 "(4인방 체포에) 기쁜 나머지 화 주석 만세, 만만세를 외쳤다"라는 내용이었다고 전해진다(한샨비, 『덩샤오핑전』). 그러나 별 효과가 없자 두 번째(1977년 4월 10일) 편지에서는 화궈펑 주석의 '영명하고 과감한 지도'를 극찬하고, 화 주석에 대한 확실한 옹호와 자기의 과오를 허심탄회하게 인정하고 반성하고 있음을 전했다. 이것은 당내의 덩샤오핑 대망론과 연결되어, 5월 3일 중국공산당 중앙위원회는 이 서한을 전당에 배포하고 조건부로 덩샤오핑의 당 복귀를 인정하는 결정을 내렸다. 그리고 7월, 중국공산당 제10기 3중전회가 열려 4인방을 당으로부터 영구 추방하고 당내외 모든 직무를 박탈하는 것 외에, 덩샤오핑이 모든 직무에 복귀하는 것을 만장일치로 결정했다. 이에 따라 덩샤오핑은 중앙정치국 상무위원, 당 부주석, 국무원 부총리, 중앙군사위원회 부주석 겸 총참모장으로 복귀하고 화궈펑, 예젠잉에 이어 서열 3위의 지위를 단숨에 확보했다.

1976년 마오쩌둥 사후
지도자가 된 화궈펑과
그에 대립각을 세웠던 덩샤오핑.

사진제공: 김명호 제공

화궈펑의 딜레마

덩샤오핑의 최종 목적은 화궈펑의 퇴진이었다. 위의 제10기 3중전회에
서 덩샤오핑은 「마오쩌둥 사상을 전면적이고 동시에 적확하게 이해하
자」라는 제목의 중요한 연설을 했다. 그런데 이 연설에서 덩샤오핑은
"개개의 자구만으로 마오쩌둥 사상을 이해해서는 안 된다", "실사구시
(사실에 기초해서 진리를 추구하자)가 특히 중요하다"라고 역설하고 있다.
이것은 해석하기에 따라서는 화궈펑이 제창했던 '두 가지 전부'를 빈정
댄 것으로 볼 수 있다. 이어서 8월 중순, 중국공산당 제11회 전국대회가
소집되었다. 여기에서도 화궈펑은 여전히 "프롤레타리아 독재 하의 계
속혁명은 위대한 사상"이라고 마오쩌둥 노선을 찬양했다. 그러나 동시
에 혁명과 건설의 새로운 단계에 진입함으로써 '제1차 문화대혁명이 승
리로 끝났다'라고 선언하고, '4개의 근대화 건설'을 내걸었다. 1978년 2
월, 제5기 전인대 제1회 회의에서 화궈펑은 「정부활동보고」 중 새삼스럽

게 4개의 근대화와 근대화된 사회주의 강국의 건설을 호소했다. 이 회의에서 「국민경제 발전 10개년 계획 요강」이 채택되었다. 이는 1985년까지 농업생산을 연평균 4~5%, 공업생산을 10% 증산하고, 철강 플랜트·석유 플랜트·석탄 플랜트 건설 등 120개의 대형 프로젝트를 계획하며, 선진적인 외국기술과 외국자본을 적극적으로 도입하여 이 프로젝트들을 실현하겠다는 야심찬 경제 건설 구상이었다. 그렇지만 화궈펑은 문화대혁명 노선의 계승과 4개 근대화 건설의 제창을 동시에 내세우면서 생기는 모순, 즉 정치 중시와 경제 중시를 양립하려는 모순에 곧 빠져버렸다.

우선 문화대혁명 노선 계승에 대해 말해보겠다. 반4인방 캠페인과 4인방의 재판, 나아가 문화대혁명기에 이루어졌던 간부와 대중의 억울한 처벌에 대한 명예 회복을 계속하게 되면 자연히 문화대혁명의 재검토와 마오쩌둥 평가가 강력히 요구될 수밖에 없으며, 그 화살은 언젠가 문화대혁명의 추진자 가운데 한 사람인 화궈펑 자신을 향하게 될 것이 확실했다. 다만 덩샤오핑은 이것이 극히 심각한 정치투쟁을 야기할지도 모른다는 것을 알고, 이 문제를 당분간 보류해 두었다. 그래서 우선 또 하나의 화두인 근대화가 전면에 내세워진 것이다. 그러나 화궈펑의 야심적인 경제 건설 계획은 외화보유고가 극히 적은 상태에서 시작했기 때문에 얼마 안 가서 중단되었다. 게다가 중국 경제 현실에 입각하지 않았기 때문에 선진기술의 효율적인 이용도 뜻대로 되지 않고, 대규모의 경제 낭비만을 야기했을 뿐이었다. 덩샤오핑과 천윈 등은 화궈펑의 정책을 대약진의 실패를 풍자적으로 비꼬아서 '서양식 대약진운동'이라고 비난했다.

더욱이 중국은 베트남 전쟁 이후 친소 정책을 추진했던 베트남과 관계가 악화되자, 1979년 2월 마침내 중·월전쟁을 일으켰고 이것은 국민경제에 커다란 부담을 가져오게 되었다. 게다가 전쟁의 표면적인 승리와는 정반대로 이렇다 할 성과를 거두지 못했기 때문에, 최고 정책결정자인 화궈펑에게 책임 추궁이 집중되었다.

6. 중국공산당 제11기 3중전회

진리 기준에 대한 논쟁

1978년 봄 이후, 노선 전환을 위한 구체적인 움직임이 표면화되었다. 5월 10일, 중앙당교(중국의 가장 권위 있는 간부 양성 학교)는 내부 간행물에 「실천은 진리를 검증하는 유일한 기준이다」라는 제목의 평론을 게재했다. 이것은 덩샤오핑의 오른팔이라고도 할 후야오방이 덩샤오핑의 의도를 참작해서 내린 지시에 따라 발표된 것이었다. 다음 날인 11일에 『광명일보』가, 12일에는 『인민일보』와 『해방군보』 및 전국 성급 지방지가 이 평론을 게재했고, '진리 기준 논쟁'이 전국에서 전개되는 사태가 발생했다. 이 주장의 핵심은 "어떠한 이론도 끊임없는 실천으로부터 검증을 받지 않으면 안 된다"라는 것으로, 화궈펑 집단이 금과옥조로 삼고 있는 '두 가지 전부'에 대한 비판과 관련이 있는 성격의 논쟁이었다. 화궈펑 집단은 그 의도를 살펴 소극적으로 대응했고, 화궈펑의 기반이었던 후난성 등에서는 이 논쟁이 표면화되지 않았다. 덩샤오핑은 이러한 논쟁을 뒷받침하는 의미로, 6월에는 전군정치공작회의에서, 9월에는 지방간부 앞에서 중요한 연설을 했다. 그 내용의 특징은 철두철미하게 마오쩌둥 사상을 옹호하고 지지하면서 그 사상적 핵심을 '실사구시'에 귀속시키는 것이었다. 이것은 확실히 마오쩌둥 자신이 1930년대부터 1940년대 초반에 걸친 당내 투쟁에서 주류 집단인 '소련 유학파'의 마르크스·레닌주의 이론의 교조주의 경향을 비판할 때 사용했던 표현 방법—"마르크스·레닌주의의 핵심은 실사구시에 있다"—으로 화궈펑 집단도 그 자체를 부정할 수는 없었다. 즉 '두 가지 전부'를 교조주의로 간주해서, "마오쩌둥의 깃발을 내걸고 마오쩌둥파를 공격"하는 교묘한 수법이었다.

'진리 기준 논쟁'은 곧 필연적으로 문화대혁명과 제1차 톈안먼 사건을 재검토하고, 나아가 마오쩌둥의 상대화로 이어졌는데, 그것은 다음 장에서 보는 바와 같이 화궈펑의 실각 과정과 겹쳐졌다. 동시에 진리 기준 논쟁은 정치적으로 실각했던 많은 간부의 명예 회복과 사상의 해방을 촉진했다. 1977년부터 3년간 290만 명에 달하는 사람들이 명예를 회복했다. 1957년의 반우파 투쟁 이후 우파분자로 몰렸던 사람들 55만 명에 대해서도 그 낙인이 떼어지고 명예 회복이 이루어졌다. 사상 해방에서는 1978년 10월 이후 베이징과 그 밖의 대도시에서 톈안먼 사건에 대한 명예 회복과, 민주화의 요구와 함께 마오쩌둥 체제를 비판하는 대자보가 나붙게 되었다. 각지에서 청년, 학생 등에 의해 『베이징의 봄』, 『탐색』, 『4·5논단』 등 자주적인 민간 간행물이 출판되었고, 베이징 시판의 사거리에 있는 게시판은 '민주의 벽'이라 불릴 정도로 이러한 주장을 담은 대자보로 넘쳐났다. 이렇게 '베이징의 봄'이라 불리는 아래로부터의 움직임 가운데에는 덩샤오핑 대망론도 포함되어 있었는데, 덩샤오핑은 당시 이 운동을 용인하는 태도를 취했다.

덩샤오핑 체제로의 전환점

당 내외의 정세가 덩샤오핑에게 유리하게 움직이는 가운데, 덩샤오핑은 정책 노선의 전환을 추구했던 중국공산당 중앙위원회 공작회의의 개최를 제안했다. 회의는 1978년 11월 10일부터 12월 15일까지, 36일간에 걸쳐 성급·대군구 주요 책임자, 중앙의 당·정·군 주요 책임자 등 212명이 참가한 가운데 개최되었다. 화궈펑은 개회사에서 첫째로 농업생산 발전 문제, 둘째로 1979년과 1980년의 국민경제 계획안의 검토, 셋째로 덩샤오핑이 제안했던 공작 중점 이행의 문제가 중요 의제라고 발언했는데, 세 번째 문제는 마치 의제 중 하나에 불과한 것처럼 다루었다. 그러나 회의가 개최되자 즉각 천윈이 "공작 중점을 이행하는 문제가 관건이고, 이 때문에 문화대혁명 중에 이루어진 '당에 남아 있는' 문제의 해결과 명예 회복이 중요하다"라고 발언했다. 이어서 후야오방·완리·녜룽전 등이 지지 발언을 하자, 회의는 순식간에 덩샤오핑 집단이 의도한 방향으로 나아갔다.

이 회의와 병행해서 11월 14일, 중앙정치국 상무위원회의 승인 아래 베이징시 혁명위원회는 제1차 톈안먼 사건을 '완전한 혁명적 행동'으로써 정반대의 평가를 내렸는데, 이는 제1차 톈안먼 사건 직후 제1부주석에 취임해서 덩샤오핑 비판 운동을 추진했던 화궈펑의 입장에서는 타격인 셈이었다. 이리하여 회의는 명예 회복과 4인방에 관한 본격적인 심사를 개시하는 것 외에, '두 가지 전부'가 오류라는 것, 농업생산과 국민경제 계획에 '좌左'의 오류가 있다는 것 등을 확인하면서 덩샤오핑의 제안을 승인했다. 덩샤오핑은 회의 폐막에 즈음하여 사상의 해방·민주의 선양·근대화로의 이행을 강력히 호소하는 연설을 했다.

중앙공작회의에 뒤 이어서 12월 18일부터 22일에 걸쳐 '역사적인 전환'으로도 언급되는 중국공산당 제11기 중앙위원회 3중전회가 개최되었다. 회의는 화궈펑이 주재했지만, 내용적으로는 중앙공작회의의 취지를 완전히 이어받아서 '탈문화대혁명 노선'을 확정지었다. 성명서는 대규모로 이루어지는 폭풍우와 같은 대중적인 계급투쟁은 끝났으며, 앞으로는 경제법칙에 따른 경제 건설과 그것을 보증하는 정치적 안정을 확립하는 것이 중요하다고 역설했다. 또한 펑더화이·타오주·보이보·양 상쿤 등 반마오쩌둥, 반문화대혁명을 이유로 실각했던 지도자들의 명예 회복, 1975년 덩샤오핑의 '전면 정돈' 노선의 명예 회복, 제1차 톈안먼 사건의 판결 번복의 추인 등이 결정되었고, 나아가 "당과 국가의 중점 공작을 근대화 건설로 옮겨간다"라고 선언했다. 덩샤오핑 지도체제를 확립하는 데도 어느 정도의 시간이 필요했는데, 확실한 것은 제11기 3중전회의 결정에 따라 건국 이후 마오쩌둥과 그 노선으로 인해 동요되었던 중국이 새로운 첫걸음을 내딛게 되었다는 것이다.

제5장

개혁·개방 노선과 제2차 톈안먼 사건

중·소 화해를 연출한
고르바초프(左)와 덩샤오핑(中).
(1989년 5월)

사진제공: 연합뉴스

1. 덩샤오핑 체제의 확립과 시시비비 외교, 타이완 평화통일로의 전환

화궈펑의 실각

1978년 중국공산당 제11기 3중전회는 확실히 노선의 중요한 전환점이었다. 그러나 화궈펑은 여전히 당·정·군 삼권의 최고위직을 차지했고, 왕둥싱과 우더 등 화궈펑을 지지하는 지도부도 건재했다. 덩샤오핑이 자신의 체제를 형성해서 확립하는 과정을 돌이켜보면, 실로 심사숙고한 끝에 전략을 세운 후 착착 진행시키고 신중하게 상대방을 궁지에 몰아넣었던 흔적을 살펴볼 수 있다.

이 과정에서 풀어야 할 과제는 첫째, 노선과 정책의 전환, 둘째, 화궈펑을 지지하는 지도부의 해체, 셋째, 화궈펑을 권좌에서 축출하는 것이었다. 게다가 이 과제들을 정치적인 혼란 없이 달성해야 했다. 왜냐하면 정치적인 혼란은 문화대혁명의 후유증을 지속시켜 사람들을 견디기 어렵게 할 뿐만 아니라, 경제 건설과 생산 활동을 다시 정체시키기 때문이었다. 덩샤오핑은 이 세 가지 과제를 한 번에 실현시키려 하지 않았고, 화궈펑도 필요성을 인식했고 정치적 혼란이 되기 어려운 첫 번째 과제부터 착수했다. 이는 앞장의 마지막 절에서 해설한 바와 같다. 첫 번째 과제보다는 조금 뒤에 두 번째 과제의 해결을 준비하고, 1978년 11월 제1차 톈안먼 사건을 역전시킨 판결을 이용해 화궈펑 지도부의 약체화·유명무실화에 몰두했다. 먼저 톈안먼 사건의 책임을 져야 한다는 구실로 우더를 베이징시 혁명위원회 주임에서 해임했다. 또 중국공산당 제11기 3중전회에서는 왕둥싱을 중앙판공청 주임직에서 사임시켰다. 그와 함께 덩샤오핑은 지도부를 젊은 사람으로 바꾸는 것이 중요하다고 강조하고, 1979년에 후야오방과 자오쯔양 등을 정치국원에 발탁했다. 나아가 1980년 2월에 열린 중국공산당 제11기 5중전회에서는 류사오치의 명예 회복을 결정하고 동시에 왕둥싱을 당 부주석에서, 지덩쿠이·우더·천시롄을 중국공산당 정치국원, 국무원 부총리 등의 직위에서 해임시킴으로써 '외곽의 세력을 약화시키는' 식으로 화궈펑이 지도부에서 갖고 있던 기반을 무너뜨렸다. 그리고 이들을 대신해 후야오방과 자오쯔양을 정치국 상무위원에, 완리를 국무원 부총리에 지명하는 등 덩샤오핑 지도체제는 천천히 기반을 굳혀 갔다.

그리고 마지막은 화궈펑의 실각이었다. 이것도 단번에 공격을 가하는 것이 아니라, "서두르지 않고 은근히 공격하는" 방식으로 추진했다. 우선 1980년 8월에 중앙정치국 확대회의와 제5기 전인대 제3회 회의가 개최되었다. 이 회의에서는 성급하게 추진된 경제 정책인 '서양식 대약진 운동'과 중월전쟁의 '실정' 등이 문제로 제기되어, 화궈펑은 국무원 총리에서 해임되고 그를 대신해 자오쯔양이 이 직위에 취임했다. 나아가 12월에는 중국공산당 중앙위원회 공작회의가 열려 화궈펑의 '오류'를 본격적으로 성토했는데, 마오쩌둥 만년의 좌경 노선을 계승한 점과 '두 가지 전부'가 특히 문제시 되었다. 이와 함께 1980년 11월부터 1981년 1월에 걸쳐 '린뱌오와 4인방' 재판이 실시되었는데, 문화대혁명을 추진한 중심

인물이었던 장칭·장춘차오·천보다 등의 죄를 인정하고 그들에게 사형 및 징역형의 판결이 내려졌다. 그것은 문화대혁명 시기에 최대의 적으로 간주되었던 류사오치의 명예 회복에 뒤이은 '문화대혁명 부정'의 결정적인 제2탄이었다.

1981년 6월 중국공산당 제11기 6중전회가 개최되고, 「건국 이후 잠깐 동안의 역사 문제에 관한 결의」(역사결의)가 심의·채택되었다. 결의의 요점은 문화대혁명과 마오쩌둥에 대한 평가였다. 문화대혁명은 "마오 주석이 호소하고 지도했던 것으로, …… 당과 국가, 각 민족인민에게 커다란 재난을 초래했던 내란이다. …… 사실에 의거하면 완전한 오류로 어떤 의미에서도 혁명이라든가 사회 진보는 아니었다"라고 엄격하게 비판받았다. 또 마오쩌둥에 대해서는 "문화대혁명에서 중대한 오류를 범했다", 그러나 "그의 일생을 보면 공적이 첫째이고, 오류가 둘째다"라고 평가했다. 또한 화궈펑은 문화대혁명과 마오 주석과의 관계 때문에 비판받고, 정식으로 당 주석과 당 중앙군사위원회 주석의 자리에서 물러나게 되면서, 당 주석에는 후야오방이, 군사위원회 주석에는 덩샤오핑 자신이 취임했다.

덩샤오핑 시대의 막이 오르다

이상과 같은 정치 과정은 1982년 9월에 개최된 중국공산당 제12회 전국대회에서 결말이 났다. 여기서는 후야오방이 「정치보고」를 하고, 20세기 말까지 1980년 농·공업 생산 총액을 4배 증가시키며, 인민의 물질적·정신적 생활을 '만족스럽지는 못하나 아쉬운 대로 받아들여질 수 있는 상태(小康)'로 만들 것을 목표로 내걸었다. 지도체제는 혁명 이미지를 불식하고 집단지도 체제를 확립하는 의미로 주석제를 폐지하고, 총서기제를 도입해 후야오방이 총서기에 취임했다. 덩샤오핑은 이제까지의 정치

경험과 차세대 지도자 육성을 고려해 스스로 최고 직위에 오르는 것을 피했다. 그러나 그가 '최고실력자'인 것은 어느 누가 보아도 명백해서, 후야오방 및 국무원 총리인 자오쯔양을 좌우에 거느린 '덩·후·자오 삼두체제'라고도 불렸다. 제12회 전국대회는 바야흐로 '덩샤오핑 시대의 개막'이기도 했다.

이 대회에서 후야오방이 발표한 「정치보고」에서는 근대화 추진과 함께 두 가지 중요한 정책 전환이 제시되었다. 이는 1970년대 말부터 중앙 지도자에 의해 몇 차례 이야기되어 왔던 것으로, 하나는 대외 노선의 전환이다. 종래 중국 외교의 특징은 '준군사적 외교'였다. 즉 혁명적 급진 외교든 평화공존적 온건외교든 기본적으로는 어떤 '적'을 상정하고, 그것에 대항하기 위해 중층적인 통일전선을 형성하며 적에 대항한다는 외교가 기본이었다. 1979년 2월 중월전쟁에 돌입한 것도 기본 목적은 "동남아시아에서 소련의 영향력 저지"였고, 전년도인 1978년 8월의 중·일 평화우호조약 체결에서도 중국이 가장 관심을 쏟았던 부분은 소련을 적으로 상정한 '패권주의 반대'의 명기였다.

그러나 이후 중국은 근대화 건설을 위해 평화적인 국제환경 조성을 보다 강력히 요구하게 되었다. 여전히 외교의 기본 축으로 '패권주의 반대'가 주장되고, 1980년 4월에는 중·소 우호동맹 상호원조조약이 소멸되어 소련과의 '냉랭한 관계'는 계속되었지만, 외교의 중점은 점차 '세계 평화 옹호', '평화적인 국제환경 건설'로 옮겨갔다. 1982년 초, 브레즈네프 소련 서기장이 밝힌 중·소 관계 개선의 메시지에 대해 중국은 '유념하겠다'는 반응을 보이면서 반소 일변도의 자세에 미묘한 변화를 보이기 시작했다. 이어서 중국공산당 제12회 전국대회 「정치보고」에서는 중국 외교의 최대 특징으로 '독립 자주 노선'과 함께, '국가와 국가 사이의 관계를 처리하는 데는 「평화공존 5원칙」이 가장 좋은 방식'이라는 인식이 강조되었다. 즉 어느 국가와도 특수한 관계를 맺지 않고, 이데올로기보다 '실사구시'를 중시했던 전방위 외교, 그리고 각각의 사례별로 문제 처리에 대응하는 '시시비비 외교〔岡部達味〕'를 채택했던 것이다.

「타이완 동포에게 고하는 글」

또 하나의 중요한 정책 전환은 타이완 정책이었다. 이것도 이미 중국공산당 제12회 전국대회 이전부터 시작되었다. 1979년 1월 1일, 전인대 상무위원회의 이름으로 「타이완 동포에게 고하는 글」이 발표되고, 중국 공산당 당국은 종래의 '무력 해방 정책'에서 '평화적인 통일 정책'으로의 전환을 표명했다. 덩샤오핑은 1980년 초에 중요한 연설을 했는데, 그 가운데에서 1980년대에 실현해야 할 3대 임무의 하나로 타이완과 홍콩을 포함한 '조국 통일'을 제기하고 있다. 다음 해인 1981년 9월, 예젠잉 전인대 위원장은 평화 통일을 위한 「9개 항목의 제안」을 보고했는데, 거기에는 나중에 덩샤오핑의 창안이라고 이야기되는 '일국양제론─國兩制論'의 원형적인 내용이 실려 있었다. 또한 1982년 중국공산당 제12회 전국대회에서는 새삼스럽게 조국 통일이 역설되었다.

앞서 말했던 1979년의 「타이완 동포에게 고하는 글」은 기가 막히게도 미국과 정식으로 국교를 수립하던 바로 그 날 발표되었다. 또 1982년 8월, 중국공산당 제12회 전국대회 개최 2주 전에는, 미국의 타이완 무기 수출을 점차 축소시킬 것을 언급한 「중·미 공동선언문」이 발표되었다. 대타이완 정책과 대미 정책이 극히 밀접하게 연결되어 있음을 보여준 것이다. 타이완은 중국과 미국이 평화공존을 선택하면서 냉전기에 지녔던 전방기지로서의 의미를 상실했다. 중국과 타이완 당사자 간의 '논의'에 따른 문제 해결은, 우선 동아시아의 안정을 고려하던 미국이 바라는 것이었다. 나아가 중국의 개혁·개방 노선 추진은 미국에게 경제 수준의 향상과 함께 민주적 정치체제로 이행하리라는 기대감을 안겼다. 더욱이 중국은 시시비비 외교로 전환하는 모습을 보였지만, 여전히 '소련의 위협'에 대한 의구심을 완전히 불식하지 않았기 때문에, 미국의 대소련 전략과 보조를 맞출 가능성이 높아졌다. 이렇게 해서 1980년대 전반 중국의 타이완 정책은, 중국과 미국 쌍방에게 큰 희망을 갖게 했다. 그러나 위에서도 말했듯이 현실은 그렇게 전개되지 않았다.

2. 농촌과 연해 지역에서 시작된 개혁·개방

인민공사의 해체

우선 국내 농촌으로 눈을 돌려서 얘기해 보도록 하겠다. 사실 농촌에서는 이미 중국공산당 제11기 3중전회 이전부터 은밀하게 노선 전환이 진행되고 있었다. 1975년부터 쓰촨성의 당 제1서기에 취임했던 자오쯔양은 경영 관리의 하방(권한 이양), 가정 부업의 장려 등을 실시해 1977년에는 대풍작을 거두었다. 또한 1978년에는 자류지를 대폭 확대하고, 포산도조包産到組(생산관리의 작업조 청부제)를 도입하는 등, 종래 인민공사 아래에서 실시되었던 공동경영·공동노동 방식을 약화시키는 정책을 채택했다. 이로 인해 문화대혁명의 '심각한 재난 지구'로 불렸고 1976년에는 기근까지 발생했던 쓰촨의 농업 생산을 비약적으로 발전시킬 수 있었다. 나중에 이것은 '쓰촨의 경험'으로 불렸다. 같은 시기에 안후이성에서도 펑양현·추현 등 몇 개의 인민공사에서 촌 간부들이 비밀리에 생산대의 토지를 각 농가에 청부하고, 농민의 생산 의욕을 높여 증산에 성공하고 있었다. 안후이성의 당 제1서기였던 완리가 「성 위원회 6조」를 작성하고 이것을 용인했기 때문에 농가 생산청부제는 이 지역에서 일거에 확산되었고, 만년 적자 상황을 흑자로 전환시킬 수 있었다.

제11기 3중전회를 거쳐 개혁 노선이 확정된 1979년 봄, 국가농업위원회는 광둥·후난·장쑤·안후이·허베이·지린·쓰촨의 농촌 공작 부문 책임자를 소집하고, 농가 생산청부제 등에 관해 본격적인 검토를 시작하면서, 인민공사 체제를 견지한다는 전제 하에 특수한 상황에서 각종 농가 생산청부제를 인정하는 안을 매듭지었다. 1980년 5월 덩샤오핑은 "농가 생산청부제가 훌륭한 성과를 거두고 있고, 집단경제에도 해가 되지는 않는다"라며 명확히 지지하는 태도를 보였다. 각종 생산청부제는 전국 규모로 확대되었다. 그리고 1982년 당 대회 종료 이후 11월 말부터 12월에 걸쳐 개최되었던 제5기 전인대 제5회 회의에서 신헌법이 토의·채택되었는데, 여기서 정식으로 '인민공사 해체'가 결정되었다. 인민공사의 해체, 향 인민대표대회·향 인민정부의 수립과 농가 생산청부제의 보급이 빠르게 진행되었고, 1984년 말에는 그 이행이 완료되었다. 청부제의 확대와 함께 농민의 생산 의욕은 드높아졌고, 1984년에는 사상 처음으로 식량생산이 4억 톤을 돌파할 정도로 비약적인 증산을 거두었다. 그렇지만 생산 의욕의 고양만으로는 증산에 한도가 있었고, 1985년 이후에는 그 문제 때문에 고통 받게 되었다.

경제특구와 대중국 ODA

다른 한편, 연해 지역의 변화는 중앙위원회의 주도로 진행되었던 대외개방 정책에 힘입은 바가 컸다. 우선 1978년 가을, 앞에서 서술했던(제4장 6절 참조) 중국공산당 중앙위원회 공작회의에서 「루마니아·유고슬라비아의 경제는 왜 고속으로 발전했는가」라는 참고자료가 배포되고, 간부 사이에서 대외경제 개방에 관한 학습이 진행되었다. 이어서 중국공산당 제11기 3중전회에서는 대외무역 확대, 외자 이용, 선진기술·관리

경험의 흡수, 합판合辦의 추진, 그리고 대외개방의 추진·활성화 전략으로서 수출을 위한 특별구의 설치 방침이 결정되었다. 이것을 이어받아서 1979년 7월에 광둥과 푸젠 두 성의 대외경제 활동에 특혜 조치를 부여하고, 동시에 우선 특별구를 선전과 주하이에, 그 뒤에 산터우와 샤먼에도 설치할 것을 결정했다. 1980년 5월, 4개 지구에서 정식으로 경제특별구(경제특구) 설치가 선언되었고, 바로 추진되기 시작했다.

특구에서는 외자와 외국 기술에 의거해 합판기업이나 외국단독기업이 생산의 중심 역할을 담당했다. 따라서 이들을 유치하기 위해 중앙위원회는 적극적인 투자를 통해 인프라를 정비하고, 세제상의 우대 조치를 부여하는 등의 법적 정비 등을 추구했다. 이러한 대처가 반드시 순조롭게 진행되었던 것은 아니었다. 그 중에서도 특히 화궈펑이 실시했던 '서양식 대약진'에 의한 재정 압박을 재건하기 위해 경제조정 정책을 추진하고 있던 천윈 등은, 특구 건설이 자본주의적인 요소를 지나치게 아무 원칙 없이 받아들이는 점과 중앙 투자가 곤란하다는 점 때문에 소극적이었다. 그러나 덩샤오핑은 대외개방 정책을 적극적으로 진행시키는데 조금도 주저하지 않았다.

사실 이러한 덩샤오핑의 대외개방을 강력하게 지지하고, 경제발전을 위해서 인프라 건설을 적극적으로 지원했던 것이 일본이었다. 1978년의 중·일 평화우호조약의 체결 당시 일본을 방문한 덩샤오핑은 각 분야의 고도의 산업기술을 눈으로 직접 확인했고, 일본의 적극적인 경제지원을 바랐다. 이에 대해 1972년 국교정상화 때에는 배상청구 포기, 장래의 시장 가능성 등을 배려하였고, 일본의 정재계는 필사적으로 응하려고 했다. 오히라 마사요시 내각 하에서 시작되었던 제1차 엔円차관(대중국 ODA)이 바로 이것으로, 이후 2007년까지 계속되었다. 그 총액은 약 3조 3000억 엔으로, 전반기에는 철도, 항만·교통,전력 등의 인프라 구축에 쓰였고, 후반기에는 환경 등에 중점을 두어 중국의 경제발전에 적잖은 공헌을 했다.

개혁·개방 초기부터 덩샤오핑이 주장했던 기본적인 경제 발전 방침은 '선부론先富論'이라 불리는 것이었다. 즉 "풍요롭게 될 수 있는 조건을 갖춘 지역과 사람들부터 먼저 부자가 되자"라는 격차를 인정하는 사고로, 차이를 없애는 평균주의를 중시했던 마오쩌둥의 사고와 대조되었다.

지방의 경제 활성화

종래에는 모든 경제 활동의 권한이 중앙으로 집중되고, 각 지방과 기업, 촌(기층)은 항상 중앙·상급의 지시를 받거나, 또는 상사가 지시한 것을 '되묻지 않으면' 일을 매듭짓지 못하는 경향이 강했다. 새롭게 채택되었던 농가의 생산청부제나 선부론 정책의 목표는 이러한 상황을 바꾸는 것이었다. 그 기본적인 사고방식은 지방·기업·촌이 자신의 생각과 의지에 따라 입안한 정책을 실행하며, 독자적으로 이익을 올려서 정체된 경제를 활성화시키는 것이었다. 덩샤오핑은 이러한 사고방식을 철저하게 관철시키기 위해, 재정적인 면에서는 종래 널리 이용되고 있었던 '통일 징수, 통일 분배〔統收統支〕' 방식에서, 일정한 방식으로 미리 중앙에 대한 상납금이나 중앙으로부터의 보조금을 체결하고 나머지는 지방이 독자적으로 재정을 관리하는 지방재정청부제로 전환했다. 나아가 법제적인 면에서도 1954년 헌법 이후 부정되었던 '지방입법권'이 1982년의 전인대 대회에서는 제한적이지만 인정되었다. 대외개방 정책도, 비록 중앙이 관할하고 있었지만 지방의 독자적인 판단과 교섭이 대폭 인정되었다. 이것은 대체로 '권한을 넘기고 이익을 양보하는 정책〔放權讓利〕'의 추진이라 부르며, 분세제가 채택된 1990년대 초반까지 경제 발전을 추진하는 데 가장 중요한 정책이었다. 지방, 특히 연해 지방의 각 성은 이에 따라 경제적 성과를 크게 높이고, 때로는 중앙의 정책에 공식적으로나 비공식적으로 '이의를 제기'하기에 이르렀다.

1984년은 개혁·개방 정책을 더욱 비약시키는 데 중요한 해였다. 우선 특구에 이어 다롄·친황다오·톈진·상하이·푸저우·광저우·잔장·베이하이 등 14개의 연해 도시를 대외경제 개방도시로 인정하고 우대 조치를 부여했다. 또 농촌경제를 더 발전시키기 위해, 향진鄕鎭기업 건설에 적극적으로 몰두한다는 방침을 명확히 내세웠다. 이는 농가 수입을 크게 향상시킬 뿐만 아니라, 농촌의 잉여 노동력을 흡수하고, 농촌을 도시화(소성진小城鎭 건설)하는 등, 다양한 면에서 효과가 있었다는 점에서 중요한 의미가 있었다. 이 해 5월, 제6기 전인대 제2회 회의의 「정부활동 보고」에서는 "앞으로 도시 개혁의 순서를 앞당기고, 국가와 기업, 기업과 직원·노동자의 관계에서부터 착수한다"는 방침을 제출했다. 같은 달에 국무원은 「국영공업기업의 자주권 확대에 관한 잠정 규정」을 반포했다. 그리고 10월에는 중국공산당 제12기 3중전회가 개최되고, 본격적으로 도시 개혁에 적극적으로 나설 것을 결의한 「경제체제 개혁에 관한 결정」이 토의·채택되었다.

시장경제로의 이행

도시 개혁은 단지 공장과 기업의 개혁에 그치지 않고, 지령 통제경제에서 상품경제(나중에 '시장경제'로 표현된다)로 이행해야 할 필요성이 강조되었다. 이전에는 "계획경제를 주로 하고, 시장 조절을 보완으로 한다"는 것이 사회주의 경제의 상식이었다. 그러나 여기서는 오히려 "시장 조절을 주로 한다"고 할 만큼 상품경제의 중요성이 강조되었으며, 그 때문에 생산·분배에서 인사까지 정부·주관 부문이 깊이 관여하고 있었던 제도를 바꾸어, 가능한 한 기업 자신에게 자주권을 부여하는 것이 중요하게 되었다. 또한 이를 위해 경영의 주체인 공장장에게 경영권을 대폭 부여하는 방안(공장장 책임제)이 제기되었다.

또 도시 개혁은 기업 개혁에 그치지 않고, 원재료·제품 등 각종 시장을 형성하고, 가격 개혁을 통해 통제가격에서 시장 조절에 맡기는 가격으로 변화시켰으며, 각종 사회보장제도의 도입, 법제도의 정비 등과 같이 사회의 전면적인 개혁으로 발전하게 되면서 극히 복잡한 양상으로 전개되었다. 따라서 기존의 당 조직·행정·기업 내 기득권과의 충돌을 필연적으로 수반하게 되었고, 본격적으로 개혁을 진행하는 데는 상당한 반발과 곤란이 예상되었다. 사실 이후에 추진되었던 공장장 책임제는 공장 내의 당 위원회 서기와의 마찰을, 가격 자유화는 예상을 뛰어넘는 물가상승과 브로커의 암약을 야기했다.

공장·기업은 중국에서 '단위'라 불리는 것으로, 생산단위뿐만 아니라 사람들의 생활면까지 돌보는 일종의 사회단위이기도 했다. 따라서 이러한 단위 제도의 변혁까지 수반한 개혁은, 특히 규모가 큰 조직(중공업 부문에 많다)일수록 쉽게 손댈 수 없었다. 그 때문에 도시 개혁은 비교적 손대기 쉬운 경공업 부문의 소·중규모 기업과 당시 출현한 개인경영기업, 그리고 합판합작기업 등으로 불리는, 과거 사회주의기업에서 말하던 외곽이나 구조 외부의 기업에 대한 개혁부터 착수하게 되었다. 이러한 점과 농촌에서 개혁이 시작되었던 점을 총괄해 이 시기의 개혁을 '체제 외의 개혁'으로 특징짓는 사람도 있다(우징롄).

3. 정치체제 개혁 논의와 당의 개혁안

민주화 요구의 봉쇄

조금 거슬러 올라가보도록 하겠다. 1978년 가을 '민주의 벽' 등 민주화를 요구하는 소리는 어떻게 이루어졌을까? 이 민주화 요구 중에는 당시 『탐색』지의 편집장이었던 웨이징성의 '제5의 근대화'(정치적 민주화)를 요구하는 주장처럼 공산당 독재체제에 반하는 내용도 적지 않았다. 그러나 덩샤오핑이 적극적으로 사상 해방을 호소했기 때문에, 그들은 덩샤오핑 대망론을 강조했다. 제11기 3중전회를 거쳐 덩샤오핑의 대두가 현실이 되자, 민주화에 대한 기대감은 부풀어 올랐다. 하지만 1979년 3월에 들어서면서 민주화 요구는 바로 덩샤오핑의 지시에 의해 탄압·봉쇄되기에 이르렀다.

1월부터 시작되었던 중국공산당 중앙위원회 이론공작회의[務虛會]의 결산 회의에서, 덩샤오핑은 '4가지 근대화'를 실현하기 위해서는 '4가지 기본원칙'을 견지해야만 한다고 역설했다. 4가지 기본원칙이란 첫째, 사회주의의 길, 둘째, 프롤레타리아 독재(나중에 인민민주 독재로 표현), 셋째, 공산당의 지도, 넷째, 마르크스·레닌주의와 마오쩌둥 사상이다. 덩샤오핑은 여기서 민주화를 요구하는 사람들을 사회주의와 공산당 지도를 뒤엎으려는 '반혁명분자·악질분자'로 노골적으로 비난하고, 단호한 대처가 필요하다고 주장했다. 이것은 한편으로 화궈펑을 몰락시키는 과정에서 당내 기반을 굳히기 위해, 민주화에 불안감을 품고 있던 당내 좌파와 중간파를 구슬리기 위한 덩샤오핑의 정치적 배려로 볼 수 있다. 그러나 다른 한편으로, 덩샤오핑 자신의 실용주의적인 신념으로는 경제 건설을 진행해나가기 위해선 정치적 안정이 반드시 필요할 뿐만 아니라, 중국에서는 당의 지도와 핵심사상의 안정이 중요하다는 인식이 강했다.

때마침 개방 정책과 함께 서방측의 정보와 사상이 유입되기 시작했고, 문화대혁명과 마오쩌둥에 대한 재평가가 이루어지면서 이른바 '신념의 위기'—사회주의, 마르크스·레닌주의, 마오쩌둥 사상에 대한 의심으로 세 가지 신념의 위기[三信危機]라고도 하는—가 확산되고 있었다. 따라서 당으로서는 명확한 자세를 보일 필요가 있었던 시기이기도 했다. 그리고 '4가지 기본원칙'이 제기됨에 따라 웨이징성 등 민주화 활동가를 체포하고 민간 간행물에 대한 단속 등을 강화해 자유로운 분위기는 제재를 받게 되었다. 1981년 바이화 사건, 즉 바이화의 소설 『고련苦戀』이 반애국적이고 반사회주의적이라며 『해방군보』로부터 비판을 받고, 좌파 이데올로그들로부터 '부르주아 자유화'라고 비판받았던 사건도 그 한 예이다.

그러나 덩샤오핑은 정치 개혁의 필요성 자체를 부정하려는 것은 아니었다. 1980년 8월, 그는 중국공산당 정치국 확대회의에서 「당과 국가의 지도체제의 개혁에 관하여」라는 제목으로 중요한 연설을 했는데, 권력의 과도한 집중과 과도한 겸직, 부직副職, 당과 행정의 중복[黨政不分], 당의 행정 대행[以黨代政], 고급 간부의 종신고용제 등의 폐해가 심각하며, 근대화 건설을 위해서는 이러한 지도체제를 개혁해야만 한다고 강력히 호소했다. 그 해 가을 중앙당교에서 덩샤오핑과 가까운 사이인 정치학자 랴오가이룽은 2원제의 도입·중앙정치국의 폐지·자주적인 노조·농민조합의 설치 등을 내용으로 한 「경신庚辛개혁안」이라는 급진적인 정치 개혁안을 제시했다. 하지만 이러한 정치 개혁은 사회주의 체제와 당 지도라는 본연의 모습과 저촉되는 것이었기 때문에, 랴오가이룽 안은 물론 덩샤오핑의 연설도 당시에는 공식화되지 못했다.

1983년 가을에는 중국공산당 제12기 2중전회가 개최되고, 사상과 조직의 통제를 목표로 한 「정당整黨에 관한 결정」이 채택되었다. 여기서 보수파로 이야기되었던 덩리췬 당 선전부장이 주도권을 잡고 '정신오염 반대', '부르주아 자유화 반대' 운동을 전개했는데, 개혁파의 후야오방 총서기가 이에 반격해서, 1984년에는 사상·문예계에 다시 자유로운 분위기가 회복되었다.

이러한 정치·사상 수준에서의 당내 대립과 병행해 경제적인 면에서도 개혁·개방의 폭과 속도를 둘러싸고 당내 대립이 발생했다. 예를 들면 시장경제·대외개방을 적극적으로 진행하려는 덩샤오핑 집단과, 계획경제를 주로 하고 서방측과의 경제 교류도 제한적으로 진행할 것을 주장하는 천윈 그룹의 대립 등이었다. '특구 논쟁'·'경제 새장론'(개방 정책도 계획경제의 틀, 즉 새장 안에서만 실행해야 한다는 주장) 등은 그러한 대립을 드러낸 사건이었다. 다만 경제 차원과 정치사상 차원의 대립 구도가 반드시 중첩되었던 것은 아니었다.

지도체제의 개혁논의

1985년 9월에 열린 중국공산당 전국대표회의에서 예젠잉·덩잉차오(저우언라이 미망인으로 전국정협 회의 주석) 등이 은퇴하고 후치리·톈지윈·차오스·리펑 등 '제3세대'라 불리는 50대의 젊은 지도자들이 대규모로 발탁되면서, 세대교체가 강력히 부각되었다. 이에 따라 지도체제가 서서히 개혁되기 시작했다. 1986년 봄에는 중국 사회과학원과 중앙당교의 개혁파 연구자, 젊은 연구자들이 정치체제 개혁에 대한 논의를 시작해서 '계기를 형성하는 역할'을 담당했다. 논의 중에는 '삼권분립'·'견제와 균형Check and Balance'이라고 불렸던 서방측 정치론을 중시하는 논의 등도 포함되었다. 덩샤오핑도 7월에는 정치체제 개혁이 필요하다는 발언을 하고, 후야오방·완리·주허우쩌(선전부장)·왕자오궈(서기처 서기) 등 중앙지도자도 이와 같은 견해를 적극적으로 표명하게 되었다.

그러나 9월에 들어서면서 왕전과 펑전 등 보수파 장로가 '4가지 기본원칙 견지', '부르주아 자유화 반대'를 강하게 부르짖게 되고, 이에 대해 급진적인 개혁파 지식인인 팡리즈·류빈옌·리홍린 등은 "중국의 삼권분립은 가능하며", "4가지 기본원칙을 내세우는 것은 미신·보수·종속을 주장하는 것이다"라면서 격렬히 대립했다. 12월 팡리즈가 부학장을 맡고 있던 안후이성의 중국과학기술대학에서 민주화를 요구하는 학생운동이 시작되었고, 순식간에 상하이와 베이징, 그리고 전국 150여 개 대학에서 데모와 집회가 개최되었다. 덩샤오핑은 이러한 움직임을 '지나치다'고 판단하고, 12월 말 '기치선명하게 부르주아 자유화에 반대하자'라는 지시를 내렸다. 당과 공안은 통제를 개시하고, 이것에 의해 학생운동·민주화운동은 좌절되었다.

1987년 1월에 개최된 중국공산당 중앙정치국 확대회의에서 후야오방은 민주화를 주장하는 지식인·학생에 대해 연약한 태도를 취했다는 이유로 책임을 추궁받고 총서기직 사임을 강요받았다. 이 회의에서는 "좌로부터의 반격이 이루어졌는가"라고 판단되었는데, 덩샤오핑은 후야오방의 후임에 또 다른 개혁파 기수인 자오쯔양을 발탁하고, 가을에 소집된 중국공산당 제13회 전국대회를 위한 「정치체제 개혁안」을 작성하게 했다. 바오퉁과 옌자치가 중심이 되어 작성했던 이 안건은, 10월 말 중국공산당 제13회 전국대회에서 빛을 보게 되었다. 핵심적인 내용은 당의 지도계통과 행정의 지도계통에서 중복되는 부분을 배제하는 '당·정 분리론'이었다. 또한 아래로의 권력 이양, 정부기구 개혁, 공무원 제도를 도입한 간부 인사 제도, 법제 강화 등이 주장되고, 당 스스로 정치체제의 개혁을 시사했던 점에서 주목받았다.

그러나 당정분리를 실행에 옮기자, 정부 각 부문(예를 들면, 농업국·청)에 대응해 당 조직 내에 설치되었던 대구부對口部(상대 부서)라고 불리는 각 부문(농촌공작위원회 등)의 폐지, 정부와 대중조직 내에 있는 당 지도 그룹[黨組]의 폐지 등이 과제가 되었고, 이는 명백히 당 지도의 약체화를 의미했기 때문에 저항의 움직임이 바로 발생했다. 또한 공무원 제도를 도입하는 방안은 종래 각급 당 조직부가 완전히 장악하고 있던 인사권을 뒤흔드는 것으로 간주되어, 조직부를 중심으로 기득권을 지키려는 움직임이 나타나는 것은 당연한 사실이었다. 1987년 가을부터 1988년에 걸쳐 중앙과 성 수준의 행정 부문에서 이러한 몇 가지 정치 개혁이 시작되었다. 그러나 각지의 보고에는 당 위원회와 인민정부, 인민대표대회 간의 지도권을 둘러싼 다툼 등과 같은 혼란이 눈에 띄었다. 공무원 제도의 도입도 대부분 실험 단계에 그쳤다. 정치체제 개혁은 시작부터 '암초'에 부딪혔던 것이다.

4. 개혁·개방의 딜레마와 고조되는 사회불안

경제체제의 개혁으로

정치체제 개혁에 대한 주장은 정치 참가의 확대와 정치 표현의 자유를 추구하고자 했던 민주화에 대한 요구에서부터 나오고 있었다. 그러나 동시에, 특히 중국공산당 지도자와 수뇌부들은 경제체제 개혁을 본격적으로 진행하기 위해서는 정치체제의 근대화와 합리화가 필수적이라는 정치와 경제의 '두 바퀴'론에 입각하는 것이 일반적이었다. 1984년의 「경제체제 개혁에 관한 결정」 이후 경제체제는 구조적 전환의 단계로 들어가고 있었다. 그 해 상업유통체제 개혁을 위한 좌담회가 상업부에서 열렸고, 1985년에 중국공산당 중앙위원회는 과학기술체제 개혁, 교육체제 개혁 등의 '결정'을 순차적으로 발표했다. 나아가 1986년에는 중앙과 지방의 종적 관계인 행정 시스템을 타파하기 위해 기업 간의 횡적인 경제 연합의 추진이 호소되었다. 그 밖에도 기업 자주권의 확대, 공장장 책임제가 광범위하게 실시되었고, 지령제 가격 외에 시장 가격도 병존하는 이중가격제[雙軌制]의 도입, 이개세利改稅(이윤상납제에서 법인세 징수제)로의 개혁, 주택제도의 개혁 등이 시도되었다.

1987년의 중국공산당 제13회 전국대회는 경제개혁 면에서도 새로운 단계로의 돌입을 의미했다. 자오쯔양은 「정치보고」에서 정치 개혁과 함께 '사회주의 초급단계론'을 제기했다. 즉 사회주의 사회이기는 하지만 경제가 낙후되었고, 농업을 중심으로 한 자급자족경제가 큰 비중을 차지하며, 빈곤과 정체가 계속되고 있는 현실에서 벗어나는 것이 최우선 과제인 단계를 '초급단계'로 규정했다. 그리고 거기에서 탈피하기 위해서는 근대적인 공업의 발달과 상품경제로의 이행 등이 관건이었다. 따라서 이 이론은 종래 자본주의적으로 간주되고 있었던 부동산(사용권)의 매매, 사영기업과 주식제도의 도입 등이 적극적으로 실시될 수 있는 정당성의 근거를 제공했다.

더욱이 자오쯔양은 이 보고에서도 강조했던 것처럼, 대외개방 정책을 확대하고 경제기술 교류를 더욱 확대하고 발전을 추진하기 위해, 젊은 참모진 가운데 한 명인 왕젠이 제기했던 '국제 대순환론'에 입각해 연해 지구 대외경제 발전 전략을 제기하게 되었다. 그것은 이전의 경제특구·대외경제 개방 도시의 설치라는, 이른바 개방 거점을 늘리는 방식과는 달리 연해 지구 전체를 서방식의 국제경제 시스템에 포함시킴으로써 엄격한 국제 규칙에 따라 치열한 국제 경쟁을 거치는 가운데 연해의 경제가 질적으로나 양적으로 크게 발전할 수 있도록 기도했던 것이었다. 1988년 봄, 성으로 격상되었던 하이난도 전체를 경제특구로 지정했던 것은 그 구체적인 방책의 하나였다.

배금주의의 모순

적어도 경제 수준에서만큼은 자본주의와 비슷해지려고 하는 이 시도는 확실히 많은 사람들의 노동의욕과 경제적 동기를 자극했고, 과거의 계획경제·지령통제경제에 비해 훨씬 큰 경제 효과를 가져왔다. 그러나 동시에 심각한 모순도 나타나고 있었다. 첫째, 발전 조건을 갖추고 있던 지역 및 사람들과 그렇지 않은 곳의 경제 격차가 너무 확대되었다는 점이다. 홍콩에 인접한 광둥성의 발전은 눈부셨던 반면, 사회주의적 유산을 많이 담보하고 있는 중공업 지대인 동북은 발전이 늦어졌다. 또한 연해와 내륙의 격차, 개인 경영·외자기업과 국유기업 노동자와의 격차 등이 확대되면서, 개혁·개방의 혜택을 적게 받는 곳에서는 불만이 쌓이고 있었다.

둘째, 경제 발전을 우선시하면 할수록 어느 누구라도 풍요로움을 추구하게 되면서 이른바 '샹첸칸向錢看'(배금주의) 현상이 만연하게 되었다. 특히 문제가 되었던 것은 첫째, 당의 간부와 일반 당원의 대부분이 샹첸칸에 매달려 일상의 당무와 행정 등을 소홀히 했고, 그 중에서도 기층 부문의 통치가 심각하게 되었던 점, 게다가 둘째, 개혁·개방에 대응한 법적 정비가 갖춰지지 않았던 점까지 겹쳐서 경제적인 이익을 위해 권력을 남용하는 경제 부정이 빈발했던 것 등이다.

날뛰는 브로커와 인플레이션

셋째, 개혁·개방 정책에 내포된 모순 때문에 경제 혼란, 나아가서는 경제 부정을 야기하고 있었다. 예컨대 개혁·개방을 촉진하기 위해 앞에서 얘기했던 것처럼 경제 권한을 지방 수준으로 이양하는 정책을 실시했는데, 이 정책이 지방 이익 우선주의·지방 보호주의의 경향을 강하게 보이면서 전체적인 상황을 고려하지 않은 과잉 투자와 과잉 생산을 낳고 있던 점, 그리고 이중가격제를 악용해 똑같은 물자를 싼값으로 손에 넣고 비싸게 팔아서 부당한 이익을 얻는 '다오예剸爺'(브로커)가 판을 쳤다는 점이다. 특히 권력 남용과 결합해 '관다오官剸'(관료 브로커)가 암약하면서 서민들의 불만을 샀다.

넷째, 시장가격의 자유화와 함께 예전에는 행정력으로 억제되고 있던 물가의 상승과 가격의 불안정화이다. 특히 사회주의화를 실현한 이후 안정되었던 물가는, 전년도와 비교해보면 개혁·개방이 심화됨에 따라 1978~1983년의 연평균 2.8%가 1984~1987년에는 7.3%로 증가했으며, 1988년에는 상반기에만 13%로 급증했다. 가격 문제가 주요 의제였던 1988년 5월 말의 중국공산당 중앙정치국 확대회의에서는 자오쯔양조차 인플레 현상을 중시하면서 신중론을 말했다. 그럼에도 불구하고 덩샤오핑은 "개혁하지 않으면 당과 국가가 망하는 위험이 있고, 개혁을 추진하려면 머리를 자르고 피를 흘리는 위험에 맞닥뜨릴 것이다. 당과 국가가 망하는 것보다는 머리를 자르고 피를 흘리는 쪽이 낫다"라고 가격 자유화를 단행하려는 논조를 펼쳤다. 결국 덩샤오핑의 주장이 실천에 옮겨졌다. 물가상승률은 그 뒤 더욱 가파른 상승곡선을 그린 끝에 그해 평균 18.5%를 기록했다.

도시 주민의 실질소득 수준은 1987년 10월 조사에서 21%의 가정이, 1988년에는 35%의 가정이 저하되는 결과가 나타났고, 도시 주민의 83.3%가 인플레이션에 불만스러워했다. 더욱이 이 시기에 덩샤오핑과 자오쯔양 등을 포함한 중앙지도부의 아들과 일족이 관련된 종합상사·집단공사가 설립되었는데, 여기서 '관다오 현상'으로 불리는 대규모의 경제 부정이 심각해지면서 사람들의 불만이 쌓여갔다. 이러한 가운데 1988년 9월 중국공산당 제13기 3중전회가 소집되고, 경제 환경의 정비와 경제 질서의 회복을 목적으로 한 '정비·정돈' 방침이 결정되었다.

주요 내용은 가격 개혁의 실질적인 동결, 사회 총수요의 억제에 의한 인플레이션 억제와 경제성장 둔화 등에 의한 경제 긴축이었다. 그러나 계속된 인플레이션 경향 등의 사태가 반드시 호전되었던 것은 아니고, 총수요 억제의 효과가 당연히 나타나리라고 생각했던 다음 해인 1989년에도 물가상승은 전년에 비해 17.8% 증가를 기록할 정도였다. 게다가 이러한 사회혼란과 경제혼란을 야기한 주범으로 덩샤오핑이 아니라 자오쯔양 총서기가 지목되어 비판을 받았다. 정치 개혁의 혼란을 포함해 1988년은, 1978년 이후 개혁·개방 노선을 담당했던 사람들이 시련을 겪은 시기였다.

5. 개혁파 내 신권위주의 논쟁과 민주화 요구의 고양

집권에 따른 경제 근대화의 주장

1988년 가을, 개혁·개방의 전망에 어두운 구름이 드리워지기 시작했다. 개혁파의 브레인과 연구자들은 위기감을 갖고 이를 인식하게 되었다. 두 가지 주장이 대두되었는데, 하나는 민주화를 중시하는 정치 개혁을 우선 보류하고, 근대화를 강력히 지향하는 지도자에게 권위와 권력을 집중시켜 정치적인 안정을 바탕으로 강력하게 경제 근대화를 추진해 나가자는 것으로 이른바 '신권위주의론'이라고 불리는 것이다. 이러한 주장은 왕후닝(2012년 제18기 1중전회의 정치국위원)과 장빙지우 등 젊은 정치학자에 의해 1986년경부터 제기되었는데, 기본적으로는 새뮤얼 P. 헌팅턴 등이 체계화한 후발국 근대화론, 즉 1인당 GNP가 400~1,000 달러의 단계에 있는 나라는 그 전 단계와 다음 단계의 사회 상황에 비해 몇 배나 불안정하므로, 따라서 근대화를 진행하려면 정치 안정을 보증할 수 있는 강력한 정부(권위주의 체제)가 필요하다는 이론에 바탕을 두었다. 이른바 아시아 NIEs(Newly Industrializing Economies, 신흥공업 경제지역)라고 불렸던 한국·타이완·싱가포르 등의 개발독재론과 지극히 유사한 것이었다.

당시 주목받았던 이론가의 한 명인 우자샹은, "신권위주의의 사회적 실천이란 전통사회가 근대사회로 향할 때 불가피하게 출현하는 일종의 과도적 형태에 불과하다. 경제적으로는 물동物動경제에서 상품경제로 나아가는 반半시장경제, 정치적으로는 전통적 독재에서 민주적 정치체제로 향하는 개명적 독재 단계이다"라고 논했다. 장빙지우는 한술 더 떠서 신권위주의의 '신新'은 지도자가 근대적 의식의 부산물임을 뜻하며, '권위'는 강력한 권력을 갖고 강제적으로 근대화를 추진할 수 있는 독재자로 인식된다고 말한다. 요컨대 그들은 정치 안정을 위해 집권체제와 경제 발전을 짜맞출 것, 바꿔 말하면 당분간 '강한 정부, 유연한 경제'라는 정치·경제체제의 틀로 나아가자고 생각했던 것이다. 이 생각은 앞에서도 말한 4가지 기본원칙을 제창했던 덩샤오핑의 사고와 비슷한 것으로, 덩샤오핑 자신도 1989년 3월 신권위주의론이 바로 자신이 생각하고 있었던 것이라고 말했다. 다만 이것을 주장하는 젊은이 가운데는 우자샹같이 자오쯔양의 브레인도 적지 않았고, 그들은 덩샤오핑 이후의 '자오쯔양 지도체제'를 강화하려는 정치적 의도도 갖고 있었다고 한다.

민주화 추진의 주장

이에 대해 또 하나의 이론은 민주화를 한층 가속시키자는 주장이었다. 특히 사회주의 하에서의 스탈린 독재, 마오쩌둥 독재의 비극을 중시한 이론가들은 "오늘날 필요한 것은 독재의 권위가 아니라 민주의 권위다"라는 등 신권위주의에 맹렬히 반발했다. 이와 같이 지식인과 학생 사이에서는 '개혁에 대한 위기의식'이 급속히 높아졌다. 예를 들면 저명한 지식인인 옌자치는 1988년 11월, 원위안카이와의 대담에서 다음과 같이 말하고 있다. "중국 개혁이라는 전차가 늪에 빠졌다. …… 지금은 모두 출구가 없다고 느끼며, 어떻게 해야 좋을지 알지 못한다. …… 브레즈네프식의 장기 정체가 없기를 희망하고 있다." 이러한 위기의식은 점차 그들의 행동을 성급하게 만들었다.

　1989년에 들어서, 팡리즈 등은 웨이징성 등 '베이징의 봄'과 '민주의 벽'에서 체포·투옥되었던 정치범의 석방을 요구하고 '인권 옹호 서명운동'을 전개하게 되었다. 우선 덩샤오핑에게 보냈던 팡리즈의 「편지」에 이어서 지식인 33명이 서명한 중국공산당 중앙위원회, 전인대 상무위원회에 보내는 「공개장」 등으로 그 범위는 서서히 넓어지고 있었다. 또한 이에 호응하는 정치의식이 높은 학생들의 움직임이 시작되었다. 5월에는 역사적인 '민주와 과학'을 상징하는 '5·4운동 70주년 기념'과 페레스트로이카(개혁)의 기수 고르바초프 서기장이 중국을 방문할 일정이 잡혔다. 이를 계기로 지식인과 학생들은 다시 정치 개혁을 북돋울 수 있도록 준비하고 있었다.

당국의 위기감

그러나 당국은 이러한 움직임을 강력히 경계하고 있었다. 중국 정부는 3월 초 부시 미국 대통령의 중국 방문에 즈음해 팡리즈 등 민주개혁파 지식인들이 부시와 접촉하는 것을 방해했다. 긴축경제에도 불구하고 쉽게 진정되지 않는 인플레이션과 관료들의 경제 부정행위 등에 대한 분노의 소리가 거리에 넘쳐나기 시작했다. 지식인, 학생들의 민주화 요구가 높아지고 서민들의 사회적 불만이 증대하면서 미묘한 움직임이 야기되고 있었다. 덩샤오핑은 중국 내부에서 한 연설에서는 "안정이 모든 것에 우선한다"라고 힘주어 강조했다. 자오쯔양을 위시한 여러 중국공산당 지도자들의 발언에서도, 사회적 혼란에는 실력 행사도 불사하겠다는 강력한 자세가 엿보였다. 1978년 말에 개최된 제11기 3중전회에서 새로운 첫걸음을 내딛고, 10년의 세월을 거쳤던 개혁·개방 노선은 이제 중대한 기로에 서게 되었다.

소수민족운동의 대두

민주화와 관련된 또 다른 중요한 움직임이 개혁·개방기에 들어서면서 표면화되었다. 대표적인 것이 티베트 자치구와 신장 위구르 자치구를 중심으로 소수민족의 '자결自決'을 추구하는 민족운동이다. 중국 정부는 1952년에 이들의 자결권을 부정하는, '분할할 수 없는 영토'를 전제로 한 '민족 구역 자치' 정책을 명확하게 내세워 오늘에 이르고 있다. 1950년대에는 이에 의해 티베트·네이멍구·신장 위구르·광시좡족·닝샤후이족의 자치구 조직이 추진되었다. 이 과정에서 1957~1958년 신장의 위구르 민족이 '이의를 제기'했는데, 중국정부는 이를 '지방 민족주의'라고 철저히 비판했으며, 1959년에는 티베트 반란을 진압하자 달라이 라마 14세가 인도로 망명했다. 그때부터 이러한 민족운동은 봉쇄된 채로 있었다.

그러나 1980년대, 특히 후야오방 총서기 시대에는 소수민족 지구에도 경제개혁·개방 정책을 추진했고, 동시에 소수민족 정책도 유연하게 바뀌었다. 이러한 '자유화의 분위기' 속에서 티베트 자치구 내의 승려들은 인도에 있던 달라이 라마의 '망명 정부'와 제휴해 민족운동을 벌였고, 운동이 격화되면서 개혁·개방기에 들어왔던 많은 한인들과 마찰·대립이 빈발했다. 1987년 가을에는 '라싸 폭동'으로 불리는 대규모 자결운동이 표면화되었는데, 당국은 이것을 '적대모순'으로 규정하고 적극적으로 무력 진압에 나섰다. 그 이후에도 '티베트의 독립'을 내건 운동이 간헐적으로 재연되었고, 1989년 3월에는 라싸에 계엄령을 내릴 정도로 규모가 커지자 당국은 철저하게 탄압을 시도했다. 한편 신장에서도 소련의 약화와 소련 지역 중앙아시아 지구에서 대두되는 민족주의에 자극을 받아, 1980년대 후반 무렵부터 반중앙·반한족 민족주의 운동이 표면화되었다. 이에 대해서도 당국은 '분열주의'·'반혁명 폭동'으로 규정하고 타격과 봉쇄라는 강경 정책을 채택했다.

1980년대 이후 민족운동의 특징은 민주화운동과 국제적인 인권옹호운동, 혹은 다른 나라의 민족운동과 연대했다는 점이다. 이하에서는 공화국 시작 이후 최대의 민주화운동이었던 제2차 톈안먼 사건에 대해 살펴보도록 하겠다.

6. 제2차 톈안먼 사건과 무력 진압

후야오방 추도에서 덩샤오핑 비판으로

정치의 중대한 전환은 종종 예기치 못한 사건을 계기로 전개된다. 1989년 4월 15일, 자유주의적인 지도자로서 실각 후에도 인기가 높았던 후야오방 전 총서기가 심근경색으로 갑자기 타계했다. 이 뉴스를 접한 학생과 지식인들은 그를 추도하고, 업적을 찬양하는 집회를 개최했는데, 이러한 움직임이 후야오방의 '명예회복 요구'로 바뀌고, 곧 '독재주의, 봉건주의 타도'·'헌법에 규정된 기본적인 인권 옹호'·'자주적인 학생 조직의 결성'·'민영신문 발행 허가' 등을 요구하는 민주화운동으로 확대되었다. 이에 대해 당국은 처음에는 묵인했지만, 4월 25일에 덩샤오핑이 학생운동을 "계획적인 음모이고 동란이다. 그 실질은 당의 지도와 사회

중국의 민주화를 요구하며
밖으로 나온 베이징 시민들.
(1989년 5월)

사진제공: 연합뉴스

주의를 근본부터 부정하는 것이다"라고 엄격하게 비판했다. 이에 이어서 다음 날 『인민일보』에는 「기치선명하게 동란에 반대하자」라는 제목의 사설이 발표되었고, 민주화운동은 또 다시 중단되는 것처럼 보였다. 그러나 학생들이 이 '결정'에 강력히 반발하면서, 운동의 흐름은 오히려 일시에 확대되었다. 같은 시기 당국 '결정'이 한창인 때, 북한을 방문하고 있던 자오쯔양이 귀국해 학생운동은 '동란'이 아니고 '애국적인 민주운동'이라고 발언함으로써, 당내 지도부도 덩샤오핑 등 장로파 및 리펑 등 보수파 집단과 자오쯔양 등 적극적인 개혁파 집단 간에 대립이 표면화되었다.

5월 초순부터 중순에 걸쳐 운동은 학생과 지식인뿐 만 아니라 정부관계자·기업가·일반 시민·노동자를 포함하면서 확대되었다. 그렇게 된 배경으로는 이 운동이 '공산당 옹호'를 바탕으로 민주화 일반을 요구하고, 관다오를 비판하는 등 비교적 온건했으며, 앞에서 말한 인플레이션과 공무원의 부정에 대한 불만으로 사람들이 점차 운동에 동감하게 되었던 점을 고려할 수 있다. 특히 주목할 만한 특징은 사회주의 체제에서 항상 '권력의 나팔'이었던 『인민일보』 등 언론기관 관계자와 권력의 폭력 장치인 경찰 관계자들이 이 운동에 참가하기 시작했다는 점이다. 그

규모만 해도 당시 세 차례에 걸쳐 톈안먼 광장에 모인 사람이 100만 명이라 이야기될 정도로 대집회였다. 그리고 베이징의 교통과 일상 활동은 점차 마비 상태가 되었다.

5월 15일부터 18일, 이상한 분위기가 베이징에서 감지되는 가운데 고르바초프가 중국을 방문했다. 5월 16일 덩샤오핑·리펑에 이어 저녁부터 자오쯔양 총서기와의 회담이 지속되었는데, 이때 자오쯔양은 "우리는 제13회 당 대회 직후 중대한 결정을 했다. 그것은 중요 문제에 관해서는 여전히 덩샤오핑 동지가 결정권을 갖는다는 것이다"라는 비밀결의를 누설했다. 톈안먼 사건의 예상되는 모든 사태가 덩샤오핑의 의사에 따라 진행되고 있다는 말이었을 것이다. 다음 날 옌자치가 작성했다는 「5·17선언」이 공포되고, '칭호 없는 황제'·'늙고 우매한 독재자'·'독재자는 사직해라'라는 덩샤오핑에 대한 직접적인 비판이 처음으로 나타났다. 19일 고르바초프가 귀국하기를 기다렸던 자오쯔양은 몸소 톈안먼으로 가서 학생들과 면담하고 "너무 늦게 왔다"라는 말을 남긴 뒤, 이후 공식석상에서 모습을 감추었고 2005년에 타계했다.

계엄령

다음 날인 5월 20일, 건국 이후 처음으로 수도 베이징에 계엄령이 시행되었다. 이에 대해 학생과 시민들은 당국의 군사 행동을 저지하기 위해 시내로 들어오는 각 요소마다 바리케이드를 쌓고, 인민해방군에 대한 직접적인 설득 활동을 계속하는 등 꿋꿋하게 저항했다. 계엄령 시행으로부터 약 2주일 동안 당국은 진압 행동에 나서지 않았고, 양자의 대치 상황은 계속되고 있었다. 이 사이 학생과 시민을 지지하는 해외의 목소리도 높아졌다. 특히 1997년에 반환이 결정되어 있던 홍콩의 시민과 학생은 반환 이후 홍콩에서의 민주주의 유지 문제와 겹쳐 강한 관심을 보이게 되었고, 대규모 지원 활동을 전개하기 시작했다. 그러나 당국의 자세는 강경했다. 덩샤오핑은 5월 17일 중국공산당 중앙정치국 상무위원회에서 "퇴각하자고 말하는데 자네들은 어디까지 물러날 것인가, 퇴각해서는 안 된다"라고 발언하고 있다. 또한 양상쿤 국가주석은 22일의 연설에서, "이것은 저수지의 마지막 제방이고, 한번 퇴각하면 댐은 무너진다"라며 군에 의한 봉쇄를 지지했다.

학생들은 서서히 초조함을 강하게 느끼고 있었다. 운동을 처음부터 이끌고 있던 왕단·우얼카이시·차이링은 일단 대학으로 철수할 것을 호소했지만, 새롭게 대열에 참가한 각지에서 온 학생들에 압도되어 제대로 통솔할 수 없었다. 서서히 일반 학생들은 광장에서 이탈하기 시작했고, 민주화 요구를 사수하려는 강한 의지를 가졌던 사람들만이 남게 되었다. 6월 3일 새벽부터 4일 내내 "운동은 반혁명 폭동으로 변했다"라는 이유로 계엄령 부대가 베이징 중심부를 향해 출동을 개시했고, 톈안먼 광장에 이르는 몇 개의 주요 도로 위에서 저항하는 학생·시민에게 발포해 이들을 쫓아버렸다. 그 사망자는 일설에 따르면 2,000명 정도라는 보도도 있는데, 후에 당국의 발표에서조차 군인을 포함해 사망자 319명, 부상자 9,000명에 달할 정도였다.

6월 9일 고르바초프와 회견한 이후 공식 석상에 모습을 드러내지 않고 있던 덩샤오핑이 만반의 준비를 갖추고 다시 등장해 계엄령 부대의 간부를 위문 접견했다. 여기에서 덩샤오핑은 "이 풍파는 국제적인 대규모 정세(화평연변和平演變: 사회주의 체제의 평화적 전복)와 국내의 소규모 정세(부르주아 자유화)에 의해 초래되었고, …… 당과 사회주의를 전복시키고, 완전히 서방측에 예속된 부르주아 공화국을 실현시키려 했던 것으로, 이르든 늦든 다가올 것이었다"라고 격렬히 비판하고, 자신의 단호한 처리를 망설임없이 정당화했다. 활동가의 대부분이 체포되거나 국외로 도망을 갔으며, 일반 사람들은 침묵을 지킨 채 다시 참기 어려운 고통 속에서 하루하루를 보내게 되었다. 싹트기 시작했던 민주주의가 이러한 과정에서 철저하게 뿌리 뽑혔다.

7. 국제적 고립화와 냉전의 붕괴

국제적인 압력 강화

국제사회, 특히 미국을 비롯한 서방의 여러 나라는 중국공산당 당국의 이러한 행동에 대해 일제히 비난했다. 그들은 이 '6·4사건'을 '민주주의에 대한 도전'·'인권 탄압'으로 인식하여, 경제교류와 정부 차원의 교류를 중단하고, G7 알슈 정상회담에서는 중국에 대해 '경제제재'를 취할 것을 결정했다. 일본도 이에 동조하고 '제3차 대중국 엔차관' 공여를 중단하기로 결정했다. 그러자 중국은 인권 탄압 비난은 내정 간섭이며, 서방 여러 나라의 '화평연변'에 단호히 반대한다는 자세를 명확히 내세웠다. 다만 덩샤오핑은 톈안먼 사건 직후부터 "중국의 개혁·개방 노선은 변하지 않는다"라고 계속 역설했다. 그런데도 일본을 포함해 서방 여러 나라와의 경제 교류는 무역 총액의 감소에서도 볼 수 있는 것처럼 갑자기 매우 약화되었다.

1978년 이후, '4가지 근대화' 건설을 내걸고 서방측과의 평화 공존·경제 교류를 최우선으로 삼아왔던 대외노선은 큰 벽에 부딪쳤다. 더구나 1980년대 전반부터 중반 무렵까지 관계를 정상화하고 있었던 사회주의 국가 대부분이 고르바초프의 페레스트로이카의 영향을 강하게 받고, 헝가리·폴란드·체코슬로바키아·동독 등은 순서대로 대담하게 민주화에 돌입하기 시작했다. 1989년 11월, 1948년 이후 동서냉전의 상징적인 존재였던 베를린 장벽이 마침내 붕괴되었고, 이후 동유럽 여러 나라의 사회주의 독재체제는 눈사태처럼 무너지게 되었다. "소동파蘇東波('소련, 동유럽의 민주화의 파도'를 뜻하며 송대의 유명한 문인 소동파蘇東坡의 이름을 이용한 표현)는 중국에 도달하는가"라며 중국에 대한 관심이 높아졌다. 그것은 중국 당국의 입장에서 보면 바로 '화평연변'의 국제 압력이기도 했다.

아시아와의 관계 개선

이러한 국제적 고립화 가운데, 중국은 어떠한 선택을 했는가? 덩샤오핑의 참모진 가운데 한 명으로 저명한 국제정치학자 환샹의 다음과 같은 지적은 흥미롭다. 1980년대 초, "세계 국제정세의 전개를 결정하고 있던 것은 중·미·소의 대삼각관계이다"(『세계경제도보』, 1984년 7월 9일)라며 얕보았던 아시아 주변 각국에 대해 1980년대 중반에 들어서면서부터는 "주변의 많은 나라와 지역이 금세기 말에는 차례차례 NIEs 신흥공업 경제지역의 길을 걸을 것이다. 우리가 분투해서 국력을 북돋지 않으면 10년 뒤에는 크게 뒤쳐질 것이다"(『베이징주보』, 1988년 3호)라며 강한 위기감과 긴박감을 갖고 인식하게 되었다. 이들 국가와 지역이 이제는 중국의 경제 파트너로 급속히 부상했던 것이다.

타이완은 1988년 장징궈로부터 정권을 인계받았던 리덩후이에 의해 자체적으로 민주화를 추진하면서 한편으로 톈안먼 사건에 대해서는 중국 당국을 비난하고, 다른 한편으로 이 시기 중국과의 경제 교류를 투자·합판·무역 등의 분야에서 대폭 증대시켰다. 동남아시아 각국도 현지 화인華人자본을 중심으로 중국에 대한 투자를 증대시켰다. 이와 함께 중국은 1990년 베이징 아시안 게임을 계기로 주변 각국과의 관계 정상화에 적극적으로 나서게 되었다. 1990년의 외교를 회고했던 첸치천 외상은 "1년 이내 중국과 주변 여러 나라와의 우호협력 관계는 커다란 발전과 변화를 보였다. …… 현재 중국과 주변 각국의 관계는 건국 이후 가장 좋은 시기에 있다"라고 지적하고 있다. 또 리펑 총리도 1991년 봄, "주변 각국과의 선린우호 관계의 발전은 외교 활동의 중점"이라고 발언하고 있다. 구체적으로는 이전부터 국교관계를 맺은 나라 외에 몽골·인도네시아·싱가포르와의 관계 정상화(1990), 베트남과의 관계 정상화(1991), 한국과의 국교 수립(1992) 등이 화제가 되었다.

물론 아시아와의 관계 강화만으로는 중국 자체의 경제 발전을 지지할 수 없었기에, 곧 서방 각국과의 관계 회복도 모색하게 되었다. 여기에 가교 역할을 담당했던 것이 일본이었다. 일본은 서방 여러 나라의 태도에 동조하면서도 "중국을 국제사회에서 고립시키면 안 된다"라고 강조하고, 1990년 휴스턴 정상회담에서는 '대중국 비난 결의를 회피하는 데' 힘을 쏟았다. 나아가 7월, 톈안먼 사건 이후 서방측 지도자로서는 처음으로 가이후 도시키 수상이 중국을 방문하고, 동결시켰던 대중국 제3차 엔차관의 재개를 단행했다. 중국도 계엄령 해제, 톈안먼 사건 관계자의 대량 석방, 팡리즈 부부의 미국 출국 묵인 등 관계 개선의 신호를 계속 공표하고, 미국 등과의 관계를 어느 정도 회복했다.

'방어' 외교를 시작하다

그러나 1991년 1~2월에 발생했던 페르시아만 전쟁에서 압도적인 첨단 병기의 위력을 과시했던 미국의 군사력과 그 해 8월 쿠데타 실패를 계기로 일거에 와해되었던 소련의 현실 앞에서, 중국 지도부는 '미국의 위협'을 새삼스럽게 인식했다. "현재는 딱 하나의 초강대국이 존재하고 있다. 그 초강대국이 세계를 지배하고 있다고 인식한다면 위험하다"(첸치천, 1991년 4월의 발언). 이 시기 덩샤오핑은 「24문자 지시」·「16문자 지시」 등을 차례로 발표하고, "눈에 띄는 행동은 하지 말고 힘을 기르자〔韜光養

晦〕", "사회주의의 선두에 서 있나 냉정하게 관찰해보자", "적은 강하고 우리는 약하면 수비를 위주로 하자"라는 '방어' 외교 방침을 지시하고 있다. 그리고 덩샤오핑을 비롯한 중국공산당 지도자들이 새삼스럽게 인식했던 것은 경제 발전을 통해 국력을 북돋워야 한다는 점이었다.

톈안먼 사건 직후부터 총서기에 취임했던 장쩌민은 1991년 4월 "중국에 가장 중요한 점은 경제를 활성화하고, 종합적인 국력을 향상시키는 것이다. 경제력이 없으면 국제적으로 지위를 확보할 수 없다"라고 역설하고 있다. 정치는 확고하게 통제된 상태였지만, 다시 경제 개방에 대한 강조가 추진되었던 것이다.

제6장

덩샤오핑 이후의 체제와
부유한 강대국으로의 도전

소련붕괴 후의 '세계의 양 대국',
'건설적이고 전략적인 파트너 관계'를
어필한 장쩌민과 클린턴.
(1997년 10월 백악관 서열식에서)

사진제공: 연합뉴스

1. 「남순강화」와 고도 경제성장으로의 재가속

개혁·개방으로 다시 속도를 내자는 덩샤오핑의 격문

1989년 제2차 톈안먼 사건은 정치뿐만 아니라 경제 상황도 냉각시켜 인플레이션은 단숨에 진정되었다. 그러나 투자와 무역 등도 갑자기 감소해 경제의 활력 자체가 떨어지면서 더욱 침체되었다. 1991년에 들어서는 보수파의 공세를 밀어내면서 덩샤오핑을 선두로 한 당 중앙위원회 지도자들이 다시 개혁·개방에 노력하도록 호소하기 시작했다. 3월에는 상하이 『해방일보』에 황푸핑*이라는 필명으로 덩샤오핑의 뜻을 참작하고, 보수파를 비판하면서 개혁·개방에 힘을 기울여야 한다고 주장한 평론이 연재되었다. 덩샤오핑은 상하이에서 개혁 수완이 높게 평가되고 있던 주룽지를 부총리로 발탁했다. 하지만 전체적으로는 여전히 개혁의 분위기가 고조되지 않았다. 그래서 1992년 1월 18일부터 2월 21일에 걸쳐, 덩샤오핑은 87세의 노구를 이끌고 우한·선전·광저우·주하이·상하

---

* 皇甫平, '인민의 명령을 받들어 덩샤오핑을 보좌한다'는 뜻이다.

이 등 남방의 개방도시를 방문했다. 그리고 각지에 "개혁·개방을 가속하자"라는 '격문'을 띄웠다.

이것이 곧 「남순강화」인데, 이른바 "굳이 말한다면, 대담하게 돌파할 필요가 있다. 전족을 한 여자 같아서는 소용없다", "지금이 발전의 기회다. 기회를 놓치지 말자"와 같은 것들이다. 더욱이 그는 종래 많은 사회주의자가 계속 주저하고 있던 시장경제의 도입을 적극적으로 장려하고, 이를 위해 자신의 스타일인 실용주의 이론을 전개하고 있다. 예를 들면 "계획이 사회주의이며, 시장이 자본주의라는 견해는 잘못된 것이다. 계획과 시장은 모두 경제수단이다. 자본주의에도 계획이 있는 것처럼, 사회주의에 시장이 있어도 이상할 것은 없다", 또한 "사회주의인가 자본주의인가[姓社姓資]와 같은 논쟁을 하지 말라. 사물의 시비에 대해 판단할 때는 첫째, 생산력의 발전, 둘째, 종합적인 국력, 셋째, 인민의 생활 향상에 유리한가 아닌가를 기준으로 삼자" 등과 같이 주장했다.

덩샤오핑의 「남순강화」는 중앙정치국을 통과해, 3월 중국공산당 중앙위원회 2호 문건으로 전국 각지에 전달되었고, 개혁·개방에 속도를 더하라는 지령이 내려졌다. 6월에 중국공산당은 다시 종래 해안 지역에 한정하고 있던 대외개방 정책을 내륙·국경 지대를 포함한 전방위 개방으로 발전시킬 것을 결정했다. 각 지방은 앞을 다투어 개발구를 건설하고, 부동산업·서비스 산업 등을 추진하는 데 힘을 기울이게 되었다. 이에 따라 경제성장은 다시 빠르게 상승하기 시작했는데, 이렇게 경제성장에 다시금 속도를 붙이게 한 일꾼들은 각 지방 자체의 고속 발전을 담당했던 토착 간부들이었다. 그러나 머지않아 개발구가 난립하고, 외국투자를 유치하기 위해 서로 경쟁하면서 경기가 과열되었다. 중앙은 과열을 억제하기 위해 거시적으로 통제를 한층 강화했지만, 지방에서는 쉽게 안정되지 않았다. 대외무역·외국기업의 진출도 다시 활발해져서

1992년의 무역 총액은 전년도와 비교해 22.1% 증가했으며, GDP 성장은 13.4%, 공업총생산액 성장률은 28.0% 증가해 두 자리 숫자가 될 정도였다.

덩샤오핑 이후의 체제

이러한 분위기 속에서 1992년 10월 중국공산당 제14회 전국대회가 개최되었다. 여기서는 덩샤오핑 이후의 체제 확립이 명확히 인식되고 있었다. 기본 노선으로 덩샤오핑의 「남순강화」 정신을 거의 그대로 답습하고, '사회주의 시장경제'를 적극적으로 도입할 것으로 알려졌다. 또 지도체제로는 제2차 톈안먼 사건 직후 중앙위원회에 발탁되었던 장쩌민을 계속 총서기로 선발하고, "장쩌민 동지를 핵심으로 할" 것이 명기되었다. 이에 따라 예전에는 어느 정도 대등하거나 라이벌로 간주되었던 리펑 총리, 차오스 전인대 상무위원장과 명확하게 구별되고, 장쩌민을 핵심으로 한 '제3세대 지도집단'의 형성을 목표로 삼았다. 또 중국공산당 제12회 대회에서 설치된 이래 정치에 영향을 주고 있던 장로들의 기반인 중앙고문위원회가 폐지되었으며, 완리·양상쿤·쑹핑 등이 정치국에서 물러나고 후진타오 등 젊은세대가 발탁되었다.

그러나 장쩌민이 권력 기반을 굳히기 위해서는 중앙군사위원회에서 그의 영향력을 강화시킬 필요가 있었다. 이에 장쩌민은 1989년 11월 덩샤오핑을 대신해 중앙군사위원회 주석에 취임했지만, 군 경험도 없었을 뿐만 아니라 당시 중앙군사위원회 부주석(겸 국가주석)인 양상쿤과 그의 동생이며 군사위원회 비서장인 양바이빙에게 실질적인 주도권을 장악당한 상황이었다. 덩샤오핑은 이러한 상황을 우려해, 중국공산당 제14회 전국대회와 다음 해 3월의 제8기 전인대 제1회 회의를 거치면서, 양상쿤의 정계 은퇴, 양바이빙의 군비서장 해임, 그리고 덩샤오핑의 후원을 받고 장쩌민과 가까웠던 류화칭의 부주석 임명과 장완녠의 총참모장 발탁 등을 통해 군에서 장쩌민의 기반을 강화했다. 또한 동 전인대 대회에서 장쩌민은 국가주석에 취임해 당·정·군의 삼권을 독점하기에 이르렀다.

　한편 이 시기 지도자로서 매우 높은 평가를 받게 된 사람은 부총리였던 주룽지였다. 이 당시 중국은 경제 과열이 다시 인플레이션을 야기해 1993년에는 전년에 비해 13.2% 증가, 1994년에는 21.7% 증가를 기록하기에 이르렀으며, 투기 활동의 격화와 높은 통화 공급에 의한 거품 현상으로 금융 질서가 혼란스러워졌다. 이러한 상황에서 경제 부문의 책임을 담당한 주룽지는 놀라운 실력을 발휘해 중앙의 거시적 통제를 강화했다. 그는 난립했던 개발구를 과감하게 정리하고, 1993년 말까지 6,000개가 넘었던 개발구의 90% 이상을 해산시켰다. 또한 인프라 건설에 주력했던 투자를 대폭 삭감시키고, 나아가 고금리 정책을 채택해 과잉 공급되던 자금을 긴축시켜 1996년에는 전년에 비해 6.1% 증가로 인플레이션을 진정시켰다. 그럼에도 불구하고 이러한 정책은 경제성장 그 자체를 둔화시키지 않았으며, 1992년부터 1997년까지 GDP 성장률은 계속해서 9%에서 14%로 유지되었다. 주룽지는 또 사회주의 시장경제를 궤도에 올려놓기 위해, 1993년 11월 중국공산당 제14기 3중전회를 개최하고, 국유기업 개혁 등 현대적인 기업의 확립, 혼란스러웠던 중앙·지방의 재정관계 재건을 목표로 했던「사회주의 시장경제 확립에 관한 결정」을 제안하고, 다음 해부터 실천에 옮겼다. 그 가운데는 주식제도의 도입, 종래의 재정청부제에서 중앙세와 지방세를 나누어 징수하는 분세제分稅制 도입 등 대담한 내용이 포함되었다.

2. 중국 위협론의 부상

급속한 성장

경제성장의 가속은 그 규모가 큰 만큼 국제적으로 커다란 충격을 주었다. 거대한 중국이 두 자리 대의 성장을 계속하자 중국의 경제대국화라는 논의가 등장했다. 중국 지도자들도 경제 성장에 대한 의지를 강화하고, 중국이 '세계 최대의 시장'이라는 점을 이용해 적극적으로 외자와 선진기업·기술의 유치를 추진했다. 이 시기의 경제성장을 다른 나라와 비교하면, 1980년대의 연평균 성장률이 EC는 2.3%, 미국은 2.6%, 일본이 4.2%, 성장 지역이라 불렸던 말레이시아 5.7%, 싱가포르 6.6%, 타이완 7.6%에 대해, 중국은 9.4%였고, 1990년대에도 10% 전후의 성장률을 지속시킬 정도로 놀라운 것이었다.

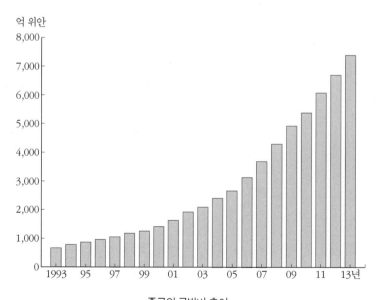

중국의 국방비 추이
출처: 『아사히 신문』 2013년 3월 5일자 석간. 2013년 예산 기준.

빠른 군사력 증강과 강성 외교

이러한 경제대국화로의 도전과 병행해 1992년 이후부터 중국에서는 두 가지 면에서 중요한 변화가 두드러졌다. 하나는 군사력 증강이고, 다른 하나는 외교적인 면에서의 변화였다. 1980년대 경제 발전을 최우선으로 삼는 덩샤오핑 노선에 의해 억제되었던 국방비가 전년과 대비해 두 자리 수로 증가하게 되었다. 이에 대해 중국 당국은 국방비는 본래 낮게 억제되었던 데다가 인플레이션으로 인해 축소되어 있었기 때문이라고 설명했지만, 다른 예산 항목의 신장률과 비교해 두드러질 뿐만 아니라 인플레이션이 진정된 뒤에도 두 자리 수의 증가가 지속되고 있는 점 등을 볼 때 군부를 특별히 배려하고 있음을 알 수 있다. 그 이유는 제2차 톈안먼 사건을 통해 국가체제를 유지하는 데 군의 힘이 재인식되었으며 장쩌민이 군 지도부를 구슬리기 위해 군의 요구를 받아들였던 점 외에도 대국화를 지향한 중국 지도부의 의도가 내포되어 있었기 때문이다. 1991년 페르시아만 전쟁 당시 미국이 첨단 무기의 위력을 과시하자, 중국은 미국에 부분적으로라도 '대항할 수 있는' 무기 개발을 중시하게 되었다. 나아가 이 시기부터 세계 여론의 강한 반대를 무릅쓰고 세계 핵보유국 사이에서 일시 중지되었던 '핵 실험'을 재개해 1996년까지 계속했다.

이러한 군사력 강화에 대한 의지와 발맞추어 주목할 것은, 이제껏 한결같이 '방어적인 태도'를 지속했던 외교가 서서히 강성 외교로 전환되었다는 점이다. 예를 들면 1992년 2월 전인대 상무위원회에서 심의·채택된 「중화인민공화국 영해 및 접속수역법」(영해법)에서는 일본과의 사이에 분규를 일으키고 있던 센카쿠 열도〔尖閣諸島, 중국어로는 댜오위다오釣魚島〕, 동남아시아 여러 나라 사이에서 대립하고 있는 스프래틀리 군도〔Spratly Islands, 중국어로는 난사군도南沙群島〕 등을 일방적으로 '중국 고유의 영토'로 기술하고 법제화했다. 또한 거의 동일한 시기에 스프래틀리의 몇몇 섬에서 베트남이나 필리핀과 중국 사이에서 군사적 충돌이 반복적으로 일어났다(남중국해 도서 분쟁). 이전의 덩샤오핑은 '영토·영해' 문제를 보류하고 경제협력 추진을 우선시했는데, 그와 비교해보면 보다 적극적이고 중대한 변화가 나타났다고 할 수 있다. 이러한 움직임에 대해 당연히 미국, 동남아시아, 나아가 일본 등에서 '중국 위협론'이 대두했다. 다만 외교의 기본 방침은 1991년에 덩샤오핑이 제창한 "능력은 숨기고 할 일은 하자〔韜光養晦, 有所做爲〕"는 신중론 그대로였다.

대미관계의 변화

다시 대미관계에도 종래의 대응과는 다른, 미묘하지만 중요한 변화가 시작되었다. 1993년부터 미국 대통령에 취임했던 클린턴은 부시 전 대통령에 비해 인권 문제와 타이완 문제에 보다 적극적이었을 뿐 아니라, 최혜국(MFN, most favored nation) 대우 문제와 톈안먼 사건 재평가 문제 등을 둘러싸고 마찰을 빚어 중국으로서는 대하기가 매우 벅찬 상대였다. 그러나 시애틀에서 열린 APEC(아시아 태평양 경제협력체) 비공식 수뇌회담에서 장쩌민 국가주석은 클린턴 대통령과 개별 회담을 갖고, "세계 최대의 선진국과 세계 최대의 발전도상국", "세계에서 가장 영향력이 있는 두 강대국"이라는 발언을 했다. 이는 클린턴 대통령과 미국을 치켜세우는 것이었지만, 그들과 대등하게 논쟁을 벌인 장쩌민과 중국의 위대함을 부각시키려 한 중국 측의 의도가 엿보였다.

　나아가 이때 장쩌민 일행은 적극적으로 미국 재계 인사와 회담하고 대기업을 시찰하면서, 중국이 얼마나 장래성 있는 '세계 최대의 시장'인가를 호소하고 경제계와의 관계 강화를 도모했다. 이를 계기로 중국과 미국의 경제관계는 비약적으로 증대하기 시작했다(중국과 미국이 무역으로 벌어들인 액수는 전년에 비해 1993년에 58% 증가, 1994년에 28% 증가해 대폭적인 신장률을 기록). 미국 재계 인사들은 인권 문제와 톈안먼 사건 때문에 중·미 경제관계를 희생시키는 것에 대해서는 반대한다는 입장을 명확히 표명했다. 공교롭게도 다음 해인 1994년 5월 말, 클린턴은 MFN의 연장을 결정하고 동시에 앞으로 인권 문제와 MFN을 연계시키지 않을 것임을 천명했다. 이때 중국의 어떤 지식인은 미국 재계와 정계 인사를 '오랑캐'에 빗대어 "오랑캐로서 오랑캐를 통제하자[以夷制夷]"라며, 이를 전통적인 중국 외교 방식의 승리로 평가했다. 1995년부터 1996년 전반에 걸쳐 중국과 미국은 '타이완 문제'로 매우 심각하게 대립했는데 여기서도 중국은 '독립자주 외교'의 자부심을 드러내게 되었고, 적어도 외교상 미국에 한 걸음도 물러서지 않는 자세를 보이면서 그 존재를 강력히 부각시켰다. 그야말로 이 시기 미국에서는 '장래 중국과 미국 간의 충돌'을 예측한 책이 화제가 되었고, '중국 봉쇄론'이 대두하기 시작했다.

3. 덩샤오핑의 죽음과 장쩌민 체제로의 연착륙

홍콩 반환

중국에게 1997년은 1976년에 뒤지지 않을 정도로 극히 중대한 의미를 갖는 한 해였다. 우선 2월에 중국의 '최고실력자', '근대화의 총설계사'로 불렸던 덩샤오핑이 사망하면서 이미 시작되었다고 회자되던 '덩샤오핑 이후 시대'가 현실이 되자, 새삼스럽게도 커다란 혼란이 일어나는 것은 아닌가 하는 관측이 나타났다. 7월에는 '홍콩 반환'이 실현되면서 '일국양제 체제'로 홍콩이 출범했다. 이 제도가 정말 목적대로 기능을 할 것인지, 사회주의 중국의 주권 아래에 들어간 홍콩의 번영은 지속될 것인지에 대한 문제도 쟁점이 되었다. 그리고 9월에는 바야흐로 덩샤오핑이라는 지주를 제외한 새로운 지도체제와 앞으로의 기본 노선을 결정하는 중국공산당 제15회 전국대회가 개최되었다. 그 이후의 추이를 보면, 사태는 매우 순조롭게 진행되었다고 말해도 좋을 것이다.

덩샤오핑이 사망한 직후인 3월 1일부터 제8기 전국인민대표대회 제5회 회의도 예정대로 시작되어 산뜻하게 의사일정을 소화했고, 이어서 '홍콩 반환' 행사를 맞이했다. 이것은 아편전쟁 이후 서서히 영국에 빼앗겨 1898년에 완전히 식민지화되었던 홍콩의 주권이 중국에 반환되는 중요한 사건이었다. 1984년 중국과 영국의 공동성명에 의해 홍콩 반환의 길이 열리고, 그 뒤 홍콩 기본법의 제정과 영국 총독을 대신한 특별행정구 장관 둥젠화의 선출, 그리고 임시 입법의회를 조직화하면서 반환 준비가 착실하게 진행되었다. 그러나 이 과정에서 특히 홍콩의 민주화를 둘러싸고 중국 당국과 패튼 총독, 홍콩 주민 사이에서 심각한 대립이 발생했다. 이러한 대립은 반환 직전까지 계속되었기 때문에, 반환 준비가 진전되는 중에도 반환 행사 과정에서 예상치 못한 사태가 일어나지 않으리라는 보장은 없었다. 만약 어떤 사건이 발생해서 행사가 순조롭게 진행되지 못한다면, 장쩌민 지도부의 위신은 크게 추락할 것이었다. 따라서 반환 의식은 장쩌민 지도부에게 중요한 의미가 있었다. 결과적으로 중국은 '아무 일 없이 평온하게' 이 행사를 끝낼 수 있었다.

장쩌민의 주도권

다음으로 중국 당국이 맞이했던 시련은 9월에 개최되었던 중국공산당 제15회 전국대회였다. 그러나 새로운 지도부의 선출과 앞으로 5년간의 기본 노선을 확정하기 위한 준비는 실질적으로 1997년 이전부터 시작되었다. 예를 들면 1995년의 중국공산당 제14기 5중전회에서 "지도부를 제3세대로 이행하는 작업은 완료되었다"라는 점이 강조되었고, 제14

기 6중전회에서는 장쩌민 지도부가 원로들의 이해를 얻는 형태로 "독자적으로 정책을 결정할 수 있다"라는 비밀결의가 이루어져 덩샤오핑 등 원로의 속박에서 벗어났다. 다른 한편으로 중국공산당 제14회 전국대회 이후, "개혁·개방 노선은 100년 동안 변하지 않는다"라며 이 기본정책의 계속성이 지속적으로 강조되었다. 또한 중국공산당 제15회 전국대회를 준비하는 과정에서는 대회의 가장 중요한 문건인 「정치보고」를 작성할 기초위원회가 1997년 초반부터 조직되었다. 여기에서 충분한 시간을 들여 각 단계에서 몇 차례에 걸쳐 하달된 초안을 논의하고 다시 올려 보내는 과정을 거침으로써 「정치보고」를 훌륭히 마무리 지었다. 또 중요한 인사의 사전 교섭도 이 무렵부터 시작되었다. 이러한 과정에서 장쩌민이 어떠한 구상과 수완을 갖고 주도했는지가 최대의 요점이었다. 그의 강점은 1989년의 총서기 취임 직후 매우 미약한 지지 기반과 지도 경험에도 불구하고, 그 후 8년간 최정상의 자리에서 무난하게 문제를 처리하고 경험과 위신을 높여 왔다는 것과 특히 앞선 중국공산당 제14회 전국대회를 직접 다루었다는 것이다. 게다가 이미 당내에서는 '장쩌민을 핵심으로 한다'는 합의가 교환되고 있었다.

중국공산당 제14회 전국대회와 제15회 전국대회를 거치면서 장쩌민에 대항할 만한 실력자는 서서히 배제되고 있었다. 앞에서 언급했던 양상쿤과 양바이빙 형제의 실각에 이어 표적이 되었던 사람은 베이징에서 장기간 정권을 담당하고 독자적인 중앙 인맥을 갖고 있던 시장인 천시퉁 베이징시 당서기 겸 정치국원이었다. 그는 반부패·독직 일소라는 캠페인 과정에서 권력을 송두리째 상실했고, 그를 대신해서 1960년대 이후 장쩌민과 관계가 깊었던 자칭린이 베이징시 당서기에 취임했다. 이어 열린 제15회 전국대회에서는 어떠한 인사 조치가 이루어질 것인지가 핵심 사항으로 대두했다. 이때 장쩌민은 예상 밖으로 강력한 주도권을 잡고 지도부 인사를 단행했다. 예를 들면 최대의 경쟁자라고 언급되었던 차오스가 정치국 상무위원·중앙위원에서 물러나고, 내부에 적도 많았지만 행정 수완이 탁월했던 주룽지가 당내 제3인자 겸 총리로 발탁되었으며, 군 지도부에는 류화칭의 은퇴에 따라 주도권을 다투고 있었던 장완녠과 츠하오톈이 균형을 유지하도록 배치(함께 군사위원회 부주석으로 당 정치국원에 취임)하는 교묘한 인사 조정이 이루어졌다. 나아가 1980년대의 '권력을 아래로 이양하고 이익을 양보하는〔放權讓利〕' 정책 하에서 자신의 권한을 제고하고, 1980년대 말경부터 중앙의 통제를 자주 벗어나던 지방을 다시 통제하기 위해 장쩌민과 주룽지의 후원을 받는 젊은 지도자를 대폭 지방 간부로 배치했던 점 등을 지적할 수 있다. 특히 이제까지 지방 출신이 주도권을 잡고 있던 광둥성에 젊고 주목받는 인사인 리창춘을 당서기로 임명한 것은 상징적이었다. 게다가 새로운 정치국원은 앞에서 말한 군대의 두 명 외에 리창춘·우관정·뤄간·자칭린·원자바오가, 정치국원 후보로는 쩡칭훙·우이가 발탁되었는데, 이 가운데 리펑에 가까운 뤄간을 제외하면 전원이 장쩌민 혹은 주룽지 계열의 인물이라고 이야기해도 좋을 것이다. 이처럼 중국공산당 제15회 전국대회 및 그 이후 장쩌민·주룽지를 주축으로 한 지도체제는 제14회 전국대회에 비해 훨씬 안정되었다.

실무형 기술관료 장쩌민

그건 그렇고, 당과 국가와 군의 최고 지위를 독점하고, 1989년에 일어난 제2차 톈안먼 사건 이후 당 총서기에 취임한 다음 중앙군사위원회 주석직까지 맡아 10년 넘게 군림한 장쩌민은 어떠한 인물인가? 그는 1940년대 후반에 상하이 교통대학을 졸업하고, 1950년대 중반에는 모스크바의 자동차공장에서 유학한 뒤, 귀국 후 계속 실무형 기술관료의 길을 걸어왔다. 개혁·개방기에 들어 전자공업부 부부장과 부장을 거쳐 1985년에 상하이시 시장, 곧 상하이시 당서기에 취임하고, 톈안먼 사건을 맞이하게 되었다. 전자공업부에 근무하던 시기가 유일하게 중앙에서의 활동 경험이었는데, 그것도 실무에 한정되어 있었고 당·정치 수준에서 중앙에서 활동한 경력은 전무하다고 해도 좋았다. 따라서 그 세대에서 이미 정치국 상무위원이었던 리펑과 차오스, 리루이환 등을 뛰어넘어 장쩌민이 당 총서기에 취임했던 것 자체가 놀라운 일이었다. 그러면 장쩌민의 지도 자세는 어떠한가? 그는 확실히 개혁·개방을 적극 추진했지만 정치적으로 반드시 앞서 간 것만은 아니었다. 1989년 5월, 당시 개혁 논조의 신문 가운데 가장 유명했던 『세계경제도보』가 「후야오방 서거」 특집호를 발간하고 급진적인 정치 개혁에 대해 논의했던 점을 빌미로 단번에 폐간시켜버렸던 사건을 보더라도 그러한 장쩌민의 입장을 상징하고 있음을 알 수 있다.

그러나 그것이 덩샤오핑의 눈에 들게 되었다. 당시 덩샤오핑은 경제의 개혁·개방을 추진하면서도, 정치 안정을 위해 일관되게 '민주화'를 진압할 수 있는 인물을 바라고 있었다. 1990년대 중국민주당의 조직을 비롯해 톈안먼 사건 이후의 여러 민주화운동이나, 기공단체인 파룬궁法輪功의 이의 제기 움직임 등을 공산당 체제를 위협하는 존재로 간주하고, 그 싹부터 뿌리째 뽑아버렸던 것도 그러한 그의 태도를 증명하고 있다. 동시에 장쩌민은 중앙의 당과 군, 지방 지도부에서 자신의 미약한 기반을 서서히 강화하기 위해 빈번하게 인사 조정을 실시했다. 처음에는 신중하게, 그리고 1990년대 중반 이후에는 대담하게 진행했다. 주룽지의 총리 임명, 덩샤오핑이 추천한 후진타오를 장쩌민 자신의 후계자로 발탁하고, 상하이·베이징·광둥 등 주요 지방과 군 지도부를 장악하는 과정을 들여다보면 장쩌민의 교묘함이 엿보인다.

장쩌민에게는 마오쩌둥이나 덩샤오핑이 주도했던 문화대혁명과 개혁·개방 노선 등과 같이 자신의 이념과 목표에 사람들을 끌어들이고, 잡아당기는 강렬한 개성은 없었다. 그러한 의미로는 걸출한 지도자라고 말할 수 없지만, 그는 중요 정책 결정에서 집단지도체제의 조정자, 이익 대표자로 행동함으로써 최상층부로서의 지도력을 발휘했다. 바로 그 시점에는 중국은 최고지도자로서 그러한 인물을 필요했는지도 모른다. 그의 수하에서 주룽지·리펑·후진타오 등이 각각 역할을 분담하면서 독자적인 개성을 발휘했고, 이것이 중국 지도부의 특징으로 두드러졌다.

4. 공동화空洞化되는 정치체제 개혁과 그 전망

개혁과 민주화

이러한 지도체제의 안정을 배경으로 중국공산당 제15회 전국대회「정치보고」에는 오래간만에 '정치체제 개혁'에 대한 적극적인 모색이 명기되었다. 그러나 이것은 '당정분리론'을 핵심으로 했던 중국공산당 제13회 전국대회의「정치체제 개혁안」의 내용과는 매우 달랐고, 당의 절대적인 지도를 전제로 한 매우 온건한 개혁안이었다. 예를 들면 이미 1990년대 초부터 민정부民政部를 중심으로 진행되고 있었던, 농민이 스스로 농촌의 촌민위원회 지도자를 선출하는 기층선거의 보급, 전인대 기능의 확대, 성·시·현의 행정지도 간부 선출에 즈음해 지역 대표의 의향을 존중하는 제도의 확립, 공무원 제도의 추진 등이 그 내용에 포함되어 있었다. 1998년 봄 무렵에는 이미 400만 명의 간부가 농촌의 기층선거 방식으로 선출되었고, 93만의 촌민위원회가 선거에 의해 간부를 두었다. 같은 해 말에는「촌민위원회 조직법」이 개정·채택되면서 제도적으로도 이 방식이 점차 보완되고 있다. 전인대의 기능으로는 1990년대 후반부터 전인대 대표가 당의 방침에 구속되지 않고, 지역과 조직을 대표해 적극적으로 자신의 의견을 주장하는 현상이 두드러지기 시작했다. 예를 들자면 전체회의의 마지막 날에 행해졌던 각부·위원회로부터 해당년도 활동보고의 채택을 둘러싸고, 1997~1999년도에 반대표와 기권표를 합한 비율이 전체의 40%를 넘어서는 경우가 나오기도 했다. 또한 근대적인 간부 제도 확립을 목표로 1993년에는 「국가공무원 잠행 조례」가 공포되었고, 그 뒤 각지에서 시험적으로 실시되고 있다.

그러나 이러한 점진적인 정치 개혁은 과연 어떠한 형태로 정치적 민주화와 연동되어 실시되었는가? 누구나 강하게 관심을 갖고 있는 이 문제에 관해서는 여전히 특별한 전망이 보이지 않았다. 오히려 제2차 톈안먼 사건 이후로 상황은 한층 더 엄중하다고 말할 수 있다. 중국공산당 당국은 위에서 언급한 것과 같은 정치 개혁을 시도하는 한편, 민주화와 관계가 있을 수도 있는 싹은 모두 뿌리 뽑으려고 할 정도로 지나치게 신경을 쓰고 있었다. 예를 들면 중국 정부는 1998년 가을, 국제적인 압력을 받아 국제연합 인권 규약 B조항(사람들의 정치적 자유의 보증을 포함한)에 서명했지만, 이때다 싶어 전국 각지에서 추진되었던 중국민주당 결성 신청에 대해서는 중국민주당이 '공산당의 지도'를 받아들이고 있었는데도 불구하고 단호하게 각하시켰다. 나아가 이와 관련되었던 주요한 지도자들을 모조리 체포·투옥시켰는데, 그들 가운데는 십 수 년에 이르는 실형을 선고받은 사람도 있을 정도였다. 1999년에 파룬궁에 대해서는, 적어도 표면상으로는 비정치적인 사회단체이고 지도자들 또한 '정치적 의도는 없다'라며 반복적으로 주장하고 있음에도 불구하고, 현 체제의 전복을 기도하는 '위험한 단체'로 판단해 불법으로 간주하여 엄중한 탄압을 가했다.

출구가 보이지 않는 정치개혁

정치체제의 변용을 전체적으로 조망해본다면, 한편에서는 경제적인 근대화가 비교적 빠른 속도로 계속 진행되고 있음을 알 수 있다. 그리고 그에 수반해 특히 도시에서 시민사회화 현상이라고 부를 수 있는 사람들의 가치관·요구·행동의 다양화가 진행되고 있으며, 농촌에서도 시장경제에 의해 소비생활이 크게 변화하는 등 사회의 근대화가 확산되고 있다. 이와 함께 정치의 다양화에 대한 요구도 필연적으로 나타나게 되었는데, 중국공산당 당국은 이를 완전히 봉쇄시켰다. 뿐만 아니라 오히려 공산당은 '중화민족'의 번영을 호소했던 중화 내셔널리즘과 '정치 안정'의 보증인이라는 점을 전면에 내세워 지도의 정통성을 보강하고 있다. 경제 발전이 금과옥조인 한, 이 이데올로기적인 논리는 일정한 설득력이 있을 것이다. 그러나 경제 발전은 늦든 빠르든 정치의 다양화를 촉진하므로, 일면적이고 편협한 내셔널리즘 이데올로기는 설득력이 약해질 것이다. 정치적 다양화를 포괄하는 새로운 정치 시스템이 추구되는 것은 역사의 필연이다. 장쩌민 체제는 덩샤오핑 지도체제로부터의 이행을 연착륙시키는 데 성공했다. 그러나 그들이 종종 습관적으로 말하는 '중국만이 가진 특색'이라는 형용사를 얼마든지 쓴다 하더라도, 권위주의 체제에서 '독자적이고 특색 있는' 민주주의 체제로 연착륙한다는 것은 쉬운 일이 아니었다.

5. 주룽지, 경제개혁의 승부처와 안정 성장에 대한 모색

시장화 추진의 약도

그러면 중국공산당 제15회 전국대회 이후 기본 경제 정책은 어떤 식으로 확정되었는가? 장쩌민은 「정치보고」에서 국내적으로는 근대화 건설에 전력을 다하고, 개혁·개방 정책을 지속해 시장화를 더욱 추진할 것임을 제시했다. 사회주의 체제에서 시장화를 정당화하는 이론은 시장도 계획도 경제 발전의 수단이라고 했던 1992년의 「사회주의 시장경제론」이다. 그리고 사회주의 시장경제를 긍정하는 이론은 1987년 중국공산당 제13회 전국대회에서 자오쯔양이 발언했던 「정치보고」에 나타난 사회주의 초급단계론(제5장 4절)이다.

시장화는 중국이 스스로 국제 경제체제 속으로 더욱 깊이 참여하는 것을 의미한다. 지도부는 시장화를 추진해 비효율적인 과거의 낡은 경제 단위와 메커니즘을 경쟁 원리에 맡기고, 일정 부분이 도태될 것을 각오하면서 전체적인 경제 효율을 제고하는 합리화 방안을 결의했다. 그러므로 한층 심화된 대외개방의 추진, WTO(세계무역기구)를 시작으로 국제경제기구 가입 등, 적극적으로 경제 교류의 확대를 도모하게 되었다. 그리고 시장화를 심화시키기 위한 결정타로서, 국유기업을 본격적으로 주식회사로 재편하는 것이 중심 과제로 결정되었다.

종래 주식은 자본주의 방식으로 간주되었는데, 여기서도 '다양한 소유제'라는 사고방식을 도입해 국가가 주도권을 발휘할 수 있을 만큼 주식을 확보하는 경우 '주식회사는 사회주의'라고 규정하였다. 이렇게 주식의 적극적인 도입을 정당화해서 실질적으로 절반 이상이 적자 상태인 국유기업을 주식회사로 만들고, 기업 경영체는 전면적으로 외자를 도입한 독자기업獨資企業과 중국과 외국기업이 합동으로 경영하는 합판기업 등으로 전환하는 방침이 명확히 제기되었다. 물론 국유기업 개혁도, 외자의 적극적인 유치도, WTO 가입 문제도 현실에선 반드시 이론대로 이루어지지 않았다. 그러나 기본 방침에는 매우 명확한 해결 방안이 제시되었다.

주룽지가 경제 부문의 총책임자로 임명된 이후 이루어진 경제개혁의 특징을 덩샤오핑의 개혁과 비교해보면, 덩샤오핑 시대의 경제개혁은 가장 사회주의적이라고 이야기될 국유기업·공유제·계획경제 등 체제 내부의 개혁을 뒤로 미루고, 농촌 개혁과 외자계 기업, 개인기업의 발전 등을 주로 했던 이른바 '체제 외의 개혁'이었다. 이에 대해 주룽지가 전념한 개혁은 바로 사회주의 경제의 '아성'과 '내면'에 손을 대는 것이었다. 즉 국유기업 개혁, 금융 개혁, 소유제 개혁, 사회보장 개혁 등, 문자 그대로 '체제 내의 개혁'이다. 더구나 1997년 말 두 개의 전국적인 경제공작회의에서 그는 "국유기업 개혁과 금융 개혁은 3년 이내에 목표를 달성하자"라는 강경 발언을 되풀이했다. 이에 더해 행정 개혁도 3년 내에 목표를 세우고, "직원을 원칙적으로는 현재의 절반까지 줄인다"라고 단언했다. 경제성장을 유지하면서 물가 억제를 실현해 경제의 연착륙에 성공했던 자신감에 따른다면, 단순한 기대 표명이나 완전한 허풍이라고 말할 수는 없다. 그러나 개별적인 경제 부문, 그리고 경제와 얽힌 사회 정세는 더욱 심각해지고 있었다.

국유기업 개혁

첫 번째 문제는 역시 국유기업의 정체였다. 1994년 중국 전체 국유기업의 부채 총액은 3조 1,100억 위안에 달했고, 순자산액은 1조 300억 위안에 불과했다. 또 국유기업의 적자도 1993년은 30%의 기업에서 486억 위안이었는데, 해마다 꾸준히 증가해 1997년에는 39%의 기업에서 744억 위안으로 늘어났다. 바꿔 말하면 국유기업 자체는 이미 채무반환 능력이 없을 뿐만 아니라, 확실히 적자가 심해지고 있는 상황이었다. 국유기업 적자에 관련되었던 국유은행의 불량채권도 1997년에는 1조 위안에 달했다고 언급되며, 이는 GDP의 15%에 상당하는 규모였다.

이에 대해 정부 당국은 1998년에 국유기업 개혁으로 조성했던 특별국채를 1,000억 위안 규모로 발행해 부실기업의 흡수 합병에 사용한다는 대책을 마련했다. "국유 상업은행이 안고 있는 불량채권을 1998년 내에 500억 위안, 1999년에 600~700억 위안을 상환해서 은행 경영의 건전화를 가속시키자"(다이샹룽 중국인민은행 총재)라고 표명했다. 이들을 주축으로 국유기업의 주식회사화와 합리화 진행에 대한 기대가 높아지고 있었다.

그러나 진정으로 국유기업 개혁 문제를 근본적으로 해결하는 것이 가능한 것일까? 당시의 중대한 문제는 첫째, 자금 문제, 둘째, 기업의 적자에서 흑자로의 전환 문제였으며, 이것과 관련된 실업 문제가 심각했다. 첫째, 자금 문제는 확실히 정부 융자가 중요한데 그것만으로는 매우 불충분하고, 대규모 외자·홍콩자금의 도입이 불가결했다. 그러나 나중에 언급할 거품 경제의 파탄과 아시아 통화 위기 등에 의해 외자·홍콩자금이 중국 국내에 충분히 들어오지 않게 되었다. 그렇게 되면 국유기업 개혁도 필연적으로 속도를 늦출 수밖에 없게 된다. 둘째, 기업의 흑자전환 문제를 고려해보면, 아시아 통화 위기 이후 계속되는 수출 부진의 역풍 속에서, 단기간에 흑자기업으로 전환시키는 것은 상당히 힘들었다. 개혁·개방, 고도 경제성장을 이끌었던 광둥성이 1997년과 1998년에 대량의 불량 채권으로 수출 부진과 심각한 경제 혼란에 빠졌다. 이러한 가운데 흑자로 전환한 우량기업은 상당히 한정되었다. 이들을 모두 고려하면 국유기업의 흑자 전환은 꽤 힘든 과제라고 할 수 있다.

실업 문제

두 번째 문제는 국유기업 문제와도 관련이 있는데, 임시 해고를 포함한 실업 문제가 점차 심각해지고 있다는 것이다. 전국 71개 도시에 대한 표본 조사에 따르면 국유기업의 임시 해고 종업원은 1996년 말에 892만 명, 1997년 전반기에 이미 1,000만 명을 초과했다고 한다. 나아가 실업자는 공식발표로 3.3%, 660만 명(1998년)인데, 비공식적으로는 1,000만 명을 초과했다는 보고도 있다. 이러한 숫자를 종합적으로 살펴보면, 도시의 실업 및 반실업자(임시 해고자)는 2,000만 명 정도에 이르러(노동부는 2,200만 명으로 발표), 노동자 총수 1억 8,400만 명 가운데 약 14%를 차지하게 된다. 여기에 1억 5,000만 명 전후로 추산되는 농촌의 잠재적 실업자(잉여노동력)를 더하면 방대한 숫자에 이르고, 나아가 당시엔 1995년부터 2010년 사이의 노동력 인구는 매년 평균 1,450만 명 증가한다고 이야기되면서 그에 대응한 고용 창출이 추구되고 있다. 위의 숫자가 다소 과장되었어도 이미 실업은 심각한 문제가 되었음을 알 수 있다.

그러면 이러한 실업 문제를 해결하기 위한 대책은 어떠할까? 위에서 언급한 71개 도시의 조사에서는 재고용 대상자로서 재취업되었던 노동자는 불과 26%에 그치고 있다. 또 대규모의 잉여 노동력을 안고 있는 농촌에서 그들을 흡수하게 될 최대의 생산기구는 향진기업인데, 이미 전체 종업원이 1억 5,000만 명에 달하고 있어 1990년대 후반에는 노동력이 넘치는 상황이었다. 외자가 충분히 들어오지 않고 수출 둔화 상황이 계속되면 국유기업의 합리화·흑자화도 쉽지 않으며, 그만큼 실업 문제는 심각하게 된다. 게다가 그것은 단순히 생활보장 문제에 그치지 않고, 사회 치안을 악화시키는 최대 요인으로 될 것이다. 사회주의 기업의 개혁은 바야흐로 '진통'을 겪는 상황에 이르렀다.

주룽지 개혁의 행방

주룽지 경제개혁의 특징은 종래의 사회주의 경제체제를 대폭 구조조정하는 것으로, 그것은 중앙이 거시적으로 통제하는 동시에 국제경제의 영향력, 이른바 '외압'을 적극적으로 이용하는 것이었다. 거시적 통제와 관련해서는 분세제를 시행하고, 이와 함께 몇몇 지방 지도부 인사의 교체와 교섭을 통해 통제를 강화했다. 또한 대규모 국채 발행에 의한 중앙의 중점 정책의 침투 등으로 1980년대의 지방 주도 상황이 크게 변화되었다. 국제경제의 영향력을 적극적으로 이용하는 것은 특히 외자 도입과 외자계 기업에서 나타났다. 덩샤오핑의 「남순강화」 이후 중국에 대한 대규모 직접 투자가 이루어졌는데, 1991년 43억 달러에 불과했던 실제로 진행되었던 투자액수가 1992년에는 세 자리대로 늘어났고, 1998년이 되어선 456억 달러로 증가 일로를 걸었다. 투자 수입국으로서는 1993년 이후 미국에 이어 세계 2위가 될 정도이다.

그러나 1996년부터 해외로부터의 투자는 직접 계약 수준에서는 감소하기 시작해 1996년은 전년에 비해 20% 감소, 1997년은 30% 감소로 대폭 축소되었다. 다만 1998년에는 약간 회복되지만 정체되는 경향을 보여주었다. 다른 한편 외자계 기업도 1980년대부터 1990년대에 눈부신 신장률을 보여주었다. 1980년대 초반 거의 0%의 성장률에서 1985년에는 282개 사에 종업원 7만 8,000 명, 전체 공업생산에서 생산액이 차지하는 비율 0.3%에서 1995년에는 5만 9,311개 사, 생산액은 13.1%로 급증했고, 더욱이 무역 분야에서 외자계 기업의 시장점유율은 수출의 31.5%, 수입의 47.7%를 차지하게 됨에 따라 중국 경제의 발전에 필수적인 존재가 되고 있다.

1997년과 1998년의 거시적인 수치로 보았을 때 GDP 성장률, 무역 총액, 특히 수출 총액, 투자 신장률 등은 감소되는 경향이라고 하는데, 다른 선진국이나 개발도상국과 비교하면 여전히 7~9%의 높은 경제성장률, 5% 이하의 저물가상승률, 특히 지속적인 무역 흑자 등 전체적인 경제 상황이 결코 나쁜 것은 아니다. 따라서 주룽지가 내걸었던 "3년 이내에 주요 개혁의 목표를 세운다"라는 것이 쉽진 않았을지언정, 중국이 경제성장을 착실히 증대시킨다면 21세기 중엽쯤에는 '경제 대국'이 될 가능성은 충분했다. 이를 위한 결정적인 열쇠를 쥐고 있는 것이 다음 장에서 살펴볼 'WTO 가입'이다.

6. 앞이 보이지 않는 타이완 문제와 중·미 교류 정책

중국과 타이완 경제 교류의 시작

1990년대 들어 타이완 문제는 양안관계로나 국제 문제로도 매우 중요한 이슈로 떠오르게 되었다. 1971년 타이완이 국제연합에서 '탈퇴'하고 1972년에는 일본·타이완 관계가, 1979년에는 미국·타이완 관계가 단절되었으며, 1980년대에는 중국과 미국이 '공동의 적'인 소련을 의식하여 중·미 우호협력이 진전되자, 타이완은 오직 국내의 경제·정치 건설 등에만 몰두했다. 이러한 동향 때문에 타이완 문제는 그다지 중요한 문제로 부각될 수 없었다.

그러나 1988년 장징궈로부터 권력을 넘겨받았던 리덩후이는, 뒤에서도 언급하겠지만 한편으로 정치체제의 민주화와 중화민국의 타이완화를 추진했고, 다른 한편으로는 강화되는 경제력을 배경으로 국제무대에서의 위상을 높이는 데 적극적으로 나섰다. 중남미와 아프리카의 가난한 약소국은 타이완의 경제 원조를 받아들여 '국교관계'를 수립했고, 나아가 동남아시아 여러 나라에도 타이완 지도부가 비공식적으로 방문하게 되었다. 바로 그때 중국은 제2차 톈안먼 사건의 후유증으로 이미지가 악화되고 있었고, 타이완의 국제적인 '주가'는 급상승하고 있었다.

중국과 타이완 관계도 1988년부터 비정치 수준에서의 교류가 시작되었고, 양측 모두 관계를 발전시키자는 의견을 바탕으로 1990~1991년에 타이완 측에서는 총통부에 국가통일위원회, 행정원에 대륙위원회, 민간단체로서 해협교류기금회(회장 구전푸)가 설립되었고, 거의 동시에 중국 측에서는 중국공산당 중앙위원회에 타이완 문제 지도소조, 국무원에 타이완 사무판공실, 민간단체로서 해협양안관계 협회(회장 왕다오한)가 설립되었다. 양측의 교류는 경제를 중심으로 급속히 활발하게 이루어졌고, 1992년 홍콩에서는 양측 단체 간에 '하나의 중국, 각자가 표현〔一個中國, 各自表述〕'로 합의하기로 했다. 이윽고 1993년 4월에는 양측 민간단체의 최고위 인사인 구전푸와 왕다오한 두 회장이 싱가포르에서 회담을 가졌다. 두 사람은 1995년 봄에 베이징에서 다시 회담할 것에 동의해 계속적인 관계 강화의 길이 열린 것처럼 보였다. 그러나 미국이 관련되면서 중국·타이완 관계는 곧 긴장 상태로 빠져들어 갔다.

타이완을 둘러싼 중·미 관계

미국은 1979년에 타이완과 국교관계를 단절한 이후, 미국 국내법으로 채택했던 「타이완 관계법」에 의해 비정치적인 현상유지 정책을 지속하고 있다. 그런데 1990년대 들어 타이완에 대한 관여가 강화되면서 1992년 대통령 선거가 한창인 가운데, 조지 부시 미대통령은 최신형 전투기 F-16 150대를 타이완에 매각할 것을 결정했다. 이어서 1994년 9월 클린턴 대통령은 갑자기 '타이완 관계의 격상'을 결정했다. 여기에는 타이완 최고지도자의 사적인 입국을 인정할 가능성도 있다는 내용을 포함하고 있었다. 중국 정부는 이에 강력히 항의했다. 그러나 1995년 6월에 비록 비공식적이지만 리덩후이 총통의 미국 방문이 실현되면서, '중화민국'의 존재가 강력히 부각되었다. 이 때문에 중국은 리덩후이와 미국에 대해 격렬하게 항의했고 아울러 예정되어 있던 왕다오한·구전푸 회담을 취소시켰을 뿐만 아니라, 그 해 여름부터 다음 해인 1996년 3월 타이완 총통 직접선거를 할 때까지 타이완 근해에서 간헐적으로 군사훈련을 되풀이해 '타이완 독립'의 분위기에 격렬한 위협을 가했다. 특히 3월의 선거 당시 군사연습이 매우 심했기 때문에, 미국 정부는 2척의 항공모함을 타이완 해협에 파견해 중국군을 견제하는 행동에 나섰다. 타이완 문제는 양국이 좋든 싫든 중·미 관계의 중대 현안 사항이라는 점이 드러났다.

그 뒤 중·미 관계는 점차 개선되었고, 또 장쩌민 지도체제도 확립되어 중국의 타이완 정책은 '위협'에서 '대화'를 중시하는 방향으로 크게 선회했다. 1998년 5월에 개최되었던 중국공산당 중앙위원회 타이완공작회의에서는, '중국인끼리 서로 싸우지 말자'는 등의 내용을 포함한 1995년 1월의 「장쩌민 8항목 제안」을 재확인하면서 "타이완 동포의 심정을 깊이 이해한다", "타이완 인민의 이익과 원망을 배려한다", "하나의 중국을 전제로 모든 문제가 논의될 수 있다"라는 보다 유연한 방침을 명확하게 내세웠다. 그 해 10월에는 자꾸 지연되고 있던 제2회 왕다오한·구전푸 회담이 베이징에서 열렸다. 현상 인식과 접근법에 서로 차이가 있음을 볼 수 있으면서도 '통일'을 향한 전향적인 자세가 내세워지고, 1999년의 제3회 회담 일정도 합의되었다. 장쩌민도 왕·구 회담 이후, 구전푸와 개별적으로 회담해서 상호간의 이해는 매우 깊어졌던 것으로 보였다.

그러나 1999년 7월 리덩후이는 외국 저널리스트와의 회견에서 "중국과 타이완의 현재 관계는 국가 대 국가의 관계이고, 적어도 특수한 나라와 나라 사이의 관계다"(양국론)라고 밝히면서 종래 '두 개의 대등한 정치 실체'라는 약간 애매한 개념에서 한 걸음 나아간 표현을 사용했다. 말할 것도 없이 중국 당국은 이에 대해 가장 강경한 말투로 반발하고, "리덩후이는 왕자오밍 같은 대한간大漢奸(적과 내통하는 배신자, 매국노)"이라고까지 매도하게 되었다. 중국군의 위협적인 발언과 군사적 도발이 계속되어 중국·타이완 관계는 순식간에 냉각되었고, 가을에 열릴 예정이었던 제3회 왕·구 회담도 어쩔 수 없이 연기되었다.

1990년대의 변화

그러면 1990년대 이후의 타이완 문제를 어떻게 이해해야 할까? 중국 당국은 이제까지 타이완 문제의 발생 원인을 역사 문제와 국제 문제, 이 두 가지에 의한 것으로 계속 주장해왔다. 여기서 역사 문제는 1895년의 청일전쟁 종결 당시 어쩔 수 없이 일본에게 타이완을 할양(중국과 타이완의 분단)했던 것을 말한다. 국제 문제란 제2차 세계대전 이후, 원래 일본이 항복하면서 타이완은 자연히 중국에 복속될 것이었는데, 당시 국제적인 냉전에 휩쓸리게 되면서 타이완이 '반공의 전진기지'로 미국의 강력한 지원을 받아 통일이 저해되었음을 의미한다. 중국이 이렇게 주장할 때는 타이완 문제는 어디까지나 외재적 요인에 의한 것이므로, 일본과 미국의 개입이라는 요인이 제거되면 타이완 문제는 매듭지을 수 있으며, 특히 일본과 미국은 '특별한 부채'가 있으므로 이 문제에는 개입하지 말라는 의미를 갖고 있었다. 이것은 확실히 어느 정도 일리 있는 주장이다. 그러나 1990년대의 타이완 문제를 보면 반드시 중국의 주장대로는 해결할 수 없다.

일본이나 미국 모두 현재 '하나의 중국' 정책을 지지하고, 중국과 타이완 문제가 평화적으로 해결되는 것을 환영하고 있다. 그럼에도 불구하고 타이완 문제는 중대한 문제로 남아있다. 그렇게 된 가장 큰 원인은 타이완 문제의 주요인이 이미 '외재적인 것'에서 '내재적인 것'으로 이행되었기 때문이다. 내재적 요인으로는 경제 발전에 수반된 사회구조 및 의식 변화와 국제적인 위상 증대를 기반으로 한 다음 세 가지다. 첫째, 중화민국의 타이완화, 둘째, 타이완인으로서의 정체성 형성, 셋째, 민주체제로의 이행(민주적 절차에 의한 정권 정통성의 획득)이다. 중화민국은 이제까지 "중국 전체를 대표하는 정권으로 조만간 본토 대륙으로 복귀한다"라고 계속 말해왔다. 그러나 타이완 통치 반세기를 거쳐 대륙을 직접 경험하지 못한 외성인(국공내전기 이후 대륙에서 타이완으로 이주했던 사람들) 2세, 3세가 다수를 차지하게 되자, "전 중국을 대표하는 중화민국"은 빛이 바래고 있다. 이러한 현실에 맞춰 중화민국을 '타이완을 통치하는 국가'로 자리를 잡으려는 시도가 이루어지고 있다.

그리고 그것을 심리적으로 지지했던 것이 타이완인 의식(정체성)의 대두다. 늘그막에 들어선 장징궈가 "나도 어느새 절반은 타이완 사람이다"라고 발언했던 것은 유명하다. 그 말대로 1988년부터 시작한 중국·타이완 교류는, 확실히 경제적으로는 양자 간에 깊은 연관성을 만들었지만, 타이완인 사이에서는 "중국과는 다른 우리 의식"을 크게 키웠던 것이 사실이다. 그것은 '타이완 자결自決'을 당 강령으로 삼았던 민진당 지지세력 뿐만 아니라 국민당계에서도 그렇다. 1999년 초 타이베이 시장선거에서 치열한 선거전 끝에 민진당 천수이볜에게 승리했던 국민당 후보 마잉주의 호소는 '신타이완인新臺灣人'의 단결이었다. 중국과의 평화적 관계는 원하지만, 중국이 주도권을 잡은 중국·타이완 통합은 거부하고, 타이완인의 자립과 존엄이야말로 중국·타이완 대화의 전제라는 것이 그들의 주장이다. 1999년 7월 "중국과 타이완은 특수한 나라와 나라의 관계"라는 리덩후이의 발언은 바로 타이완인의 이러한 감정에 의해 지지받았다. 그리고 이러한 심리를 제도적으로 고착시킨 것이 민주화 과정이고, 이 제도의 최종단계가 타이완 총통에 대한 직접선거였다. 이러한 일들로 인해 타이완 주민들은 현 정권에 대해 외래정권이 아닌 자신들이 직접 선택한 정권이라는 생각을 강하게 갖게 되었다.

역사·국제 문제로서의 새로운 의미

타이완 문제는 중국이 이제까지 말해왔던 것과는 전혀 별개의 의미에서 역사 문제이자 국제 문제가 되고 있는 것 같다. 예전에는 역사 문제라고 하면 일본의 식민지 통치와 얽힌 것이었다. 그러나 '주권국가'·'독립'이라는 문제 자체가 역사적 개념으로 자리잡고, 타이완 문제가 이러한 측면을 확실하게 포함하기 시작했다는 것 또한 사실이다. 즉 어떤 지역이 그 지역 내에서 일정한 절차를 거쳐 합의되고 동시에 국제적인 인정을 얻게 되면, 그 지역이 하나의 '주권국가'로서 성립이 가능하다는 주장은 역사적 사실로서도 이론으로서도 가능하다. 옛날의 '미국 독립', 요새라면 소련 해체에 따른 여러 공화국의 독립 등이 그 사례에 해당되는데, 타이완 문제는 이러한 성격을 '내재적'으로 갖기 시작했다고 할 수 있다. 국제 문제란, 이제까지는 냉전체제 속에 타이완 문제가 자리 잡고 있었는데, 오늘날에는 국제 경제와 깊이 연계되어 있는 동시에 아시아·태평양 지역의 '국제질서', '평화와 안정'에도 타이완이 하나의 핵심적인 위치를 차지하게 되었다. 만약 타이완을 둘러싸고 심각한 '분쟁 상황'이 발생한다면, 그것은 중국과 타이완 관계의 불안정화뿐만 아니라 중·일 관계와 중·미 관계를 순식간에 불안하게 만들고, 나아가 일본과 동남아시아를 연결한 지역의 불안정화 등으로 얽이게 된다. 아시아·태평양 지역 정세가 유동적으로 변하고, 미국·일본이 어떠한 형태로든 언급을 하는 것은 피할 수 없을 것이다.

물론 타이완을 비롯한 중국과 미국, 나아가 일본까지도 서로 간에 변화하는 사태에 대처하면서 경험을 쌓아 왔다. 예를 들면 1996년의 타이완해협 위기를 통해서는, 타이완이 '독립'을 주장하면 중국이 '무력'을 행사하고, 이에 미국이 '반격'을 하는 강경책을 보이면 서로 큰 손실을 입을 가능성이 높다는 것을 배우게 함으로써, 그 뒤 서로 미묘하게 자기를 억제하는 태도를 보였다. 전체적인 흐름을 보면 중국과 타이완 양측의 간극은 전과 다름없이 넓고 복잡한 사정을 보이고 있지만 한편으로는 평화와 대화를 중시하게 되었다. 그리고 그렇게 계속되는 한 일본이나 미국도 현재 현상유지라는 평화의 틀을 존중하고 지키려고 할 것이다. 2002년 이후 국민당의 마잉주가 정권을 되찾으면서 중국과 타이완의 경제교류는 크게 발전했고, 나아가 "하나의 중국, 각자가 표현"이라는 합의 하에 이 틀은 한층 강해졌다.

강대국 간의 적극적인 교류

1997년 9월, 중국공산당 제15회 전국대회를 마치고 국내 지도체제를 확립했던 장쩌민은, 그 직후부터 국제관계에 대한 본격적인 조정에 몰두하기 시작했다. 그 최대의 성과는 그 해 10월 말 장쩌민이 직접 미국을 방문하여 클린턴과 수뇌회담을 개최한 일이었다. 그는 9월 초순 하시모토 류타로 수상의 중국 방문과 11월 리펑 총리의 일본 방문으로 중·일 관계에서 우호·협력의 틀을 확인한 뒤, 타이완 문제로 악화되고 있던 중·미 관계에 대해 본격적인 조정에 들어갔다. 이 회담을 통해 21세기로 나아가는 중·미 양국은 상호 존중과 신뢰 양성을 강화해 '건설적이고 전략적인 파트너 관계'의 확립을 목표로 할 것을 확인했다. 그리고 중·미 회담 직후에는 옐친 대통령을 맞아 중·러 수뇌회담을 실현하고, 나아가 12월 중순 쿠알라룸푸르에서 개최되었던 ASEAN(동남아시아 국가연합)과 중국·일본·한국 수뇌회담에 장쩌민 본인이 출석해 관계 강화를 주장한 최초의 중국·ASEAN 공동성명을 발표했다. 또한 44년 만에 개최되었던 한반도를 둘러싼 한국·북한·미국·중국의 '4자 회담'에서도 중국은 조정자로서의 주도권을 발휘했다. 다음 해인 1998년 6월에는, 중국을 방문한 클린턴과 전년도에 합의했던 파트너 관계를 다시 확인했을 뿐만 아니라, 클린턴 대통령으로부터 타이완 문제에 관한 '3개의 반대'(2개의 중국, 타이완 독립, 주권과 관련된 국제기구에 타이완이 참가하는 것에 대한 반대)를 끌어내는 데 성공했다. 그 해 11월 일본을 방문한 장쩌민은 역사 문제에 대한 중국 측의 일관된 자세를 강조했다. 나아가 1999년 4월 주룽지 총리의 미국 방문, 7월 오부치 게이조 수상의 중국 방문으로 강대국과의 교류에 적극적이었다.

이러한 교류를 통해 중국이 자신의 국제적인 지위를 제고함과 동시에 21세기 국제질서의 형성을 향해 다양한 포석을 놓고 있는 것은 확실하다. 특히 아시아·태평양 지역에서의 국제적인 틀을 생각해 보면 일본과 미국의 존재는 말할 필요도 없으며, ASEAN, ARF(ASEAN 지역 포럼)에서 APEC으로 이어지는 국제지역기구의 발전과 함께 중국이 실질적으로 강력한 행위자로 대두한 것을 중시해야 한다. 더욱이 국제질서 형성에 가장 적극적인 국가는 '유일한 초강대국'인 미국과 '다음의 초강대국'을 목표로 하는 중국이다.

미 국방성의 「동아시아 전략 보고」(1998)는 "미국이 의도하는 바는 강력하고 군건한 미국의 관여, 해외 진출, 동맹의 강화라는 정책을 유지해 불안정한 요인을 약화시키는 것이다"라고 역설한다. 그리고 그것을 위해서는 첫째, 민주화·시장화를 주축으로 한 세계화를 추진하고, 둘째, 첨단기술·정보산업의 적극적인 개발에 의해 세계를 이끄는 것을 도모하며, 셋째, "차세대에도 미일동맹은 미국의 지역 안전보장 정책의 핵심이다. 가이드라인(일본과 미국의 방위협력을 위한 지침)을 완벽하고 효과적으로 실시하면 상당한 공헌이 될 것이다"라며 일본과 미국의 기축을 중시하고 있다. 게다가 넷째, 대중국 관계를 다음과 같이 전망하고 있다. "2020년에 국민총생산은 중국이 미국을 앞지른다 하더라도 1인당 GNP는 미국의 약 40%이며, 정보기술력 등도 차이가 나기 때문에 미국은 경제·군사의 양 측면에서 계속 중국보다 우위에 설 것이다", "현재의 상태로는 중국은 이웃 여러 나라에게 그다지 위협적이지 않다. 대중국 포위망은 형성할 수 없을 뿐만 아니라, 나아가 장래에는 중국을 적으로 돌리게 된다"라고 중국 봉쇄를 부정하고, "미국과 일본의 동맹관계는 강력하기 때문에, 미국도 일본도 대중국 관계 개선을 도모하고 중국이 책임감 있는 대국으로 발전할 것을 요구하는 것이 가능하다"(조지프 나이, 『산케이신문』, 1998년 7월 17일). 그리고 "중국이 세계 속으로 들어오면 들어오는 만큼, 중국에 변화와 자유를 가져올 수 있다"(클린턴, 1999년 「일반교서」 연설)라는 명확한 화해협력정책engagement policy을 주장하고 있다. 물론 "중국의 성장으로 동아시아가 혼란에 빠지는 것을 미국이 두려워한다는 건 확실하다"(새뮤얼 P. 헌팅턴, 『요미우리신문』, 1999년 1월 6일)라는 중국에 대한 경계심과, 코소보 문제, 미사일 기술 도용 의혹 사건, 타이완 문제 등으로 중국에 대한 불신감이 뿌리 깊게 존재하고 있는 것도 사실이다.

중국이 전망하는 국제질서

이에 대해 90년대 말, 중국은 국제질서가 어떻게 형성되리라고 전망하고 있었을까? 단순화시켜 본다면, 중국은 국제질서를 지탱하는 기본 구조를 몇몇 강대국(極)이 만들어내는 일종의 균형 관계로 파악하고(極構造論), 냉전 후의 국제사회는 다극화되고 있다고 인식한다. 이러한 다극화론은 위에서 서술한 미국 중심의 현상유지적 국제질서관(一極支配論)에 대한 일종의 도전을 내포하고 있다고 말할 수 있을지도 모른다. 그리고 강대국 간의 총체적인 국력에 바탕을 둔 파워게임과 국제적인 영향력에 대한 쟁탈전은 피할 수 없다고 인식했을 뿐만 아니라, 이에 더해 중국 자신이 그 주요한 한 극이 될 것을 강력히 지향한다고 볼 수 있다. 최근에는 경제력뿐만 아니라, "천하태평, 선린우호[親仁善隣]라는 우월했던 역사적·문화적 전통을 계승·발전시키자"(『국방백서』, 1998년), "중국은 외교에서 문화전략을 크게 활용해 중화 문명을 확산시켜야 하고, 그에 의해 동아시아, 나아가 세계의 중국에 대한 불신감을 해소시켜야 한다"(광보화, 『중국외교』, 인민대학 복인보간 자료, 1998년 1월의 발언)라고 했던 것처럼 전통적인 힘과 문화적인 힘을 포함한 문자 그대로의 총체적국력 향상을 주장하는 소리도 들린다. "다극화의 발전에 적응하기 위해세계 각국, 특히 그 중에서도 여러 강대국은 상호 관계 조정과 함께 국가간의 상호 협조와 협력의 강화를 고려하고 있다. 이것은 국제 정세의 완화, 안정에 도움이 된다"(탕지아셴, 『베이징주보』, 1998년 52호). "아시아·태평양 지역에서 다극화의 추세는 가속적으로 발전해 강대국 관계는 전략적으로 조정되었다"(『국방백서』).

강대국화 지향이라는 과제

그러나 중국이 강대국화를 지향하면 할수록, 초강대국인 미국과의 관계를 의식해 강력한 협조를 지향하는 경향과 강경한 반발을 지향하는 경향 사이에서 동요하게 된다. 두 차례의 장쩌민·클린턴 회담에서는 어느정도까지는 '건설적이고 전략적인 파트너 관계'를 추구하면서, 거의 동시에 "패권주의와 강권정치는 여전히 세계 평화와 안정을 위협하는 주된 근원"(『국방백서』)이라며 미국에 대한 강한 불신감을 드러내고 있다.그리고 그러한 '동요' 사이에는 타이완 문제가 대두되었다가 완화되었다가 한다. 또 미국을 불신하는 맥락에서 "군사 블록의 확대와 군사 동맹의 강화는 국제 안전에 불안정이라는 요소를 강화하고 있다"라고 미일동맹의 강화를 강력히 비판했다. 미국 중심의 세계질서에 대항하는 논리로서, 중국은 이 무렵 "어떠한 블록이나 동맹도 만들지 않고, 나라의 크고 작음을 불문하고, 평화공존 5원칙에 따라 공정·평등하고 또한 합리적인 국제정치·경제 신질서를 확립한다"라는 점을 제시하고 있다.

확실히 이 논리는 자기보다 '강한' 미국과 대항하고, 다른 나라와 제휴하고자 할 때는 일정한 설득력을 갖고 있다. 그러나 자기보다 '약한' 나라와의 관계를 고려할 때, 다른 한편으로는 실질적으로 대국화를 강력히 추구하는 중국 자신에게 이 논리를 다시 적용할 수 있게 된다. 21세기에 들어서면서 중국은 바로 이러한 과제들을 문제로 삼게 되었다.

제7장
'중화민족의 위대한 부흥'에의 매진

'약진하는 중국'을 연출한
후진타오 주석과 원자바오 총리.
(2010년 3월)

사진제공: 연합뉴스

1. 지속되는 경제성장과 경제구조의 변화

당 지도자의 예측을 뛰어넘는 기세

개혁·개방 노선의 추진에 따른 고도경제성장을 실현시킨 중국은 21세기에 들어서면서부터 그 기세가 꺾이는 일 없이 매진했다. 2001년의 제9기 전인대 제4회 회의에서 주룽지 총리는 2010년의 GDP를 2000년의 GDP보다 배로 증가시키는 것이 목표임을 제시했다. 나아가 2002년의 중국공산당 제16회 전국대회에서 장쩌민의 「정치보고」에서는 2020년의 GDP 목표를 2000년보다 4배로 증가시키겠다는 야심찬 수치를 공식적으로 언급했다. 중국은 2000년의 GDP가 1조 달러를 넘게 되면, 2010년의 목표는 2조여 달러, 2020년의 목표는 4조여 달러라는 수치 목표를 제시했다. 중국은 2000년 당시 일본의 GDP가 약 4조 7,000억 달러에 이르는 것부터 2020년 즈음에는 일본의 경제규모를 따라잡는 것을 목표로 삼았다.

전쟁이 끝난 후 일본을 선두로 NIEs, ASEAN 등 줄줄이 경제성장을 실현한 여러 나라들은 외자를 끌어들이고, 저렴한 노동력을 최대한으로 활용한 노동집약형의 제조업을 확대하고 수출을 장려하는 방법으로 발전했다. 그러나 이는 어떤 단계까지 이르면 '성장의 천장'에 부딪치기 마련이고, 이후부터는 여기서 어떻게 벗어나는가가 그 다음 단계의 과제가 된다. 마찬가지로 중국도 같은 길을 가는 것으로 보였다. 앞장에서도 봤듯이, 2000년을 전후로 '성장의 천장'에 부딪히면서 조건이 늘어나기 시작했다.

그러나 이후에도 성장속도는 줄어들 줄 모르고 평균 10%를 넘는 기세로 나아갔다. 이미 2005년에는 GDP가 2조 2,570억 달러에 달했는데, 이는 앞서 말했던 주룽지의 목표보다 빠르게 달성한 것이었다. 2008년에 4조 5,200억 달러를 달성하면서 2020년의 목표를 돌파했을 뿐만 아니라, 2010년에는 5조 9,300억 달러를 달성하면서 순식간에 일본을 추월하고 세계 제2위의 경제대국이 되었다. 2012년의 GDP 성장률은 전년도에 비해서 7·8%로 약간 저조해지는 것으로 보였으나, 그럼에도 불구하고 여전히 고도성장을 계속했다. 이것은 역사상 전례가 없던 경우였다.

WTO 가입으로 거둔 효과

어째서 이러한 경제성장이 가능할 수 있었던 것일까? 우선 첫째, 성장전략을 지속했고 둘째, 아직도 헐값으로 노동력을 부릴 수 있었으며 셋째, 유럽과 미국, 그리고 일본 및 해외 화인들의 투자가 계속되었다는 점들을 성장의 기초 조건으로 든다. 그러나 그 뿐만이 아니라 새로운 조건이 부가된 점을 지적해야 한다. 바로 2001년 WTO에 가입한 것이다.

중국의 가맹 승인은 1986년 WTO의 전신이었던 GATT(관세 및 무역에 관한 일반 협정)에 가맹 신청을 한 이후, 햇수로 16년이라는 세월을 거쳐 얻은 성과였다. 다만 WTO의 가맹은 중국에겐 일정한 유예기간이 주어졌는데, 이 기간 동안 중국은 무역권의 자유화, 수입에 해당하는 원칙 철폐, 투자 제한조치의 소멸 등의 무역관련 제도을 개선했고, 2010년까지 전 생산품목에 큰 폭으로 관세인하를 실시하면서 유통과 금융서비스의 자유화 등, 국내경제의 틀을 국제경제로까지 단단하게 잇는 대전환을 재촉하였다. 이것이 여전히 개혁을 봉쇄하는 사회주의의 계획경제제도를 외부압력으로 대담하게 괴멸시킨 중대한 계기였던 셈이다.

　WTO에 가입함으로써 거둔 효과를 든다면 우선 해외로부터의 직접투자가 급증했다는 점이다. 원래 직접투자는 1992년 덩샤오핑의 「남순강화」 이후 증가하기 시작했다. 이후 중국은 2001년에는 미국을 제외하곤 세계에서 직접투자를 받는 단 하나의 나라가 되었으며, 2003년에는 실행금액이 과거 최고치로는 535억 달러를 기록했으며, 나아가 2004년에는 620억 달러까지 증가했다. 외자기업의 수는 누계로만 보면 50만 8,941 사에 달했다. 그야말로 중국경제는 외자 주도로 인해 역동적으로 가속화되고 있었다.

　이처럼 외자가 급증하는 것과 병행해서 경제사회의 구조에 커다란 변동을 불러일으킨 요인은 내륙 지역에 사는 농민이 연해 지역으로 대거 이동한 것이다. 헐값에 부릴 수 있는 노동력의 대이동은 이미 1990년대부터 시작되었고, 이는 '맹류盲流'라고 불리게 되었다. 이는 2000년대에 들어서면서부터 본격적으로 계속되었고, 2008년에 들어서는 1억 4,000만 명 전후로, 2011년 전후에는 2억 6,000만 명 정도까지 늘어났다. 그들은 '농민공農民工'으로 불리며 임금격차와 교육·의료보장의 대상외 취급을 겪는 등, 새로운 사회문제를 낳는 요인이 되기도 했다.

정당 스스로의 새로운 정의=3개 대표론

WTO 가입과 더불어 또 하나 경제구조의 중대한 변화가 나타난다. 이른바 사회주의체제 하의 국유기업의 개편이다. 1995년 이후, '조대방소操大放小' (대기업은 국가가 장악하며, 소기업은 시장에 맡긴다) 정책의 제1단계로서 국유기업의 전략적 구조조정이 시작되었다. 1999년에는 WTO 가맹에 대비하여, 제2단계로서 '국유기업 개혁과 발전의 일부 중대문제의 결정'이 되면서, 국유기업재산권제도의 개혁이 과감하게 추진되었다. 나아가 2003년부터는 국제경쟁력의 향상을 목표로 제3단계에 돌입했으며, 국유자산관리위원회가 설립되고 국유자산의 운영과 관리의 통괄, 국제기준에 적합한 기업통치의 개혁이 시작되었다. 이러한 일련의 개혁에 따라 국유기업의 개수는 1998년의 23만 8천 사에서 2003년의 13만 6천 사로 크게 감소했지만, 반대로 국유 총자산은 13.5억 원에서 19.7억 원으로 증가했다.

정치적으로 이러한 적극적인 자본주의 도입전략을 굳건하게 한 것은 공산당 자신의 새로운 정의였다. 2001년의 건당80주년 기념일에 장쩌민은 「71강화」를 발표하면서 공산당을 선진적 생산력, 선진적 문화, 가장 광범위한 인민의 이익을 대표한다는 '3개 대표론'으로 새롭게 정의했다. 이전에 당은 스스로를 '노동자계급의 전위'라고 규정하였으나, 장쩌민의 3개 대표론은 이에 그치지 않고 개혁·개방, 시장화의 진전에 따라 다양해지는 사회계층, 특히 경제발전의 추진력이 된 사영기업가와 IT문화의 담당자 등을 적극적으로 당에 영입하려는 모습을 보이는 과감한 시도를 했다.

이처럼 정당 자신의 새로운 정의는 2002년의 중국공산당 제16회 전국대회에서 정식으로 채택되었고, 정당은 종래의 계급정당 노선을 포기했으며, 국민정당의 특색을 강화했다. 이후 중국공산당은 경제성장 수익층의 의향을 반영하는 '엘리트 정당'으로 변질된다.

그리고 '조대방소'를 지지하는 정당과 국가에 의해 마침내 대형국유기업, 특히 각종 에너지 자원 분야와 첨단기술 분야, 철강 등은 기간산업 분야에서 국제경쟁력을 강화되었고, 중국의 경제적 약진은 보다 가속화 되었다. 다만 이러한 경제적 약진의 한 편에서는 국유주주가 지나치게 강해짐으로써 중·소주주 등의 이익을 침해하였고, 어쩔 수 없이 민영화 된 중소기업의 기업 통치는 정상적으로 기능하지 못하는 새로운 문제가 생겨났다. 이 문제의 특징은 1990년대의 '국퇴민진國退民進'의 상황과는 대조적으로, '국진민퇴國進民退'(국유경제의 증강과 사유경제의 후퇴)으로의 전환이었다.

확대된 격차문제

지나치게 급격해진 경제발전과 '국진민퇴'의 국가자본주의는 '선부론' 정책에 의해 여태껏 발생한 격차 문제, 환경오염을 보다 큰 규모의 심각 한 문제로 만들었다. 우선 격차 문제부터 살펴보도록 하겠다.

공평한 부의 분배보다도 경제성장을 우선하는 정책, 헐값의 노동력을 비교우위로 삼아 나아갔던 국제경쟁력 강화는 '약육강식'이라는 사회경 향을 더욱 견고하게 만들었고, 그 결과 빈부의 양극화와 격차 확대를 촉 진시키는 일이 되고 말았다. 미국의 조사보고에 따르면, 2012년 중국에 서 빈부의 격차가 중대 문제라고 대답한 사람의 비율은 48%에 달했으 며, 또 81%의 사람들이 최근 수 년간 양극화는 한층 더 심해졌다고 대답 했다(뷰·리서치 센터, 2012년 3월 18일~4월 15일, 중국인 3,177명의 인터뷰 조 사보고).

소득격차를 나타내는 중요한 지표인 지니계수를 봐도 양극화 경향은 뚜렷했다. 예를 들자면, 1988년에는 일본이 0.290, 중국이 0.298로 격차 지수가 거의 같은 상태였다. 이는 2004년에 들어와서는 일본이 0.308인 데 비해 중국은 0.416으로 서로의 차이가 뚜렷하게 나타났다. 2012년에는 국가통계국이 12년 만에 지니계수를 발표했는데, 그 수치는 0.474였다. 일반적으로 지니계수가 0.4를 넘으면 사회불안이 수면 위로 드러난다고 말한다. 0.474여도 심각한 수치인데, 같은 해 12월 중국인민은행 등에서 조사한 것을 기반으로 전문가가 발표한 수치에 따르면, 2010년에는 0.61에 달할 것이라고 하였다.

격차 문제는 개인소득에만 한하지 않는다. 특히 도시와 농촌의 격차 및 연해와 내륙의 격차의 문제가 크다. 중국 농촌은 오랫동안 이 상태에서 헤어나오질 못하고 있으며 빈곤의 대명사로 자리 잡았다. 1990년대 말에는 '삼농문제'라고 표현하는 것처럼, 정당의 연초 중요지시로서 알려진 「제1호 중앙문건」에서는 매년 이 문제가 제1순위로 제기되었다.

삼농문제는 '농업'의 저생산성, '농촌'의 황폐, '농민'의 빈곤을 가리키며, 경제사회의 지속적 발전을 위협하는 불안정요인으로 알려져 있다. 1985년에는 도시주민 한 명당 임금은 690원, 농촌은 한 명당 순수입이 397원으로, 서로 간의 격차가 1.74 대 1인 셈이었다. 이것이 2005년에는 도시가 1만 493원인데 비해 농촌은 3,255원으로 격차가 3.22 대 1까지 벌어졌다. 다만 그 후 도시로 유입된 많은 농민공들이 고향으로 부치는 돈 덕분에 농촌의 수입이 증가했으며, 도시와 농촌의 격차가 축소경향으로 바뀌게 되었다.

삼농문제

삼농문제에 대해서 후진타오·원자바오 정권은 나름대로의 노력을 시도했다. 2005년 농업세 철폐, 농촌 의무교육의 농민 부담 철폐 등의 실현을 예시로 들 수 있겠다. 그러나 많은 일꾼들은 농민공으로서 도시로 떠나버렸고, 농촌에서 농민의 수입 증가는 곤란해졌으며 최저생활비와 양로보험 같은 사회복지제도로부터도 제외되었다. 게다가 이 시기에 서부

대개발을 시작으로 내륙 개발이 본격화되었는데 지방정부와 결탁한 부동산업계가 폭력적일만큼 싼 값으로 토지를 수탈하는 일이 빈발하였고, 생활의 밑바탕인 토지를 잃은 사람들이 급증하게 되었다.

농촌에서 농민의 집단적인 항의행동은 이토록 냉혹한 현실을 배경으로 빈발했다. 덧붙이자면 항의 건수는 공안당국발표에서도 2004년 7만 4,000건, 2005년에는 8만 7,000건이었다. 말하자면 전국 어디에서든 하루에 238여 건의 집단 항의행동이 일어났다는 셈이다. 이후 공안부는 수치를 발표하지는 않았지만 2006년 홍콩보도에서는 11만 건 이상이라고 보도했고, 변함없이 계속해서 증대하고 있다고 생각할 수 있다.

게다가 도시로 온 농민공 자신들이 새로운 사회문제의 요인이 되었다. 도시에서 그들이 보내는 일상의 생활환경은 저임금을 받는 데다가 주택시설, 식사, 위생, 의료, 사회보장, 자녀들의 공립학교 입학 등, 온갖 부분에서 극심할 정도로 열악한 상황이었다. 저명한 사회학자 루쉐이는 이 상황을 "도시에서 '도시주민과 농민이라는 이원구조'의 출현"이라고 말했다.

이처럼 불평등하고 불공평한 상황을 낳게 한 근본적인 문제는 중국의 독특한 호적제도였다. 1950년대 당과 정부는 도시의 치안과 생활을 보장하고 농민의 유입을 저지하기 위해서 농촌에서 태어난 사람에게는 농촌호적 이외에는 받을 수 없는 엄격한 제도를 만들었다. 이렇게 도시호적과 농촌호적의 기본적인 골조는 몇 억 명의 인구이동이 일어나는 오늘날에도 변하지 않았다. 도시에서 장기체재를 하는 농민공은 예외적인 조치로 취해 이 제도에서 제외되지만, 기간 한정인 '도시 잠정주재 호적' 밖에 얻을 수 없었다. 그 수는 2010년 2억 6,000만 명을 넘어서게 되었다. 부분적으로 개선점이 있었지만, 기본적으로 도시생활자가 받는 사회적 대우는 받을 수 없었다. 그저 출생지가 도시인가 농촌인가 하는 우연때문에 사회적 대우가 그토록 다른 것은 우리들의 상식으로는 이해할 수 없는 일이다. 여러 선진국에서는 명백하게 인권문제가 되는 사태일 것이지만, 이것이 오늘날 중국의 현실이다.

연해와 내륙의 격차확대는 또 하나의 심각한 문제였다. 자금, 기업, 인력은 연해 지역에 집중되어있었는데, 내륙 지역은 인프라가 취약하고 인재도 부족해서 이곳 발전은 곤란한 상황에 처해있었다. 가장 발달한 연해(상하이)와 가장 낙후한 내륙(구이저우)을 비교해보면 일인당 GDP 비율은 2006년 시점에서 대략 10 대 1 정도이다. 이러한 격차 확대는 현재도 계속되고 있다.

이러한 격차를 줄이기 위해 2000년 이후부터 당과 정부는 '서부 대개발'이라는 내륙 지역 개발을 추진했다. 국가가 대규모로 투자하는 인프라 건설, 자원 개발 등의 추진되면서 서부 지역의 GDP 성장률은 상승했다. 예를 들어 2000년에는 8.5%, 2001년에는 8.8%, 2002년에는 10.0%, 2003년에는 11.3%를 기록하는 등 효과가 나타났다. 그러나 '농민공'으로서 대량 유출되어 발생하는 노동력 감소와 민간자금·기술의 부족 등에 따라 내륙 지역의 자립적인 산업화의 길은 험난하다.

2. 남겨진 사회문제와 지지부진한 정치체제 개혁

심각해진 환경오염

급격한 경제성장이 가져다 준 또 하나의 큰 문제는 환경오염이었다. 담수에 주목해 보겠다. 원래 중국의 수량은 절대적으로 적어, 인구는 세계에서 22%를 차지하고 있음에도 불구하고도 담수량은 세계에서 8%에 불과했다. 중국의 1인당 수자원은 세계평균의 4분의 1밖에 안되는데,

경제발전에 수반한 물 수요 증대와 더불어 항상 물 부족 문제에 시달렸다. 뿐만 아니라 공장에서 배출하는 대량의 공업 오염수와 화학비료, 농약으로 인해 오래된 하천과 호수 및 근해에서 심각한 환경오염이 발생했고, 모든 하천과 호수의 60%는 심각하게 오염되었다는 보고도 있다. 2013년에는 관련 부문이 118개의 도시에서 실시한 모니터링 조사에서 말하길, 기본적으로 지하수가 안전하다고 인정받은 도시는 불과 3%에 그쳤다(중국 국영통신 신화사).

발해 연안, 화동, 화남 지역에서는 중금속으로 인해 토양오염, 그리고 다른 지역에서는 오염으로 인한 암과 기이한 질병의 다발, 기형생물의 발생도 보고되었다. 2013년 2월 『인민일보』 웹사이트에 따르면 '암의 마을'은 전국에 적어도 247 곳에 이른다고 한다.

대기오염도 심각하다. 베이징 올림픽 개최와 관련해서는 대기오염 문제, 근래에는 초미세먼지(PM 2.5) 오염문제 등이 화제로서 부족함이 없다. 2013년 3월, 칭화대학교의 의학관련 학회에서의 발표에 따르면, 2010년에는 대기오염이 사인이었던 사망자 수가 전국에 123만 4,000명이고, 그 해 사망자 수의 약 15%를 차지한다고 했다. 같은 달에 열린 제12기 전인대 제1회 회의에서는 환경보호부 연도보고에 3분의 1의 반대와 기권이 있었으니, 이는 환경 악화에 대처하는 지방의 강경한 이의신청을 의미했다. 당과 정부가 환경문제에 정면으로 맞서지 않았던 것은 아니다. 환경과 관련한 수많은 법률은 선진국 못지않게 엄정한 내용을 갖췄다. 그러나 급속하게 진행되는 파괴와 오염은 머나먼 길을 향해 가고 있다는 게 현실이다.

급증하는 부정부패와 독직

경제성장 우선 노선은 법 제도에 의해 확실한 체크가 기능할 수 없다는 점과 더불어 대두하는 기득권 집단의 권력과 유착한 조직적인 독직과 부패 등, 사회적인 '비뚤어짐'도 심각해졌다.

중국의 정보 네트워크 바이두白度에 따르면 부패건수는 2003년 1만 900건이었던 것부터 2012년 86만 1,000건으로, 이렇게 늘어나는데도 제동은 걸리지 않았다. 2013년의 제12기 전인대 제1회 회의의 정부보고에 의하면 2012년까지 과거 5년간 독직 사건 등으로 입건된 공무원 수는 21만 8,639명이라고 한다. 이전의 5년 동안에도 약 21만 명이 입건되었고, 당과 정부가 때때로 근절 캠페인을 시도했음에도 불구하고도 개선될 기미가 보이지 않았다.

베이징대학 교수 장웨이잉의 분석에 따르면 1980년대부터 1990년대까지 걸쳐서 일어난 부패는 체제개혁에 수반되는 부패로, 어떤 의미로는 중국의 시장화 개혁을 추진시켰다고 말할 수 있다는 것이다. 이와는 대조적으로 오늘날의 부패는 정부 관료의 권력의 남용, 특히 민간의 기득권을 둘러싼 부패가 증가했다. '부패 단속 조치가 점점 엄격해지는데도 불구하고, 부패는 점점 심해진다. …… 이처럼 심각한 부패 상황은, 인류 역사상 어떤 나라에서도 유례없는 경우일지도 모른다'며 장웨이잉 교수가 말했다.

국제투명성기구Transparency International는 1995년 이후, 10개 기관, 13가지 종류의 앙케이트 항목에 의한 조사를 기반으로 '부패인식지수'를 산출하여 매년 공개하고 있다. 가장 청렴한 나라를 10, 가장 부패한 나라는 0으로 점수를 매기는데, 7할의 나라가 5점 미만이다. 중국은 2002년부터 10년간 3~4점부터 5~6점 사이로, 세계 75위 전후를 차지하고 있다. 2008년 가을 리먼 브라더스 사태로 세계경제에 어둠이 드리

워진 가운데, 당과 정부는 경기 후퇴를 막기 위해 4조 위안이라는 막대한 자금을 투입했다. 이 결과 경제성장을 지속적으로 추진하는 일이 가능했고, 세계적으로 높은 평가를 받게 되었다. 그러나 지방경제를 활성화시키기 위해 풀린 자금을 추적해 보니, 일반 서민의 구매력 향상과 생활개선에 투입되는 것이 아니라 지방의 권력자들과 기득권 그룹의 이익이 되어 버리는 경우가 많았다. 이것이 부패를 크게 키웠고, 격차를 벌어지게 했으며, 사회모순을 한층 격화시켰다.

소수민족 문제

이렇듯 경제성장으로 재미를 보는 건 본토 권력자와 기득권 그룹 등이었다. 수혜자 중에는 지방 개발에 발맞추어 흘러들어 온 한족들도 있었다. 지방 내부에서도 특히 변두리 지역에 사는 소수민족의 생활은 가난했다. 때문에 외부에서 온 한족과는 대립과 분쟁이 끊이질 않았고, 소수민족 문제는 사회불안의 커다란 한 가지 요인이 되었다. 다만 소수민족의 대부분은 중앙의 당과 정부의 위무정책과 오래 시간에 걸쳐 한족과 동화됨에 따라, 정치적으로는 한족과 중앙을 따르며 저항하지 않았다. 중앙에의 반발이 강하고 분리 독립운동이 두드러지는 건 특히 티베트 불교와 이슬람교를 각자의 정신적인 지주로 삼는 티베트족과 위구르족이다.

각기 역사를 간단히 거슬러 올라가 현 상태를 보도록 하겠다. 티베트족은 1951년 공산당의 지배 하에 있었다. 1959년 '동란' 평정 후, 급속도로 사회주의화가 추진되었지만, 혼란과 빈곤은 심각해졌다. 개혁·개방 이후 당과 정부는 경제발전의 지원을 강화하는 한편, 1987년과 1989년에 독립운동이 표면화되면서 계엄령을 선포하고 가혹하게 진압했다. 베이징 올림픽이 열리기 얼마 전인 2008년 3월에 라싸에서는 대규모 폭동이 일어났다. 티베트 망명정부 내에서 급진독립파 티베트 청년회의 등이 중심이 되어 티베트 독립을 국제 세계 여론에 강하게 어필하려고 저지른 폭동이었다. 이 폭동의 열기는 쓰촨성 아바현의 티베트족 찬족 자치주 등에까지도 번져나갔다. 그 후에도 티베트족은 저항과 폭동을 계속하고 있다.

다른 한편, 신장에서는 1930~40년대에 대규모의 동투르키스탄 독립운동이 일어났다. 이를 이어받은 급진적인 위구르 독립운동은 오늘날에도 이어지고 있다.

당과 정부는 1980년대, 특히 후야오방 시대에는 유연노선을 채택했으나, 1990년대 이후 소수민족의 항의 행동에 대해서는 엄중하게 탄압하는 강경노선으로 전환했다. 특히 1997년 2월, 신장 이리 지구에서 공산당의 지배에 항거해서 발생한 위구르족의 폭동(이닝伊寧 사건)에서는 행방불명된 사람은 150명, 부상자는 600명, 체포된 사람은 1,500명이었다고 한다.

그러나 이 이닝 사건 이후에도 '독립'을 목표로 하는 움직임의 기세는 꺾이지 않고, 여러 항의활동이 지속되었다. 2008년 3월 신장 남부의 허톈시에서는 600명이 넘게 참가한 항의데모가 열렸다. 그리고 다음 해인 2009년 7월, 광둥성 샤오관시에 발생한 한족 종업원과 위구르족 종업원의 충돌사건에 항의가 있었고, 우루무치에서는 약 3,000명의 위구르족이 대규모 폭동을 일으켰다. 이에 투입된 다수의 무장경찰 사이에서는 충돌이 벌어졌고, 140명이 사망, 800명 이상의 부상자가 발생했다(정부 발표로는 사망자가 197명으로 대부분이 한족이었다). 이 사건에서는 1만 명의 위구르족이 행방불명이 되었으며, 그 후 뿌리 깊은 한족과 중앙정부 비판이 이어졌다.

중앙공산당 제17회 전국대회의 시도와 좌절

후진타오·원자바오 정권은 이토록 심각해져 가는 사회모순을 팔짱을 낀 채로 수수방관할 순 없었다. 연해와 내륙의 격차를 시정하기 위해 2001년부터 본격적으로 서부 대개발을 전개하였고, 또 삼농문제 해결을 위해서 농업세의 폐지 등 농민부담 경감책을 추진했다. 그러나 다른 한편으로는 심각해진 환경파괴와 격차 확대, 급증하는 부패와 독직에 대해서 개혁을 요구하는 목소리가 높아져갔다.

후진타오·원자바오 정권은 2002년이 되자마자 '백성을 근본으로 삼고〔以民爲本〕', '새로운 사람을 뽑아 정치를 하겠다〔新民政治〕'를 강조했으며, 나아가 2004년 9월에는 중국공산당 제16기 4중전회에서는 '화해和諧사회'(조화로운 사회)를 새로운 표어로서 내걸었다. 그리고 성장과 공평한 분배, 인간과 자연과의 조화 등을 중시하는 방침을 내세웠다.

2007~2008년에는 '민주'를 중시하는 목소리가 높아졌다. 2007년 중국공산당 제17회 전국대회의 「정치보고」에서는 '민주'라는 용어가 실제로 60회 이상 쓰였다는 점이 이를 상징하고 있다. 그리고 원자바오는 『인민일보』(2007년 2월 27일 자)에서 "과학, 민주, 법 제도, 인권은 자본주의의 전유물이 아닌 인류의 기나긴 역사적 과정에서 같이 추구해왔던 가치관과 창조한 문명의 성과이다"라며 보편주의를 중시하는 발언을 했다.

후진타오·원자바오 정권의 수뇌부 중 하나로 알려진 정치학자 위커핑은 "민주주의는 근사한 것이다", "중국민주정치로 가는 세 가지 길" 등을 논했는데, 이 발언들이 『인민일보』와 『중국청년보』 등 당국 권위 있는 신문에 게재되었다. 원자바오 자신도 2008년 9월 말, 미국 CNN과의 인터뷰에서 1989년의 톈안먼 사건으로 얻은 교훈이 무엇인가에 대해 질문을 받자, "중국의 민주화 발전과 관계가 있다고 생각한다"고 대답했다. 나아가 같은 해 말에는 국내외에 있는 중국지식인들 300여 명 정도가 서명한 「08헌장」(삼권분립·인권보장을 주축으로 한 중화연방공화국 헌법요강)이 발표되었고, 이듬해 3월이 되자 서명한 사람이 수천 명으로 늘어나는 등, 민주를 원하는 지식인들의 목소리는 다시금 드높아졌다.

그러나 당과 정부는 이러한 움직임에 대해서 강경한 태도를 취했다. 「08헌장」의 제창자인 류샤오보의 노벨평화상 수여를 반대하는 의견을 표명했으며, 2010년 2월, "국가정권 전복선동죄"에 따라 류샤오보에게 징역 11년 및 정치적 권리 박탈 2년의 판결을 내렸다. 류샤오보는 2013년 현재도 복역 중이다.

2000년대의 10년간을 돌이켜보면, 정치참가의 확대와 지도자 권력 남용에 대한 효과적인 견제 장치의 형성, 언론보도의 자유를 뜻한 정치의 민주화와 법치화는 거의 발전하지 않았고, '화해사회', 혹은 중국발전의 보편적 가치와의 융합도 실현되지 못했다.

이것이 실현되기 어려웠던 원인을 꼽자면 첫째, 가득 쌓인 사회적 불만보다도 공산체제의 안정이 최우선이었기에 비판세력을 철저하게 탄압했던 것과 둘째, '강대국 중국' 실현을 위한 강력한 요청을 위해 성장주의노선을 최우선으로 삼았던 것, 그리고 셋째, 엘리트 계층을 중심으로 강대한 기득권층이 형성된 것, 넷째, 장쩌민세력이 '보편적 가치' 비판을 하면서 원자바오의 주장에 반기를 들고, 중국 특수론과 보편주의의 대립을 한층 더 선명하게 만들었다는 것 등이 있겠다. 후진타오도 원자바오도 스스로 지위를 지키기 위해서 기득권층 그룹, 특히 장쩌민과 군 지도층에 양보하고 타협하지 않을 수가 없었다. 종장에서도 다루지만, 그래도 정치적 민주화를 둘러싼 새로운 움직임이 싹트기 시작한 것만큼은 확실하다.

3. 적극적으로 변화하는 외교와 증강되는 군사력

흔들리는 다극화전략

중국공산당 제16회 전국대회 이후 외교노선을 제15회 전국대회의 노선과 비교해 보면, 그 변화를 다음과 같이 요약할 수 있다.

첫 번째로, 제15회 대회와 비교해서 세계평화 옹호, 공동발전 촉진이 더욱 강조되었다. 이것은 2003년 후진타오의 외교 수뇌부로 알려진 정비젠(중앙당교상무부교장)이 제시한, 이른바 '평화적 대두〔和平崛起〕'와 관련이 있다. 두 번째로는 '책임지는 강대국'으로서 국제사회에 참여하고자 하는 의식이 증대하고, 일극을 다투지 않으며, 다양한 역량을 지닌 국가들〔多種力量〕의 조화로운 공존을 목표로 삼아 적극적으로 주도하며 국제실무에 맞서는 경향을 견고히 했다. 그리고 세 번째로 협력영토를 확대시키고 풍부하게 만들면서 협력효과를 향상시켰다.

이러한 대외전략의 전환을 생각하는 것 이상으로 필요한, 중국의 기본적인 국제구조 인식에 대해서 중요한 변화가 있음을 주목해야할 것이다. 즉, 잘 알려진 대로 냉전 이후 중국은 국제사회의 기본구조를 '다극화로의 이행기'로 파악했었다. 사실 '극極'이라고 말할 필요도 없고 그냥 '강대국'을 뜻한다. 중국은 여러 극이 형성되면서 서로 조정하고 균형을 잡아야 했는데, 이는 앞으로 이 균형이 국제질서 안정의 기본이라는 생각에서였다. 그것은 '인식'이라는 것과 동시에 미국의 '일초―超'를 배제하고, 상대적으로 힘있는 3개 이상의 강대국〔極〕들의 하모니에 따른 질서 형성을 목표로 하고 있다는 뜻으로, 중국의 '다극화전략'이라고도 한다.

그 후 이 다극화전략론 자체를 부정하지는 않지만, 내용이 크게 변하기 시작한 것으로 보였다. 예를 들자면 왕이(현재 외교부장·전 주일중국대사)는 2003년에 열린 '세계지식' 제2기에서 '다극화인식'의 전환은 다음과 같은 특징이 있다고 말했다. 즉, 강대국 간의 조정·시스템으로서의 '다극시스템'의 관점에서 중국은 첫째, 다양한 역량을 지닌 국가들의 조화적 공존(국가 이외의 배우도 중시), 둘째, 개발도상국이 다극화격국(국제구조)의 중요한 역량이고, 셋째, 다극화를 객관적 추세로 보지만, 지향하는 것은 각국의 '평등협상, 조화공존'이라는 점을 지적했다. 이에 대해서 베이징대학의 예쯔청 교수는 "다극화는 주로 미국의 패권주의, 편무주의(片務主義, unilateralism)를 반대하는 내용을 포함하고 있다"고 자신의 의견을 밝혔다.

서로 말의 뉘앙스는 달라도, 국제질서의 새로운 틀을 모색하게 되었다는 공통점이 있다. 1999년 베오그라드 중국대사관 폭격사건, 2001년 4월 중·미 군용기 접촉사고를 통해 중국은 미국의 강대한 공격력을 통감하게 되었다. 또한 미국은 이라크 전쟁에서 첨단기술병기를 중심으로 한 군사력이 비약적으로 진보한 모습을 보여주었다. 이러한 미국의 군사력을 보고 중국이 강한 위기감을 갖게 된 것이 그 배경이 되지 않았을까 싶다.

그런 까닭에 외교행동을 취할 땐 자주적이면서도 신중한 태도를 관철했다. 정비젠이 제시한 평화적 대두는 그러한 자세를 나타낸 것이다. 그러나 이 자세가 국제사회에서 그렇게까지 잘 통용되는 것은 아니었다. 평화적 대두의 '대두台頭'는 현재 국제질서에 도전하는 걸 의미하는 것이 아니냐는 비판이 출몰했다. 이에 대해서 중국은 공식적으로는 '평화적 대두'를 철회하고 종래의 '평화와 발전'으로 외교의 기본노선을 되돌렸다. 이는 덩샤오핑의 '능력을 숨기자'라는, 신중한 외교지시에 충실한 실천이었다고 말할 수도 있겠다.

G2론의 부상

그러나 중국의 급격한 경제력과 군사력의 향상은 확실히 미국 내부에서 '중국 경계론'을 조성하게 했다. 2005년 7월 미국국방부(펜타곤)의 「중국의 군사력 관련 연차보고서」에서는, 중국에 대해 '지역의 위협'이라는 표현을 썼다. 같은 해 2월과 10월에 열린 외교·군사 상층부 관계자들의 '일본안전보장협의위원회'(2+2)는 일본과 미국 양측에 의한 긴밀한 협력관계를 구축하는 것에 중점을 두었는데, 이것은 중국 경계론을 저변에 깔았다는 뜻이었다. 그러나 한편으로는 같은 해 8월에 열린 중·미 전략대화에서 졸릭 국무부 부장관은 "미국과 중국은 책임감 있는 이해 공유자 (stake holder)"라는 말을 하면서 중국의 실력을 인정하는 가운데 두 나라의 평화적 발전과 중·미 협조의 중요성을 역설했다.

2007년의 중국공산당 제17회 전국대회, 2008년의 베이징 올림픽의 성공 등을 통해 중국은 입지를 한층 다지게 되면서 바야흐로 중·미시대의 도래라는 소리가 들려오기 시작했다. 2008년 이래로 의논하게 된, 이른바 미국과 중국의 'G2론'이 그 전형적인 예이다.

2009년 7월, 미국과 중국의 외교안전보장·경제의 각료급의 책임자들이 처음으로 워싱턴에 모였고, '중·미전략 및 경제대화'는 세계에 막강한 영향력을 끼쳤다. 이 대화의 개막식에서 오바마 대통령은 "미국과 중국의 관계는 21세기의 행방에 영향을 끼치는, 굉장히 중요한 두 나라의 관계이다. 두 나라는 협력을 강화하고, 공통이익을 추구하며, 두 나라와 세계의 사람들에게 행복을 줘야만 한다"고 발언했으며, 그야말로 중·미 G2론을 강조하는 형세가 되었다.

'능력을 숨기자'를 재검토하다

그러나 같은 시기, 중국외교의 강경노선으로의 전환을 보여주는 중요한 주장이 등장했다. 2009년 7월, 재외대사 등이 모인 회의석상에서 후진 타오 주석은 덩샤오핑의 주장을 보다 확실하게 하자는 의미에서 "능력을 숨기는 것은 견지하되, 할 일은 적극적으로 하자〔堅持韜光養晦, 積極有所作爲〕"는 외교방침을 내세웠다.

외교·군관계자들은 특히 후반 부분의 "할 일은 적극적으로 하자"에 반응하여 "적극적으로 나서는" 외교노선을 강조하게 되었다. 이 움직임과 더불어 2009년, 2010년에는 남중국해 대부분의 해역을 자국의 영해로, 센카쿠 열도 일대도 자신들의 영토·영해='핵심적 이익'이라면서 목소리를 높이게 되었다. 그러한 가운데 2010년 9월 중국 어선이 센카쿠 앞바다에서 일본 해상보안청 순시선과 충돌하는 사건이 발생했다(센카쿠 열도 선박 충돌사건). 이 사건을 계기로 센카쿠 열도를 둘러싼 일본과의 대립이 심각해졌다. 2012년 9월에는 '센카쿠 국유화'를 둘러싼 국교 정상화 이래 최악의 반일폭동이 일어났고, 중·일 경제에도 먹구름이 끼게 되었다. 이처럼 남중국해, 동중국해에 있는 영토와 영해를 둘러싼 중국과 동남아시아 주변 여러 나라, 그리고 중국과 일본의 마찰과 대립은 한순간에 수면 위로 떠오르면서 퍼져나가기 시작했다.

여기서 말한 핵심적 이익이라는 것은 공식적으로는 첫째, 중국의 국체國體와 정치체제 및 정치의 안정, 즉 공산당의 지도와 사회주의제도를 안정시키며 둘째, 중국의 주권의 안전과 영토의 보전, 그리고 국가를 통일하고 셋째, 중국의 경제사회의 지속가능한 발전의 기본적인 보장을 지향하는 것이다. 남중국해와 동중국해를 '핵심적 이익'이라고 평가하지는 않았지만, 『인민일보』(2013년 1월 7일)의 평론가의 논평에서는 센카쿠 열도를 '핵심적 이익'이라고 표현하고 있다. 신중한 외교노선으로부터 서서히 적극적이고 강경한 외교로 바뀌었다고 말할 수 있는 셈이다.

증강된 군사력

이런 적극적 외교를 강력하게 뒷받침하는 것은 1991년 이래로 꾸준히 크게 증강해왔던 군사력이다. 중국 측에서 공표한 국방비만 해도 2007년은 전년도에 비해 19.47%가 증가했으며 이는 약 500억 달러(일본은 450억 달러 정도)였고, 2008년은 570억 달러, 2010년의 7.5% 증가를 제외한다면, 최근 21년간 계속해서 두 자리 수의 증가율을 보였다. 나아가 2012년 3월에 발표한 국방예산은 약 1,060억 달러, 2013년은 전년 실적과 비교해서 10.7% 증가에 약 1,200억 달러(7,406억 위안)로, 지칠 줄 모르고 계속해서 증가했다(미국 국방부는 2011년에는 실제로 군사비를 1,200억 달러~1,800억 달러 사이로 견적을 냈다).

중국은 원래 군인 수, 무기 수 등에 있어서는 세계 최대 국가였다. 그러나 그 질에 있어서는 미국과 러시아 등에 비해 크게 뒤떨어져서, 질의 향상을 급선무로 삼아야 했다. 그리고 이러한 군사비에 각별하게 신경을 쓴 덕분에 최근에는 그 능력이 급격하게 향상되었다.

미국국방부의 「중국의 군사력에 관한 연차보고」(2009년 판)에 따르면, 타이완 대안對岸에 1,500기의 미사일 배치(2011년 시점), 아메리카대륙 서안西岸에까지 이르는 장거리 ICBM '동풍31'과 '동풍31A'의 개발(가까운 미래에 실전배치), 인공위성 파괴실험의 성공 등 공격능력이 크게 증강되었다. 그리고 2011년 초에는 차세대 스텔스 전투기 '젠殲20'의 시험비행을 성공시켰고, 2012년에는 항공모함 '랴오닝遼寧'의 선상에서 잠수함 전투기의 이·발착 훈련에 성공했으며 이를 칭다오에 배치했다.

해양권익의 주장

경제력과 군사력의 급증과 함께 에너지자원의 확보와 내셔널리즘을 외치는 목소리가 드높아지게 되었고, 이와 더불어 '해양권익'을 주장하게 되었다. 법령에서 처음으로 이 용어가 등장하게 된 것은 1992년에 제정된 「중화인민공화국영해 및 접속수역법」에서였다. 그 이후로 그다지 주목받지 못했던 용어였으나, 적극적 외교로 전환하게 되던 시기부터 다시금 두드러지게 되었다.

해양권익은 「중국해양발전보고」(2009)에서 '관할해역에서의 권리와 이익의 총칭'이라고 정의했지만, 안전보장, 어업, 자원개발, 환경보호 등에 관한 주권, 또는 그에 수반하는 이익도 의미한다. 2011년 3월 제11기 전인대 제4회 회의에서 공표한 제12차 5개년 계획에서는 새롭게 '해양경제의 발전추진'이라는 장을 마련하여, 「해양발전전략」을 제정하고 해양산업구성의 개선과 해양 총합관리의 강화를 역설했다. 나아가 이 계획을 바탕으로 오키나와·센카쿠 열도 주변과 동남아시아 여러 국가와 영유권 분쟁을 아우르는 남중국해에서는 중국 함선의 활동이 활발해졌다.

이러한 핵심적 이익과 해양권익을 주장하는 배후에는 보다 장대한 해양전략이 있었다. 1982년 덩샤오핑의 지시에 따라 류화칭 중앙 군사위원회 부주석을 중심으로 「해군건설장기계획」이 작성되었다. 그에 따르면 제1열도선(동남중국해 내)의 제해권을 확보한 뒤, 중국해군은 2010년~2020년을 '약진후기躍進後期'로 상정하고, 제2열도선(이즈 제도-오가사와라 제도-괌·사이판, 파푸아뉴기니에 달하는 선)을 완성하고, 그 내부의 제해권 확보와 항공모함 건조를 실현하며, "2040년~2050년까지 서태평양, 인도양에서 미 해군에 대항할 수 있는 해군을 건설한다"는 구상을 내세웠다.

제2열도선의 형성을 목표로 한 전략에 있어서 센카쿠 열도의 돌파는 결정적인 중요성을 갖는다. 그에 따라서 제2열도선 내의 해상 보급로, 나아가 군사적으로 자유로운 항해권의 확보를 실현하고, 서태평양 지역에서 제해권을 확대할 수 있다는 의미를 갖기 때문이다.

심각하고 열악한 환경파괴와 격차, 부패와 독직 등이 일어나는 가운데 계속해서 성장하는 경제와 적극적으로 변한 외교, 그리고 증강하는 군사력. 새로운 지도체제가 탄생한 중국은 도대체 어디를 향해서 가는 것일까.

종장

중국은 어디로 가는가

딜레마를 포용하면서
'중화민족의 꿈'을 추구하는
새로운 지도자, 시진핑 주석과
리커창 총리.
(2012년 11월)

사진제공: 연합뉴스

중국공산당이 지향하는 미래

덩샤오핑이 개혁·개방 노선, 근대화 건설로 크게 방향을 튼 지 약 20년이 지난 21세기 초입에 와서야 중국은 간신히 스스로를 실력있는 강대국으로 의식하게 되었다. 21세기에 들어오면서 강대한 경제력과 군사력, 외교 능력을 갖추면서 단번에 정상에 도달한 기세로 세계 '무대'의 주역으로서 각광받기 시작했다. 유엔, APEC 등 기존의 국제기관은 말할 것도 없고 G20, BRICS(브라질, 러시아, 인도, 중국, 남아프리카) 등, 새로운 국제무대에서도 그 존재감을 키웠다.

확실히 후진타오·원자바오 정권의 10년은 이처럼 중국의 국제적인 지위를 급속도로 높이고, 국내에서는 사람들에게 일정수준의 풍족함을 실현시켰다. 2011년 1월 주간지 『리아오왕』에서는 경제학자 후안강이 "2020년에는 미국을 추월한다"는 의욕과 전망을 보였다. 그리고 미국을 추월하는 일은 '마오쩌둥의 꿈'이라고 말했다. 물론 이것은 후안강의 개인적인 견해이기는 하나, 중국의 많은 엘리트들이 공통적으로 꿈꾸는 강렬한 소망일 수도 있다.

이를 떠맡게 된 것이 2012년 11월 중국공산당 제18회 전국대회, 2013

년 3월의 제12기 전인대 제1회 회의에서 국가지도자로 선출된 시진핑과 리커창의 지도체제이다. 시진핑은 중국공산당 제18회 전국대회 직후 열린 신지도부를 위한 피로연 기자회견에서 몇 번이나 '중화민족의 꿈'을 되풀이했다.

이 책 첫머리에서 언급한 것처럼, 2002년의 중국공산당 제16회 전국대회에서 내건 '중화민족의 위대한 부흥'이라는 표어야말로 '중화민족의 꿈'인 것이다. 이는 예로부터 세계적으로 눈부신 역사를 남긴 중화왕조의 융성을 방불케 하는, '부강한 강대국'의 출현을 의미할 것이다. 아니면 근년에 오면서 자신감을 갖기 시작한 엘리트들로부터 종종 들었던 '왕도정치'의 실천일 수도 있겠다. 그것은 간단하게 마오쩌둥파의 공산당 지도자들에 한하지 않고, 청나라 말 민국 초기의 민족 위기를 느낀 혁명파·개량파 엘리트들부터 시작해서 장제스파 민국기를 이끈 지도자들, 또는 천두슈와 왕징웨이, 나아가 류사오치, 린뱌오, 후야오방, 자오쯔양 같이 실각한 지도자들에게도 공통적으로 '꿈'이었다. 총체적 국력 면에서는 일본을 추월하고, 미국에 착실하게 다가가기 시작한 오늘날의 중국을 떠맡은 시진핑·리커창 지도체제의 어깨에는 그야말로 이 역사적 사명이 걸려있다.

그렇다면 그들의 '꿈'은 구체적으로 어떤 것일까? 이제까지의 지도자들의 언동을 요약해서 표현하자면, 국내의 대다수 사람들이 풍요롭게 즐기고, 정치적·사회적으로는 안정되었으며, 도리에 따라 일이 처리되는 공평한 사회의 실현이라고 할 수 있다. 중국공산당 제18회 전국대회에서 후진타오가 발표한 「정치보고」에선 이를 강하게 의식하고 2020년에는 2010년의 개인소득보다 배로 증가할 것이라며, 변함없이 경제성장노선을 강조하면서도 개인이 부유해지는 것에 역점을 두기 시작했다. 또한 법 강화에 의거하여 부패방지를 철저히 하고, 가난한 자들을 배려한 정책을 강화하며, 지방 각급정부의 사회복지사업 기능을 확충할 것 등을 강조했다.

그리고 대외적으로는 세계의 초강대국으로서 군림하는 미국과 어깨를 나란히 하고, 세계를 리드하면서 '존경받는 초강대국'으로 국제사회로부터 인정 및 평가를 받겠다는 점을 들 수 있다. 2012년 7월 7일에 칭화대학교에서 거행된 '세계평화논단'의 개막식 인사에서 시진핑은 매우 강경한 어조로 서로 다른 제도, 유형, 발전단계, 이익이 혼재하는 국가들이 모여 형성되는 국제사회에서는 국제협조노선, 평화발전의 길을 견지하는 일이 중요함을 강조했다. 그 후, 중국공산당 제18회 전국대회에서 후진타오의 「정치보고」에서도 "협력과 윈-윈win-win을 중시하고, 국제사회의 공평함과 정의를 공동으로 지킨다"며 국제협조주의를 역설했다.

물론 이러한 '꿈'의 실현에는 여러 가지 저항과 벽이 있다. 따라서 이를 현실적으로 보증하고 짊어질 '세력'이 필요하다. 이 세력이 바로 8,500만 명이 넘는 세계최대의 정당인 공산당이고, 그 배후를 형성하는 230만 명의 인민해방군이 있다는 것이 그들의 주장이다. 그러나 줄곧 정당과 군대에 의지하는 것이 앞으로 빛날 중국의 미래를 보증해줄 수 있을까? 오히려 지나치게 방대해진 이 세력이 '꿈'을 저해하는 요인이 되지는 않을까? 그리고 중국의 고도경제성장은 앞으로도 지속될 수 있을까?

비틀린 경제와 사회모순의 출구는?

근래 들어서 경제에 관련한 낙천적인 전망에 대해 의구심을 품는 세력이 나타나기 시작했다. 내부에서도 주목해야만 하는 내용은 2012년 2월 세계은행과 중국국무원 발전연구센터의 공동연구 성과로서 발표한 보고서 「중국 2030」에서 나타났다. 이 보고에서 중국은 앞으로 고소득 국가로의 이행은 가능하지만, 노동가격 상승과 같은 이유로 국제경쟁력이

저하되어 성장력을 잃게 될 것이라고 하였으며, 이른바 '중소득의 올가미'라는 문제가 떠오르기 시작했음을 지적했다. 그리고 만약 본격적으로 구조개혁에 몰두하지 않는다면 경제성장은 급격하게 감속할 것이고, 재정과 금융의 위기를 초래할 것이라는 경고를 했다.

확실히 '싸고 많은 노동력'이라는 비교우위는 약해졌으며, 국내시장도 생각하는 것만큼 발전하지 않았다. 같은 보고에서는 구체적으로 시행해야 할 개혁안으로 첫째, 정부와 국유기업의 역할을 재정비하고 둘째, 민간주도일 것, 셋째, 한층 더 시장 메커니즘으로 경제를 전환할 것, 넷째, 희소화되고 불안정해진 토지·노동의 개혁, 다섯째, 격차시정을 위한 사회보장 정비, 여섯째, 재정의 지방분권, 일곱째, 악화된 환경문제에 대한 녹색경제의 촉진 등을 열거했다. 국내구매력의 향상에 힘을 기울이고, 노동집약적 산업부터 지식집약적 산업, 그리고 제3차 산업의 개발이라는 산업구조의 전환도 또한 중요한 과제이다.

그러나 이 개혁들은 그야말로 '말하는 건 쉽고 하기는 어려운' 것이다. 앞 장에서도 본 것처럼, 2000년부터 시작한 고도성장의 최대 동력은 '조대방소' 정책 아래 '국진민퇴'를 내놓은, 국가자본주의라고 불린 세력이었다. 그러나 이 세력들이야말로 후진타오의 「정치보고」에서 지적한 최대 저항세력인 기득권 집단이었다. 그들은 자금·원재료의 조달, 시장에서 독점적 지위를 얻은 국유기업, 단체, 개인 등으로 정책결정 담당자들과 특별한 관계가 있다. 게다가 시진핑을 포함한 지도자들 및 그 연고자들 중 상당수가 기득권자들이지만, 그들과 긴밀한 관계에 놓인 사람들 투성이였다. 기득권층의 특권과 그들이 손에 넣은 막대한 부에 대해 어떻게 제약을 가할 수 있을까?

애초에 권력의 폭주와 부정을 확인하는 메커니즘을 공산당 내에서만 만드는 것은 곤란한 일이었다. 지금까지 지도자가 몇 번이나 부패 박멸,

독직 일소에 목소리를 내어도 개선되는 일이 줄곧 없었다는 것이 이를 증명한다. 부정과 독직의 해결을 가능하게 하는 것은 견제와 균형에 기반을 둔 권력구조를 형성하고, 비권력자, 즉 시민과 민중의 감시와 비판의 힘을 정책결정 과정에 반영하는 것이다. 비공식 채널을 통해 이러한 새로운 동향이 나타나고 있다는 것도 사실이지만, 아마도 개혁은 엄청난 어려움을 겪을 것이다.

인터넷으로 정치참가의 확대

2011년 7월 23일 저장성 원저우시에서 사망자 40명, 부상자 200명 이상이 나온 중국고속철도 추돌·탈선 사고가 발생했던 일을 떠올려보도록 하자. 당의 비호 하에 거대이권을 배경으로 독립왕국을 세우고, '부패의 원저우'로 불렸던 철도부는 이 대형사고 후 즉각 사망자와 부상자들을 위해 대처를 한 것이 아니라, 열차의 해체와 허위보고로 은폐를 꾀했다.

이에 대해 맹렬한 비판을 퍼붓고 진실을 해명하며, 바로바로 국내외로 정보를 전한 것은 시나웨이보(新浪微博, 중국판 트위터)와 인터넷을 사용한 민간인들이었다. 마침내 철도부는 사건의 보고와 간부의 사임을 촉구했다. 2013년 3월 제12기 전인대 제1회 회의에서는 철도부를 폐지하고 교통운수부로 흡수, 합병시켰다.

또 하나의 인터넷·매스미디어가 달성한 역할의 사례로서, 광둥성의 '우칸촌 사건'은 아직도 감회가 새롭다. 이것은 농민의 토지수탈을 행한 현지 간부와 부동산업계와의 결탁에 대해 농민들이 휴대전화·인터넷 등을 이용해서 대중 항의행동을 일으키고, 선거에 의해 부패간부의 실각을 실현한 사건이다. 격차의 확대, 환경오염과 교육·사회보장 불평등의 심각화 등, 현재 중국에서는 여러 갈래에 걸쳐 사회문제를 내뿜고 있지만 2002년 이후 설립된 제2세대 NGO는 행동하는 시민이 되어가고 있다. 이러한 시민들의 활동은 '유권維權(권리옹호)운동'이라 말해지고 있지만, 그 활동 가운데 비공식 매스미디어가 이행하는 역할이 굉장히 커졌다. 인터넷과 미디어의 급격한 보급은 시민의식의 변화를 촉진시키고, 유사 '공화국'을 형성하며 서서히 중국의 정치체제의 변혁에 영향력을 넓히고 있다.

이렇게 하는 와중에, 공산당 당국도 시민·민중의 발언과 행동을 어느 정도는 받아들이지 않을 수가 없게 되었다. 중국공산당 제17회 전국대회의 「정치보고」에서는 언론과 표현의 자유에 강한 구속을 유지하기는 하되, 알 권리, 의견 표명의 권리, 감독할 권리의 강화를 용인했다. 물론 당은 여전히 시민·민중의 언론과 표명에 대한 엄격한 경계와 제약을 완화시키진 않았다. 2013년 1월, 광둥성의 주간지 『난팡주말』에서는 「헌정憲政의 꿈」이라는 신년사설의 제목이 공산당을 찬미하는 「중화민족의 꿈」으로 교묘하게 바뀌게 되는 바람에, 많은 매스미디어 관계자들이 당국에 의한 보도통제에 대해 불만을 터뜨렸다. 앞으로도 언론의 자유를 둘러싼 당국과 매스미디어 측의 공방은 계속될 것으로 보인다. 시진핑·리커창 체제가 독직과 부패를 일소하고, 공평한 절차를 거쳐 이익을 배분하며, 법치에 의한 안정을 목표로 하고 있다면, 결국 시민·민중의 발언과 행동을 수용하는 공식적인 메커니즘의 구축이 불가피할 것이다.

더욱이 시진핑 시대에 다당제多黨制가 도입될 가능성은 거의 없다. 당에 의한 안정을 전제로 한 '민주화', 즉 당내민주화, 법에 토대를 둔 부의 공평한 분배, 사회의 요구·민중의 목소리를 정책에 반영하는 메커니즘의 구축 등은 한정되어 있다. 결국 이 일은 계층, 생활, 가치 등의 다양화와 더불어 실질적으로 추진되고 있는, 다원화사회와 당 체제 사이의 딜레마 문제에 다다르게 되었다. 다당제 도입을 얘기하기 전에 해결해야만 하는 과제는 '엘리트의 당', 즉 기득권집단의 이익대변자와 변화하는 공산당을 어떤 식으로 진짜 '근로자·대중의 의식을 반영하는 당'으로 변하게 만드는 것이다. 이 일이 무엇보다도 우선순위에 있는 게 아닐까 싶다.

중국 위협론 극복의 열쇠는?

위에서도 말했지만 시진핑은 중국이 국제평화와 번영을 지탱하고, 국제사회와 윈-윈하는 관계의 중시를 되풀이해서 강조하고 있다. 그러나 동시에 "우리나라의 국제적 지위에 걸맞은 국방과 강대한 군대를 건설할 것이다. …… 해양자원을 확실하게 지키고, 해양강대국을 건설할 것이다"라고 말하며, 대국주의적인 강경노선의 주장도 타파하고 있다.

또한 몇몇 외교문서와 수뇌부의 발언 가운데, 대미관계에 있어서는 여전히 덩샤오핑의 "능력을 숨기는 것은 견지하되, 할 일은 하자"는 태도를 고수하여, "평화·협력의 새로운 형식의 강대국 관계"를 창조하고자 하지만, 그 외의 나라와의 관계에서는 더 이상 "능력을 숨기는 것은 견지하되, 할 일은 하자"는 태도를 취하지 않고, 강대국으로서의 외교를 수행하고 있다는 주장도 있다. 실제로 2013년 6월 오바마 대통령과의 회담에서 시진핑은 이러한 자세를 보였다. 그러나 군사력의 증강을 계속함으로써 강경외교를 취한다면 중국 위협론이 대두되는 것은 당연한 일이었다.

2011년 BBC 국제여론조사에 따르면, 중국의 군사력이 급증한 것을 긍정적으로 받아들이는 나라는 25개국 가운데 6개국에 불과했는데, 바로 파키스탄과 아프리카 쪽의 몇몇 나라들로 중국으로부터 경제원조와 군사원조를 기대하는 나라들이었다. 위협감의 고조는 유럽, 러시아, 미국, 캐나다, 동아시아의 여러 국가에서 현저히 드러났다. 한편, 크고 다양한 원조를 받아온 미얀마와 북한에서는 중국과 거리를 둔다는 것이 밖으로 드러나지 않고 있으며, 베트남, 필리핀을 필두로 동남아시아의 여러 국가와 몽골 등, 중국 주변의 여러 국가에서는 위협론과 경계론이 두드러지기 시작했다. 이러한 경향에 대해 중국 당국은 "속셈을 갖고 반중국 세력을 모함한다"면서 단정지었으나, 이러한 '자기변호'를 시종일관 유지하는 한, 중국의 고립화는 나날이 심해질 것이며 '존경받는 세계의 강대국'으로부터는 멀어져갈 뿐이었다.

그러나 중국의 새로운 지도부는 이에 신경을 쓰기 시작했다. 2013년 4월 7일, 보아오·아시아 포럼에서 연설한 시진핑은 아시아 주변 여러 나라와의 관계의 중요성을 강조하면서도, "주장이 다르니 마찰을 보다 잘 해결하도록 하자"고 목소리를 높이면서 관계수복을 탐색하기 시작했다. TPP(환태평양경제동반자협정)에서는 중국의 목적인 견제라는 얘기가 있지만, 오히려 주변 여러 나라와의 관계가 냉랭해지는 건 중국 자신의 경제발전과 안전보장에 악영향을 미치는 것이라며 지도부 내에서는 걱정이 커졌다.

장래에도 현재의 기세대로 군비확장을 계속 추진할 것인가 말 것인가, 말은 융통성 있게 하지만 감춰진 본심은 위협적인 강경노선을 계속해서 채택할 것인가 말 것인가와 같이, 중국의 기본자세에 대해 묻기 시작한 것이다. '센카쿠 열도 문제'와 '남중국해 도서 분쟁' 등은 중국을 평가하는 시금석이 될 것이다.

이러한 중국의 자세와 관련된 또 하나의 문제는 '중국식 특색', '중국 모델'론에서 볼 수 있는, 이른바 중국의 가치와 문화를 강조하는 중국 특수론이었다. 두 초강대국으로 일컬어지는 G2론이 한창이던 때에는 '베이징 합의'가 '워싱턴 합의'를 대신한다는 주장을 강조했다. '중국식 특색'과 '중국 모델'론의 특징은 개발독재 모델에 더하여 전통적, 유교적 권위주의적 관계, 상하관계를 의식한 계층적인 질서의식이라고 할 수 있다. 그러나 중국을 중심으로 주변의 여러 국가들을 이러한 관계에 입각하여 중화적 질서의 세계〔大中華圈〕를 구축하고자 한다면, 이는 시대 착오라고밖에 할 수 없다.

또 예시를 들면 중국 모델과 중국 특수론에 대해선 인권 등을 둘러싸고 보편주의에 대한 뿌리 깊은 반론이 있었다. 여기서 중국은 보편주의와 보편적 가치란 기본적으로 유럽과 미국의 가치관과 절차론에 의한 것으로, 이러한 압력은 납득할 수 없다고 주장했다. 그러나 설사 태생은 그러할지라도 국제사회가 수용하고 공유하는 '체제'와 '규칙'으로 이미 기능하고 있다면, 그것은 일종의 '국제공공재'로 봐야할 것이다. 이를 무시한다면 중국의 도전은 국제사회에 있어서 걱정거리가 된다. 세계의 지도자가 되고 싶다면, 세계 공통의 가치와 공공재를 평가하고, 이에 대해 적극적인 관여와 공헌이 필요하다. 중국 특수론을 내세우기 전에 스스로 질서의식을 끝없이 주장할 것인가, 보편주의적 가치와 공공재를 위해서 국제사회에 공헌할 것인가? 이 '딜레마'를 어떻게 극복하는가를 묻고 있다.

'중화민족의 꿈'은 중국인에게 이상세계의 실현일 것이다. 그러나 자신만의 방법으로 다른 사람들에게 '꿈'을 강요한다면 저항과 반격이 있을 수밖에 없다. 시진핑을 위시한 지도층들이 다시금 명심해야 할 가장 중요한 점은 이제까지의 중국의 발전은 오직 중국 혼자의 힘으로 거둔 성과가 아니라, 다른 국가와의 협력과 국제사회의 협조, 상호의존관계가 심화되는 가운데 실현된 것이라는 점이다. 국제사회의 가치와 규칙을 존중하고, 국제사회와 함께 살아가며, '중국의 고뇌'을 향해 앞으로 나아가 마주하고 새로운 접근을 하는 것이야말로, 참된 '중화민족의 꿈'을 가능하게 하는 길일 것이다.

마치는 글

구판 『중화인민공화국사』(한국어판 『중화인민공화국 50년사』, 일조각, 2003)는 중화인민공화국 건국 50년을 기념하여 1999년에 출판되었고, 그 후 다행스럽게도 많은 독자들이 애독해준 덕분에 계속해서 증쇄를 할 수 있었다. 그러나 오늘날 바야흐로 14년의 세월이 흘렀고, 특히 이 시간 동안 중국을 이해하는 것 이상으로 중요한 부분이 완전히 누락되었다는 점이 신경이 쓰였다. 그런 가운데 이와나미 서점과 얘기를 나누던 중 기쁘게도 '신판'의 발행을 맡아주게 되었다.

이번 신판에서도 기본적인 집필 자세는 같다. 구판의 「마치는 글」에서 쓴 구절을 다시 수록하려고 한다. "필자는 이 책을 통해 자칫하면 주제 넘게 '확신해버리거나', '깊이 생각하기' 전에 미리 판단하는 일본인들이 중국을 좀 더 냉정하게 들여다보면서 깊이 이해하고 중국에 대한 전향적인 관심이 높아지기를 기대하면서 집필에 힘써 왔다. 이러한 과정에서 내 나름대로 '맛을 내고', '요리하는 솜씨'로 중국 현대사라는 터무니 없이 큰 재료를 다룰 수 있었음에 작은 만족감을 느꼈다. 그렇지만 내 생각이 확실한지는 독자의 판단에 맡길 수밖에 없다."

2000년대 이후, 일본과 중국을 에워싼 환경은 크게 바뀌었다. 물론 바뀐 이유에는 국력의 큰 변화와 중·일 관계 그 자체가 악화되었다는 것 등이 있으나, 무엇보다도 제일 큰 변화는 서로 간에 상대를 보는 눈, 생각하는 시점의 변화가 생겼다. 특히 오늘날 일본인은 중국을 감정적으로 보는 경향이 한층 더 심해졌다. 그러나 과연 그래도 괜찮은 것일까? 이런 식으로 일본과 중국은 미래를 개척해나갈 수 있을까? '상대를 좋아하는 것'이 관계개선의 전제라고 생각하지는 않는다. 그 전에 '일방적으로 단정하고', '멋대로 생각하며' 설레발을 치지 말고 객관적으로 중국을 심도 있게 이해하려는 노력이 계속되어야 한다는 점이 제일 중요하다.

중국은 '이사도 할 수 없이 가까운 이웃'으로 회자되곤 했으나, 나는 그 표현이 충분하지 않다고 생각한다. 오히려 '떨어지고 싶어도 떨어질 수 없이 복잡하게 얽힌 이웃'이라고 말하는 편이 적절할 것이다. 그런 까닭에 단맛, 매운맛, 신맛 전부를 섞어 만들어낸 이웃, 중국과는 확실하게 마주보고 설 수밖에 없다. 개인적인 의견이지만 어깨에 들어간 힘을 조금 빼고 이웃과 마주보고 선다면 결국은 재밌는 발견을 할 것이다. 이 감성을 언제까지나 소중히 간직하고 싶다. 이 책이 중국을 깊게 이해하고 일본과 중국의 미래를 개척해 나가는 데 작게나마 일조한다면 행복할 것이다.

이 책을 출판하는 데에는 이와나미 서점의 하야시 다쓰로林建郎 씨에게 신세를 졌다. 진심으로 감사의 뜻을 표하고 싶다. 또한 사적인 일이라 쑥스럽긴 하나, 올해 6월로 만 100세를 맞은 노모 도쿠코篤子와 인

생의 좋은 반려자로서 40년의 세월을 함께 해준 리미코理美子에게 이 책을 바친다.

2013년 폭염 가운데 맑은 물淸水을 찾으며

아마코 사토시

중화인민공화국사 연표

1945년 제2차 세계대전이 끝나다. 장제스와 마오쩌둥이 충칭회담을 개최하다.

1946년 국민당과 공산당이 전면 내전을 벌이다.

1949년 중화인민공화국 성립을 선언하다(10월 1일).

1950년 중·소 우호동맹 상호원조조약이 조인되다(2월).

중국 토지개혁법이 공포되다(6월).

1953년 마오쩌둥의 '과도기의 총노선'이 선포되면서 사회주의화를 목표로 삼다
(8월).

1954년 중국공산당중앙위원회가 가오강·라오수스를 반공분자라는 이유로 제
명시키다(2월).

제1기 전국인민대표대회 제1회 회의가 개최되고 헌법을 채택, 마오쩌둥
을 국가주석으로 선출하다(9월).

1955년 마오쩌둥이 「농업합작화의 문제에 관하여」를 보고하다(7월) : 계속해서
합작을 추진하다.

1956년 흐루쇼프가 소련 제20회 당대회에서 「스탈린 비판」을 비밀리에 보고하다
(2월).

『인민일보』 편집부가 「프롤레타리아 독재의 역사적 경험에 관하여」를
발표하다(4월).

마오쩌둥이 「10대 관계론」을 발표하다(4월).

중국공산당이 백화제방과 백가쟁명을 제창하다(5월).

중국공산당 제8회 전국대회에서 류사오치가 「정치보고」를 보고하다(9월).

1957년 마오쩌둥이 「인민 내부의 모순을 정확히 처리하는 문제에 관하여」를 발표하다(2월).

중국공산당이 각 민주당파와 좌담회를 개최하다(4월에서 5월까지).

『인민일보』가 사설 「이건 대체 무슨 일인가」를 게재하다(6월 7일) : 이후 '반우파 투쟁'이 벌어지다.

1958년 중국공산당 제8회 전국대회 제2회 중앙위원회 전체회의가 개최되다 : '사회주의 건설의 총노선'이 반포되다(5월).

대약진운동이 시작되다.

인민공사가 급속도로 조직되다.

1959년 류사오치가 제2기 전인대 제1회 회의에서 마오쩌둥을 대신하여 국가주석에 오르다.

펑더화이가 대약진을 비판하는 의견서를 제출하다(7월).

중국공산당 제8기 8중전회에서 펑더화이 일파를 반당집단으로 정의하는 결의안을 채택하다(8월).

중국 전역에서 아사자가 급증하다.

1961년 중국공산당 제8기 9중전회에서 '대약진정책'의 정지를 선포하고, 경제조정정책을 주장하다.

1961년과 1962년에 심각한 재해 지역에서는 농가 생산청부제가 널리 확산되다.

1962년 중국공산당 중앙위원회 확대 공작회의(7,000인 대회)가 개최되다: 마오쩌둥이 부분적으로 자기 비판을 하다(1월).

덩샤오핑이 '흰 고양이든 검은 고양이든 상관없다'는 주장을 하다(7월).

중국공산당 제8기 10중전회 : 마오쩌둥이 계급투쟁중시를 강조하다: 농촌 사회주의 교육운동을 개시하다(9월).

1963년 인민해방군이 '레이펑에게 배우자'는 운동을 주창하다(2월).

중국공산당 중앙위원회가 「농촌 사회주의 교육운동에 관하여」의 결정초

안인 「전십조前十條」를 공표하다(5월).

『인민일보』가 『홍기』 편집부 논문에 따라 중·소 논쟁을 공개하다(9월).

결정 초안 「후십조後十條」를 발표하다(9월).

1964년 『인민일보』가 사설 「전국은 해방군에게 배우자」를 게재하다(2월).

봄에 '공업은 다칭에서 배우자', '농업은 다자이에서 배우자'는 운동이 시작되다.

중국공산당 중앙위원회가 「국방 3선 건설」을 제기하다(6월).

처음으로 원폭 실험에 성공하다(10월).

제3기 전인대 제1회 회의에서 저우언라이가 '4개의 근대화'를 제창하다(12월).

1965년 마오쩌둥이 처음으로 '당내에서 자본주의의 길을 걷는 실권파'에 대해 언급하다(1월).

중국공산당 야오원위안이 「우한 원작 신편 역사극 『하이루이 파관』을 평한다」를 발표하다(11월).

1966년 중국공산당이 「5·16통지」를 채택하고, 중앙위원회가 문화대혁명 소조를 설치하다(5월).

홍위병이 '조반造反'을 부르짖으며 등장하다(6월).

중국공산당 제8기 11중전회가 「프롤레타리아 문화대혁명에 관한 결정」을 채택하다(8월).

마오쩌둥이 「사령부를 포격하자」라는 대자보를 내걸다(8월).

중국공산당 중앙공작회의에서 류사오치와 덩샤오핑이 자아비판을 하다(10월).

1967년 중국공산당 중앙위원회가 인민해방군이 탈권 투쟁에 개입할 것을 지시하다(1월).

상하이 코뮌이 성립되고, 이윽고 혁명위원회로 이름을 바꾸다(2월).

'2월 역류' 사건이 발생하고, 원로 간부의 저항이 표면화되다.

우한 사건이 발생하다(7월).

1968년 신장과 티베트를 마지막으로, 전국 29개의 1급행정구에 혁명위원회를 세우나(9월).

중국공산당 제8기 12중전회가 개최되어 류사오치를 영구제명하다.

1969년 우수리 강 전바오도에서 중국과 소련이 무력 충돌을 벌이다(3월).

중국공산당 제9회 전국대회가 개최되다 : 린뱌오를 마오쩌둥의 후계자로 하는 새로운 「당 규약」을 채택하다.

1970년 중국공산당 제9기 2중전회에서 린뱌오를 지지하는 천보다가 비판받다(8월부터 9월까지).

1971년 린뱌오 쿠데타 미수 사건이 발생하다(9월).

중국이 유엔에 가입하다(10월).

1972년 닉슨 미국 대통령이 중국을 방문하다.

중·미 관계의 개선이 시작되다(2월).

중국과 일본의 국교가 정상화되다(9월).

1973년 덩샤오핑이 부총리에 취임하며 부활하다(4월).

중국공산당 제10회 전국대회가 개최되다: 저우언라이의 「정치보고」에 따라 왕훙원이 당 부주석에 취임하다(8월).

1974년 '비림비공운동'이 시작되다(2월).

덩샤오핑이 유엔에서 「3개의 세계론」을 연설하다(4월).

1975년 제4기 전인대 제1회 회의가 개최되다: 저우언라이가 '4개의 근대화'를 다시 제기하다 : 덩샤오핑이 중앙군사위원회 부주석 겸 총참모장, 당 부주석에 임명되다(1월).

『수호전』 비판운동이 전개되다(8월).

'농업은 다자이에서 배우자'는 전국회의가 개최되다.

1976년 저우언라이가 사망하다(1월).

제1차 톈안먼 사건 발생: 덩샤오핑이 다시 실각하다. 화궈펑이 국무원 총리가 되다(4월).

탕산에서 대지진이 발생하다(7월).

마오쩌둥이 사망하다(9월).

'4인방'이 체포되어 실각하다: 화궈펑이 당 주석 겸 군사위원회 주석이 되다(10월).

1977년 중국공산당 제10기 3중전회에서 덩샤오핑의 재복직을 결정하다(7월).

중국공산당 제11회 전국대회를 개최하다 : 화궈펑의 「정치보고」에서 문화대혁명이 종료되었음을 선언하다(8월).

1978년 제5기 전인대 제1회 회의가 개최되다 : 화궈펑이 '서양식 약진' 노선을 추진하다(2월).

'진리기준논쟁'을 시작하다(5월).

베이징시 당위원회가 '톈안먼 사건은 혁명적 행동이다'라며 반대로 평가하다(11월).

중국공산당 제11기 3중전회에서 근대화 건설을 결정하다(12월).

1979년 중국과 미국이 국교를 수립하다(1월).

중국과 베트남이 전쟁을 일으키다(2월).

덩샤오핑이 중앙공작회의 무허회에서 「4가지 기본 원칙」을 제창하다(3월).

민주운동가 웨이징성이 체포되다(3월).

중국공산당 중앙위원회, 선전 등 4개의 경제특구 설치를 결정하다(7월).

1980년 중국공산당 제11기 5중전회에서 류사오치의 명예를 회복시키다(2월).

덩샤오핑이 「당과 국가의 지도체제의 개혁에 관하여」를 발표하다(8월).

제5기 전인대 제3회 회의에서 자오쯔양이 화궈펑을 대신해 총리에 취임하다(8월).

린뱌오와 4인방에 대한 재판이 진행되다(11월).

1981년 중국공산당 제11기 6중전회가 「역사 문제에 관한 결의」를 채택하다(문화대혁명·마오쩌둥 평가를 마무리함) : 후야오방이 화궈펑을 대신해서 당 주석에 취임하다(6월).

예젠잉이 타이완 통일에 대한 「9개 항목의 제안」을 밝히다(9월).

1982년 중국공산당 제12회 전국대회가 개최되다 : 덩샤오핑의 개회사에서 후야오방을 총서기로 선출하고 농공업 총생산액 목표를 1980년의 4배 증가를 목표로 함을 밝히다(9월).

제5기 전인대 제5회 회의를 개최하다 : 새로운 헌법을 공포하고 인민공사의 해체를 결정하다(11월).

1983년 중국공산당 제12기 2중전회가 「정당에 관한 결정」을 채택하고 '부르주아 정신오염의 일소' 캠페인을 시작하다(10월).

1984년 중국공산당 중앙위원회가 '향진기업 건설'을 호소하다(3월).

국무원이 14개 도시를 대외경제 개방도시로 지정하다(4월).

덩샤오핑이 '일국양제론'을 제창하다(6월).

중국공산당 제12기 3중전회에서 「경제체제 개혁에 관한 결정」을 채택하다(10월).

중국작가협회 제4회 전국대회에서 '창작의 자유'가 강조되다(12월).

중국과 영국 양국정부가 홍콩 반환에 관한 공동성명을 발표하다(12월).

1985년 향진 인민정부 9만 2,000개, 촌민위원회 82만 개가 성립되다(6월).

중국공산당 전국대표자회의 : 후치리와 리펑 등 젊은 간부들이 다수 등용되다(9월).

베이징에서 나카소네 야스히로 수상의 야스쿠니 신사 공식 참배에 항의하는 반일 데모가 열리다(9월).

1986년 덩샤오핑이 '경제체제 개혁은 5년 이내로 전면적으로 완성하고, 그 기간 내 몇 번의 정치체제 개선을 포함한다'라고 발언하다(7월).

중국공산당 제12기 6중전회가 「사회주의 정신문명 결의」를 채택하다(9월).

안후이성 허페이에서 민주화를 요구하는 학생운동이 시작되다.

덩샤오핑이 「기치선명하게 부르주아 자유화에 반대하자」는 문건을 발표하다((12월).

1987년 중국공산당 정치국 확대회의에서 후야오방이 총서기를 사임하고, 자오쯔양이 총서기 대행으로 임명되다(1월).

덩샤오핑이 '근대화의 장애로 보다 심각한 것은 '좌경"이라고 밝히다 : 자오쯔양이 '선전·이론·보도·공산당 학교의 간부회의'로 다시금 개혁을 촉진하다(5월).

타이완 『자립만보』 기자가 친족방문으로 처음 대륙을 방문하다(9월).

중국공산당 제13회 전국대회 개최하다: 자오쯔양의 「정치보고」에서 사회주의 초급단계론, 정치체제 개혁안을 포함시키다(10월부터 11월까지).

1988년 중국공산당 중앙위원회가 장징궈 총통의 사망에 조전을 보내다(1월).

중국·포르투갈 정부가 마카오 문제에 관한 공동성명을 발표하다(1월).

제7기 전인대 제1회 회의가 개최되다 : 양상쿤이 국가주석, 리펑이 총리, 완리가 전인대 위원장에 취임하다 : 하이난성 설치가 정식으로 결정되다 (3월부터 4월까지).

중국공산당 제13기 3중전회가 개최되다: 중점을 인플레 억제를 포함한 경제 정비와 정돈에 맞춰서 결정하다(9월).

덩샤오핑이 「국제정치 신질서의 확립」을 발표하다(9월).

'관다오'의 상징이었던 '캉화康華 발전총공사'를 정돈하다(9월).

국무원의 젊은 연구자가 '신권위주의론'을 제기하다(12월).

1989년 팡리즈 등이 정치범 석방을 요구하며 덩샤오핑에게 직접 호소장을 제출하다(1월).

후야오방 전 총서기가 사망하다: 후야오방을 추모하는 학생운동이 일어나다: 당국은 학생운동을 동란으로 규정하다: 학생들이 이에 대해 크게 반발하다(4월).

고르바초프가 중국을 방문한 시기와 맞물려 시민이 개입한 민주화요구운동이 크게 발전하다(5월).

베이징에 계엄령이 선포되다(5월 20일).

인민해방군이 베이징을 군사력으로 제압하다(6월 3일부터 4일까지).

중국공산당 제13기 4중전회가 개최되다 : 자오쯔양이 모든 직무에서 해임되고, 장쩌민이 총서기에 선출되었으며, 이번의 민주화운동을 '반혁명 폭동'으로 규정하다(6월 24일).

덩샤오핑이 중국공산당 제13기 5중전회에서 중앙군사위원회 주석직을 사임하고, 장쩌민을 후임으로 발탁하다(11월).

몰타 미소 수뇌회담에서 냉전 종결을 확인하다(12월).

1990년 인도네시아(8월), 싱가포르(10월)와 국교를 정상화하다.

1991년 황푸핑 논문이 『해방일보』에서 개혁의 가속화를 호소하다(2월부터 4월까지).

타이완이 국공내전의 종결을 선언하다(5월).

중국과 베트남이 국교를 정상화하다(11월).

소련이 해체되다(12월).

1992년 덩샤오핑이 개혁·개방의 가속화를 강조하다: 「남순강화」를 행하다(1월 부터 2월까지).

한국과 국교를 정상화하다(8월).

중국공산당 제14회 전국대회에서 사회주의 시장경제를 기본 방침으로 하다(10월).

일본 천황과 황후 부부가 처음으로 중국을 방문하다(10월).

1993년 중국과 타이완 민간수뇌가 제1회 회담을 싱가포르에서 개최하다(4월).

장쩌민이 미국을 방문하고, APEC 비공식 수뇌회담에 출석하다(11월).

1994년 미국 클린턴 대통령이 인권 문제와 MFN을 분리시키기로 결정하다(5월).

1995년 장쩌민이 타이완 통일 「8항목 제안」을 밝히다(1월).

리덩후이 타이완 총통이 미국을 방문하다 : 중국과 타이완 관계에 긴장 이 고조되다(6월).

중국공산당 제14기 5중전회에서 장쩌민이 '12대 관계론'을 주장하다(9월).

1996년 중국군이 타이완 총통 선거 당시 군사연습을 실시하다 : 미국이 항공모 함 2척을 보내 견제하다(3월).

중국공산당 제14기 6중전회가 「사회주의 정신문명 건설에 관한 결의」를 채택하다(9월).

1997년 덩샤오핑이 사망하다(2월).

홍콩이 중국에 반환되다(7월).

하시모토 류타로 수상이 중국을 방문해 중국과 일본 관계의 회복을 확인 하다(9월).

중국공산당 제15회 전국대회가 개최되다 : 국유기업 개혁, 사회주의 초 급단계론 등이 제기되다(9월).

장쩌민이 미국을 방문하다: 중국과 미국의 관계를 '건설적·전략적 동맹 관계'로 표현하다(10월).

1998년 제9기 전인대 제1회 회의는 국가부주석에는 후진타오, 전인대 위원장에 리펑, 총리에 주룽지를 선출하다(3월).

중국공산당 중앙위원회가 타이완 공작회의를 개최하다 : '타이완 동포의 심정을 깊이 이해하고, 타이완 인민의 이익과 희망을 배려한다'라고 강조하다(5월).

클린턴 대통령이 중국을 방문하다 : 타이완 문제에 대해 「3가지 No」를 발언하다(7월).

장쩌민이 일본을 방문하다 : 역사 문제를 둘러싸고 대립하다(11월).

1999년 NATO군이 베오그라드의 중국대사관을 '오폭'하다(5월).

리덩후이가 '중국과 타이완은 나라와 나라로서 특수한 관계에 있다'고 발언하다(7월).

중국공산당 제15기 4중전회 : 후진타오가 중앙군사위원회 부주석이 되다(9월).

중화인민공화국 건국 50주년을 맞이하다(10월).

마카오가 중국에 반환되다(12월).

2000년 장쩌민이 당을 '3개 대표론'으로 규정하다(2월).

천수이볜 총통이 '민주와 대등'한 '하나의 중국문제' 해결을 갖고 발언하다(5월).

2001년 제9기 전인대 제4회 회의를 개최하다: 2010년 GDP를 2000년의 2배로 증가시키겠다고 발표하다(3월).

상하이 협력기구가 성립되다(6월).

중국공산당 창립 80주년 기념대회를 개최하다: 사영기업가의 입당을 용인하다(7월).

중국과 러시아의 선린우호조약을 체결하다(7월).

미국에서 동시다발 테러 사건이 발생하다(9월).

APEC 수뇌회담에서 장쩌민과 부시가 반테러 협력을 강조하다(10월).

중국이 WTO에 정식으로 가입하다(12월).

2002년 미국 부시 대통령이 중국을 방문하다: '하나의 중국'을 엄수하며 동시에 「타이완 관계법」도 견지한다고 말하다(2월).

천수이볜이 '일변일국一邊一國'론(제각기가 하나의 국가)을 주장하다(8월).

중국공산당 제16회 대회가 개최되다: 「정치보고」에서 '중화민족의 위대한 부흥'을 포함시키며, 후진타오가 총서기로 취임하다(11월).

2003년 제10기 전인대 제1회 회의에서 후진타오가 국가주석으로, 원자바오가 총리로 선출되다(3월).

3월에 SARS가 각 지역에 퍼지면서 사망자 49명을 내고 종식되다(8월).

유인우주선 '선저우 5호' 발사를 성공시키다(10월).

2004년 제10기 전인대 제2회 회의에서 '삼농문제'를 중시할 것을 강조하다(3월).

센카쿠 근해에서 가스전 채굴시설 건설에 착수하다(5월).

중국공산당 제16기 4중전회를 개최하다: 후진타오가 군사위원회 주석으로 취임하다(9월).

2005년 제10기 전인대 제3회 회의: 「반국가 분열법」을 채택하고, '화해사회'를 지향하다(3월).

일본의 유엔 안보리 상임이사국 가입에 반대하는 데모가 열리다(4월).

유인우주선 '선저우 6호'를 쏘아 올리다(10월).

제1회 동아시아 협의회가 쿠알라룸푸르에서 개최되다: EAC 참가국을 둘러싸고 일본과 중국이 대립하다(12월).

2006년 상하이시에서 정상을 차지했던 천량위 당서기를 부정부패 건으로 해임시키다(9월).

아베 신조가 일본 수상으로서 5년 만에 중국을 방문하다(10월).

후진타오 주석이 인도를 방문하다(11월).

2007년 제10기 전인대 제4회 회의에서 사유화를 추진하는 물권법 등이 채택되다(3월).

원자바오 총리가 일본을 방문하다: 일본의 전후 평화발전의 길을 높이 평가하며, 중국의 근대화건설에 일본의 지원을 중국은 잊지 않았다며 국회에서 연설하다(4월).

중국공산당 제17회 대회 개최: 「당 규약」에서 '과학적 발전관'을 명기하다(10월).

후쿠다 야스오 수상이 중국을 방문하고, 전략적 호혜관계를 강화시키는 데 일치를 보이다(12월).

2008년 중국의 냉동만두로 인한 식중독사건이 발생하다(1월).

티베트의 라싸에서 대규모의 폭동이 일어나다(3월).

후진타오 주석이 일본을 방문하다: 동남중국해 해저자원공동개발에 합의를 보고, 쓰촨 대지진이 발생하였으며, 마잉지우 타이완 총통 취임연설에서 통일을 둘러싼 '삼불정책'을 표명하다(5월).

베이징 올림픽을 개최하다(8월).

국무원이 세계금융위기 가운데 경기 회복을 위한 4조원(57억 엔) 투입 등의 내수확대책을 결정하다(11월).

중국과 타이완 간의 전면적인 '삼통'(해군·항공·우편)이 개시되다(12월).

2009년 신장에서 위구르족의 대규모 항의폭동이 일어나다(7월, 10월).

오바마 대통령이 취임 후 처음으로 중국을 방문하다(11월).

시진핑 국가부주석이 일본을 방문하다(12월).

2010년 당 중앙 1호 문건인 「도시화(城鎭化)」와 「신세대 농민공」 문제를 중요시하다(1월).

상하이에서 만국박람회를 개최하다(5월에서 10월까지).

센카쿠 열도 근해의 중국어선이 해상보안정 순시선에 충돌하면서 일본과 중국의 관계가 급격하게 악화되다(9월).

「08헌장」의 초안을 제시한, 옥중에 있는 류사오보가 노벨 평화상을 수상하다(10월).

중국의 GDP가 세계 제2위로 등극하다.

2011년 후진타오 주석이 미국을 공식적으로 방문하다(1월).

제3회 중·미 전략경제 대화가 워싱턴에서 개최되다: 처음으로 전략안전보장 대화도 실현되다(5월).

공산당 창립 90주년 축하대회가 열리고 저장성에서 고속철도 사고가 일어나다(7월).

2012년 철도부를 폐지하고 교통운수부로 개편, 국가해양국도 재편 및 강화를 실시하다(3월).

보시라이가 충칭시 당서기에서 해임된 후, 정치국 위원에서도 해임되다(4월).

천광청이 미국으로 망명하다(5월).

중국 당국과 타이완 당국이 일본의 '센카쿠 국유화' 결정을 두고 강하게

항의하다: 전국의 도시에서 반일 항의행동이 일어나고, 중·일 국교정상화 40주년 기념식전이 중지되다(9월).

모옌이 노벨문학상을 수상하다(10월).

중국공산당 제18회 대회가 개최되고, 시진핑이 당총서기로 선출되다(11월).

2013년 제12기 전인대 제1회 회의를 개최하다: 시진핑을 국가주석으로, 리커창을 국무원총리로, 리위안차오를 국가부주석으로 임명하다(3월).

『인민일보』에서 「류큐의 귀속은 미해결」이라는 논문을 게재하다(5월).

주요문헌 목록

『毛澤東選集』1~5권, 北京 : 外文出版社, 1968, 1977. ;『모택동 선집』1~4권, 김
　　승일 역, 범우사, 2001~2008.

『毛澤東思想萬歲』, 東京大學近代史硏究會 역, 三一書房, 1974.

『鄧小平文選』1~3권, 人民出版社, 1993. ;『등소평 문선』상·하, 김승일 역, 범우
　　사, 1994.

『中國共產黨執政四十年(1949~1989)』(馬斉彬·陳文斌·林蘊華·叢進·玕一·張
　　天栄·卜偉華 편), 中共黨史出版社, 1991.

『新中國四十年硏究』, 北京理工大學出版社, 1989.

『中國共產黨史資料集』1~12권, 日本國際問題硏究所 中國部會 편, 勁草書房,
　　1970~1975.

『新中國資料集成』1~5권, 日本國際問題硏究所 中國部會 편, 日本國際問題硏究
　　所, 1963~1971.

『中國大躍進政策の展開, 資料と解說』상·하, 日本國際問題硏究所 現代中國硏究
　　部會 편, 日本國際問題硏究所, 1973~1974.

『原典中國現代史』1~8권, 별권 1, 岩波書店, 1994~1996.

『岩波講座現代中國』1~6권, 별권 2, 岩波書店, 1989~1990.

宇野重昭 외,『現代中國の歷史, 1949~1985』, 有斐閣, 1986.

エドガー·スノー,『中國の赤い星』, 筑摩書房, 1964. ; 에드거 스노, 신홍범 역,『중

국의 붉은 별』, 두레, 1985.

嚴家祺, 高皐, 『文化大革命十年史』 상·하, 岩波書店, 1996.

馮驥才, 『庶民が語る中國文化大革命』, 講談社, 1988.

寒山碧, 『鄧小平傳』, 伊藤潔 역, 中央公論社, 1988.

竹內實 編, 『ドキュメント現代史 16 文化大革命』, 平凡社, 1973.

張承志, 『紅衛兵の時代』, 岩波書店, 1992.

岡部達味, 『中國近代化の政治經濟學』, PHP研究所, 1989.

吳敬璉, 『中國の市場經濟 社會主義理論の再建』, サイマル出版會, 1995.

毛里和子, 『現代中國政治』, 名古屋大學出版會, 1993. ; 모리 가즈코, 이용빈 역, 『현대 중국 정치: 글로벌 강대국의 초상』, 한울 아카데미, 2012.

中兼和津次, 『中國經濟發展論』, 有斐閣, 1999.

加藤弘之, 『中國の經濟發展と市場化』, 名古屋大學出版會, 1997.

『現代中國の構造變動』 1~8권, 東京大學出版會, 2000~2001.

『毛澤東傳 1949~1976』 상·하, 中央文獻出版社, 2003.

天兒慧, 『巨龍の胎動 毛澤東VS鄧小平』 (中國の歷史제11권), 講談社, 2004.

ロデリック·マクフアーカー, マイケル·シェーンハルス, 『毛澤東最後の革命』 상·하, 朝倉和子 역, 靑燈社, 2010.

安藤正士, 『現代中國年表 1941~2008』 岩波書店, 2010.

인명사전

가오강(高崗, 1905~1954)
산시(陝西)성 출신. 산간(陝甘, 산시성과 간쑤성)혁명근거지 지도자. 1949년 이후에 동북군구 총사령관 겸 정치위원과 중화인민공화국 인민정부 부주석 역임. 1954년 자살.

덩리췬(鄧力群, 1915~2015)
후난성 출신. 베이징대학교를 졸업하고 1935년 혁명에 참가. 1959~1966년 공산당 기관지 『홍기』의 부총편집장, 1982~1985년 선전부 부장을 역임. 1990년 이후에는 중앙당사공작 영도소조 부조장을 담당했고 〈당대중국연구소〉를 창립. 중국 공산당의 대표적인 이론가.

덩샤오핑(鄧小平, 1904~1997)
쓰촨성 출신. 1920년 근공검학운동에 참가. 그 일환으로 프랑스에서 유학하던 중 공산당에 가입. 장정에 참가하고 해방전쟁 시기 제2야전군 정치위원을 역임. 1954년에 중공중앙비서장 겸 조직부 부장을 담당. 1956~1966년과 1977~1986년에 중앙정치국 상위, 1981~1989년 중앙군사위원회 주석을 역임.

덩쯔후이(鄧子恢, 1896~1972)
푸젠성 출신. 민시(閩西)혁명 근거지 창설자 농촌공작부 부장 겸 국무원 부총리를 역임. 농업과 농촌공작 전문가.

라오수스(饒漱石, 1903~1975)

장시성 출신. 신4군에서 활동, 화동국 서기 겸 조직부 부장 역임.가오강과 함께 류사오치를 공격하다 실패하고 당에서 제명당함. 옥중 병사.

뤄루이칭(羅瑞卿, 1906~1978)

쓰촨성 출신. 황푸군사학교에서 혁명 활동을 시작했고 장정에 참가. 공안부 부장, 국무원 부총리 겸 총참모장을 역임.

류사오치(劉少奇, 1898~1969)

후난성 출신. 1921년 모스크바에서 공산당에 가입. 1927년 중앙위원에 임명. 이후 허베이, 상하이, 만주에서 비밀공작에 참가. 1945~1966년 중앙정치국 상위, 1959~1966년 중화인민공화국 주석을 역임.

류샤오보(劉曉波, 1955~)

지린성 출신. 베이징 사범대학교 졸업 후 교수 역임. 톈안먼 사건 이후 반정부 활동을 계속했고 국가전복죄로 복역 중 2010년 노벨 평화상 수상.

류즈단(劉志丹, 1903~1936)

산시(陝西)성 출신. 1925년 공산당에 가입. 황푸군사학교를 졸업했고, 서북 지역에서 홍군을 창건. 1936년 전투 중 사망.

리루이환(李瑞環, 1934~)

톈진시 출신. 1959년 공산당에 가입. 1982~1989년 톈진시 시장, 1989~2002년 중앙정치국 상위, 1998~2003년 전국정협 주석을 역임.

리셴녠(李先念, 1909~1992)

후베이성 출신. 1927년 공산당에 가입. 장정 시기에 장궈타오(張國濤)를 반대하고 마오쩌둥을 지지. 1954년부터 재정부 부장, 1973~1987년 중앙정치국 상위, 1983~1988년 중화인민공화국 주석을 역임.

리창춘(李長春, 1944~)

랴오닝성 출신. 하얼빈 공업대학교 졸업. 1992~1997년 허난성 당서기, 2002~2012년 중앙정치국 상위이자 정신문명건설지도위원회 주임 역임.

리커창(李克强, 1955~)

안후이성 출신. 베이징대학교 졸업. 1993~1998년 공청단 제1서기, 2004~2007년 랴오닝성 당서기를 역임. 2008년부터 중앙정치국 상위이고, 2013년부터 국무원 총리를 담당.

리펑(李鵬, 1928~)

쓰촨성 출신. 1945년 공산당에 가입. 1966~1979년 베이징 혁명위원회 주임, 1987~2002년 중앙정치국 상위, 국무원 총리, 국가경제체제 개혁위원회 주임을 역임.

린뱌오(林彪, 1907~1971)

후베이성 출신. 황푸군사학교 졸업. 장정에 참가하고 해방전쟁 시기 제4야전군 총사령관 역임. 10대 원수 중 한 명. 1959~1971년 국방부 부장, 1969~1971년 중앙정치국 위원을 역임.

마오쩌둥(毛澤東, 1893~1976)

후난성 출신. 1935~1976년 중앙정치국 상위, 1945~1976년 중국공산당 중앙위원회 주석, 1949~1976년 중화인민공화국 최고 지도자를 역임.

마잉주(馬英九, 1950~)

후난성 출신. 홍콩에서 출생. 1967년 국민당에 가입. 1972년 대만대학교 졸업. 2008~2016년 타이완 총통 역임.

보이보(薄一波, 1908~2007)

산시(山西)성 출신. 1925년 공산당에 가입. 중화인민공화국 초임 재정부 부장. 1982년 국가경제체제 개혁위원회 제1부주임에 임명되었고, 중앙고문위원회 부주임을 역임.

시중쉰(習仲勛, 1913~2002)

허난성 출신. 1926년 산시(陝西)에서 혁명에 참가. 서북국 서기, 1978~1980 광둥성 성장, 1981년 중앙서기처 서기를 역임.

시진핑(習近平, 1953~)

산시(陝西)성 출신. 1969~1975년 산시성에서 지청(知靑)으로 활동. 칭화대학교 졸업. 1999~2002년 푸젠성 성장, 2002~2007년 저장성 당서기, 2007~2012년 중앙당교 교장을 역임. 2007년부터 중앙정치국 상위, 2012년부터 중앙군사위원회 주석, 2013년부터 중앙위원회 총서기 겸 중화인민공화국 주석, 2014년부터 국가안전위원회 주석에 재임.

쑨원(孫文, 1866~1925)
광둥성 출신. 1894년 흥중회, 1905년 중국동맹회 창립. 1911~1912년 중화민국 임시대총통, 1919년 중화혁명당을 중국국민당으로 개조. 1925년 간암으로 사망.

쑹핑(宋平, 1917~)
산둥성 출신. 1937년 공산당에 가입. 1972~1982년 간쑤성 당서기, 1983~1987년 국가계획위원회 주임, 1988~1989년 조직부 부장, 1989~1992년 중앙정치국 상위를 역임.

야오원위안(姚文元, 1931~2005)
저장성 출신. 1948년 공산당에 가입, 1955년에 이루어진 후평(胡風) 비판에 참가. 1965년에 『하이루이 파관』을 비판하는 글을 발표. 1973~1976년 중앙정치국 위원을 역임.

양상쿤(楊尙昆, 1907~1998)
쓰촨성 출신. 1925년에 혁명 참가, 모스크바 중산대학교에서 학습. 중공중앙 판공청 주임, 1983년 중앙군사위원회 부주석, 1988~1993년 중화인민공화국 주석을 역임.

예젠잉(葉劍英, 1897~1986)
광둥성 출신. 황푸군사학교에서 교수부 부주임을 담당. 1927년 공산당에 가입. 10대 원수 중 한 명. 1949~1953년 남방국 서기, 1969~1985년 중앙정치국 상위, 1975~1978년 국방부 부장, 1978~1983년 전인대 위원장을 역임.

완리(萬里, 1916~2015)
산둥성 출신. 1936년 공산당에 가입. 1958~1966년 베이징시 당서기, 1975~1976년 철도부 부장, 1978년 안후이성 당서기, 1988~1993년 전인대 상위회 위원장을 역임.

왕단(王丹, 1969~)
산둥성 출신. 베이징대 재학 중 제2차 톈안먼 사건 참여. 톈안먼 사건 이후 미국으로 망명했고, 하버드대학교 역사학 박사 수료. 현재 타이완에서 활동.

왕둥싱(汪東興, 1916~2015)
장시성 출신. 1932년 공산당에 가입. 1947년부터 마오쩌둥 경위 담당. 1968년부터 중공중앙 판공청 주임, 1977~1982년 중앙정치국 상위를 역임.

왕이(王毅, 1953~)
베이징시 출신. 베이징 제2외국어학원 아시아 아프리카어 학과 졸업. 2013년 이래 외교부 부장에 재임.

왕전(王震, 1908~1993)
후난성 출신. 1927년 공산당에 가입. 해방전쟁 시기에 제1야전군 소속. 1949~1953년 신장성 당서기 겸 신장군구 사령원 대리, 1988~1993년 중화인민공화국 부주석을 역임.

왕훙원(王洪文, 1935~1992)
지린성 출신. 인민지원군으로 한국전쟁에 참가. 1951년 공산당에 가입. 상하이 국면17창에서 근무 중 문화대혁명에 참가. 1967년 상하이시 혁명위원회 부주임, 1971년 상하이시 당서기, 1973~1976년 중앙정치국 상위 역임.

우한(吳晗, 1909~1969)
저장성 출신. 명대사 연구자로 칭화대학교 교수. 1943년 민주동맹에 가입. 베이징시 부시장을 역임하고 1965년 역사극『하이루이 파관』으로 공격을 받은 뒤 문화대혁명 시기에 자살. 대표저서『주원장전』(1948).

원자바오(溫家寶, 1942~)
톈진시 출신. 베이징 지질학원 졸업. 1986~1993년 중앙판공청 주임, 1993~2002년 중앙서기처 서기, 1998~2003년 중앙금융공작위원회 서기, 2003~2013년 중앙정치국 상위 겸 국무원 총리를 역임.

웨이징성(魏京生, 1950~)
베이징시 공원복무권 디지 노동지 출신. 1979년 반혁명죄로 15년 양형. 1995년 정부전복 음모죄로 14년 양형, 복역 중 1997년 미국으로 망명.

위뤄커(遇羅克, 1942~1970)

베이징시 출신. 부친은 수전부 고급공정사. 베이징 인민기기창 인턴. 문화대혁명 초기에 혈통주의를 비판하는 『출신론』을 발표하고 반혁명죄로 공개 총살형.

자오쯔양(趙紫陽, 1919~2005)

허난성 출신. 1937년 혁명에 참가. 1974~1975년 광둥성 당서기, 1980~1989년 중앙정치국 상위, 1980~1987년 국무원 총리, 1987~1989년 중공중앙 총서기를 역임. 천안문 사건으로 실각.

자칭린(賈慶林, 1940~)

허베이성 출신. 허베이 공학원 졸업. 1993~1996년 푸젠성 당서기, 1997~2002 년 베이징시 당서기, 2002~2012년 중앙정치국 상위, 2003~2013년 전국정협 주석을 역임.

장제스(蔣介石, 1887~1975)

저장성 출신. 황푸군사학교 교장, 1938~1975년 중국국민당 총재, 중화민국 총통을 역임.

장징궈(蔣經國, 1910~1988)

저장성 출신. 모스크바 중산대학교 졸업. 1937년 소련에서 귀국한 뒤 1945년부터 삼민주의청년단을 통솔. 1978~1988년 중화민국 총통 역임.

장쩌민(江澤民, 1926~)

장쑤성 출신. 1946년 공산당에 가입. 상하이 교통대학교 졸업. 1990~2005년 군사위원회 주석, 1989~2002년 총서기, 1989~2002년 중앙정치국 상위, 1993~2003년 중화인민공화국 주석을 역임.

장춘차오(張春橋, 1917~2005)

산둥성 출신. 장기간 국민당 스파이로 활동했고, 1938년 공산당에 위장 가입(?). 1949년 이후 상하이에서 선전 공작 활동에 참가. 1966~1969년 문화혁명 영도소조 부조장, 1967~1976년 상하이시 혁명위원회 주임, 1973~1976년 중앙정치국 상위, 국무원 부총리를 역임.

장칭(江靑, 1914~1991)

산둥성 출신. 1933년 공산당에 가입, 1935년 베이징에서 연극배우로 활동했고, 1937년에 옌안으로 가서 공산당적 회복. 1938년에 마오쩌둥과 결혼. 1949년 선전부 전영처 처장, 1966년부터 문화혁명 소조 제1부조장, 1969~1976년 중앙정치국 위원을 역임.

저우양(周揚, 1908~1989)

후난성 출신. 1930년부터 좌련에서 활동. 1949~1966년 전국 문련 부주석 겸 선전부 부부장을 역임.

저우언라이(周恩來, 1898~1976)

장쑤성 출신. 톈진 난카이 중학교 졸업. 1922년 공산당에 가입. 1924년 황푸군사학교 정치부 주임, 1928~1976년 중앙정치국 상위, 1954~1958년 외교부 부장, 1954~1976년 국무원 총리 겸 정협 주석을 역임.

주더(朱德, 1886~1976)

쓰촨성 출신. 신해혁명에 참가. 1922년 공산당에 가입. 10대 원수 중 한 명. 1945~1976년 중앙정치국 상위, 1959~1976년 전인대 위원장을 역임.

주룽지(朱鎔基, 1928~)

후난성 출신. 칭화대학교 졸업. 1949년 공산당에 가입. 1983~1987년 국가경제위원회 부주임, 1987~1991년 상하이시 시장, 1992~2003년 중앙정치국 상위, 1998~2003년 국무원 총리를 역임.

쩡칭훙(曾慶紅, 1939~)

장시성 출신. 베이징 공업학원 졸업. 1960년 공산당에 가입. 1993~1997년 중앙판공청 주임, 1997~2007년 중앙서기처 서기, 2003~ 중앙정치국 상위, 2003~2008년 중화인민공화국 부주석을 역임.

차오스(喬石, 1924~2015)

저장성 출신. 1940년 공산당에 가입. 1985~1992년 정법위 서기, 1987~1992년 중앙기율검사위원회 서기, 1987~1998년 중앙정치국 상위, 1993~1998년 전인대 위워장을 역임.

천두슈(陳獨秀, 1879~1942)

안후이성 출신. 신해혁명에 참가. 5·4 신문화운동의 주요 지도자. 1920년 중국공산당 창당. 1921~1927년 공산당 지도자를 역임. 이후 트로츠키파로 활동.

천보다(陳伯達, 1904~1989)

푸젠성 출신. 1927년 공산당에 가입했고 모스크바 중산대학교에서 학습. 1939년부터 마오쩌둥의 비서, 1969~1970년 중앙정치국 위원을 역임. 1970~1988년 투옥.

천윈(陳雲, 1905~1995)

장쑤성 출신. 상하이 상무인서관 점원으로 일하다가 1925년 5·30운동에 참가한 뒤 공산당에 가입. 1937~1943년 조직부 부장, 1949년 이후 재정경제위원회 주임을 담당, 1949~1975년 부총리, 1978~1987년 중앙기율검사위원회 서기, 1956~1966, 1978~1987년 중앙정치국 상위, 1987~1992년 중앙고문위원회 주임을 역임.

천이(陳毅, 1901~1972)

쓰촨성 출신. 신4군 지휘관이었고, 제3야전군 사령원 겸 정치위원을 역임. 10대 원수 중 한 명. 1949년부터 상하이시 시장, 1958~1972년 외교부 부장을 역임.

첸치천(錢其琛, 1928~　)

톈진시 출신. 1942년 공산당에 가입. 1988~1998년 외교부 부장, 1992~2002 중앙정치국 상위를 역임.

치번위(戚本禹, 1931~2016)

산둥성 출신. 『홍기』잡지 역사조 편집조장. 중앙문혁 소조 성원이자 중앙판공청 주임 대리를 역임.

캉성(康生, 1898~1975)

산둥성 출신. 상하이대학교 졸업. 1925년 공산당에 가입. 1958~1962년 문화교육 소조 부조장, 문혁소조 고문, 1966~1975년 중앙정치국 상위, 1970~1975년 조직부 부장을 역임.

텐지윈(田紀雲, 1929~)

산둥성 출신. 1941년 팔로군에 참가. 1985~2002년 중앙정치국 상위를 역임.

펑더화이(彭德懷, 1898~1974)

후난성 출신. 1928년 공산당에 가입. 제1야전군 사령원 겸 정치위원을 역임. 10대 원수 중 한 명. 1954~1959년 국방부 부장을 역임.

펑전(彭眞, 1902~1997)

산시(山西)성 출신. 1923년 공산당에 가입. 1945~1953년 조직부 부장, 1948~1966년 베이징시 시장 겸 당서기, 1979~1987년 중앙정치국 상위, 1980~1982년 정법위 서기, 1983~1988년 전인대 상위회 위원장을 역임.

화궈펑(華國鋒, 1921~2008)

산시(山西)성 출신. 1938년 공산당에 가입. 1949~1971년 후난성에서 활동. 1973~1981년 중앙정치국 상위, 1973~1977년 공안부 부장, 1976~1980년 국무원 총리, 1976~1981년 중공중앙 주석을 역임.

후안강(胡鞍鋼, 1953~)

랴오닝성 출신. 화베이 이공대학교 졸업. 1985~2000년 중국과학원 국정분석 연구소조 참가, 2000년부터 칭화대학교 국정연구원 원장이며, 2012년부터 베이징시 당 18대 대표로 재임.

후야오방(胡耀邦, 1915~1989)

후난성 출신. 1933년 공산당에 가입. 제1야전군 정치부 주임을 담당. 1952~1964년 공청단 서기, 1977~1978년 조직부 부장, 1978~1980년 중선부 부장, 1980~1987년 중앙정치국 상위, 1981~1982년 중공중앙 주석, 1982~1987년 중공중앙 총서기를 역임.

후진타오(胡錦濤, 1942~)

안후이성 출신. 1964년 공산당에 가입. 칭화대학교 졸업. 1982~1985년 공청단 서기, 1992~2012년 중앙정치국 상위, 1993~2002년 중앙당교 교장, 2002~2012년 중국공산당 총서기, 2003~2013년 중화인민공화국 주석, 2004~2012년 중앙군사위원회 주석을 역임.

후치리(胡啓立, 1929~)

산시(陝西)성 출신. 베이징대학교 졸업. 1956~1966년 전국학련 주석, 1982~1987년 중공중앙판공청 주임, 1987~1989년 중앙정치국 상위, 1993~1998년 전자공업부 부장을 역임. 2001년부터 중국복리회 주석에 재임.

인명 찾아보기

276

사항 찾아보기

중화인민공화국사

1판 1쇄 펴낸날 2016년 7월 27일

지은이 | 아마코 사토시
옮긴이 | 임상범
펴낸이 | 김시연

펴낸곳 | (주)일조각
등록 | 1953년 9월 3일 제300-1953-1호(구 : 제1-298호)
주소 | 03176 서울시 종로구 경희궁길 39
전화 | 734-3545 / 733-8811(편집부)
     733-5430 / 733-5431(영업부)
팩스 | 735-9994(편집부) / 738-5857(영업부)

이메일 | ilchokak@hanmail.net
홈페이지 | www.ilchokak.co.kr

ISBN 978-89-337-0716-6 03910
값 16,000원

* 옮긴이와 협의하여 인지를 생략합니다.
* 이 도서의 국립중앙도서관 출판예정도서목록(CIP)은
  서지정보유통지원시스템 홈페이지(http://seoji.nl.go.kr)와
  국가자료공동목록시스템(http://www.nl.go.kr/kolisnet)에서
  이용하실 수 있습니다. (CIP제어번호 : CIP2016016652)